Göppingen
Faurndau
Eislingen
Holzheim
Jebenhausen
Heiningen
Eschenbach
Schlatt
Dürnau
Boll
Gameltshausen
Ganslosen
Gruibingen
Mühlhausen
Wiesensteig
Drackenstein
Reichenbach
Böringen
Hausen
Altenstatt
Geislingen
Kuchen
Giengen
Sießen
Salach
Donzdorf
Ramsberg
Weissenstein
Neningen
Treffelhausen
Schnittlingen
Stetten
Eybach
Waldhausen
Schalkstetten
Stubersheim
Amtstetten
Viberkingen
Türkheim
Aufhausen
Ottenbach
Hohenstauffen
Rechberg
Rechberghausen
Bartenbach
Bürnbach
Börtlingen
Wangen
Wißgoldingen
Winzingen
Degenfeld
Waldstetten
Mettlangen
Reitbrechts
Steinekirch
Ettlinschieß
Unspring
Geburg
Alpen

Walter Ziegler (Hrsg.)
Romantische Filstalreise

Veröffentlichungen
des Kreisarchivs Göppingen
Redigiert von Walter Ziegler
Band 8

Romantische Filstalreise

Die künstlerische Entdeckung einer Landschaft im 18. und 19. Jahrhundert

Herausgegeben von Walter Ziegler

Anton H. Konrad Verlag

Umschlag
Blick von der Immenreute auf die Ruine Scharfenberg bei Donzdorf in Gewitterstimmung. Im Hintergrund die Ruine Staufeneck, das Schloß Ramsberg und der Hohenstaufen. In Öl auf Leinwand gemalt, vermutlich von Daniel Fohr, um 1845 (s. Abb. 99)

Vorderer Vorsatz
Das Gebiet des Landkreises Göppingen aus der 1803 von Ignaz Ambros Amman und Johann Gottlieb Bohnenberger gefertigten Originalzeichnung für die in der Geographischen Anstalt von J. G. Cotta in Stuttgart gedruckte Topographische Charte von Schwaben

Hinterer Vorsatz
Ansicht von Wiesensteig und der Wallfahrtskirche Mariä Dotzburg, umrahmt von der Allegorie des Flusses Fils, einem flöteblasenden Pan und dem Patron des Chorherrenstifts Wiesensteig, dem hl. Cyriakus. Ausschnitt aus dem Wappenkalender des Stifts von 1740 (s. Abb. XVI)

Herstellung Fotosatz Uhl & Massopust GmbH Aalen
Verlagsdruckerei Memminger Zeitung Memmingen
Großbuchbinderei Monheim (Bindearbeit)
ISBN 3 87437 207 3

Inhalt

Veröffentlichungen des Kreisarchivs Göppingen

Band 1 Dr. Paul Goes (Hrsg.)
Der Kreis Göppingen
Konrad Theiss Verlag Stuttgart, 1973
(vergriffen)

Band 2 Jürgen Kettenmann
Sagen im Kreis Göppingen
Anton H. Konrad Verlag Weißenhorn, 1975
(vergriffen)

Band 3 Werner Lipp
Alte Nutzbauten im Kreis Göppingen
Selbstverlag des Landkreises, 1975

Band 4 Eugen Wiedenmann
Sühnekreuze im Kreis Göppingen
Selbstverlag des Landkreises, 1978

Band 5 Walter Ziegler
Rund um den Hohenstaufen – Landschaft, Geschichte,
Kunst im Stauferkreis Göppingen
Konrad Theiss Verlag Stuttgart, 1978

Band 6 Heribert Hummel
Wandmalereien im Kreis Göppingen
Anton H. Konrad Verlag Weißenhorn, 1978

Band 7 Rolf Jente
Überschwemmungen im Filstal – Hochwasser im
Kreis Göppingen 1817–1982
Selbstverlag des Landkreises, 1983
(vergriffen)

Geleitwort des Landrats

Wer den Kreis Göppingen noch nicht liebgewonnen hat, der sollte diesen achten Band der Veröffentlichungen des Kreisarchivs Göppingen zur Hand nehmen! Nach dem Bildband »Rund um den Hohenstaufen« beglückt uns Kreisarchivar Walter Ziegler mit einem weiteren Werk aus seiner Feder, das sich würdig in diese 1973 begründete kreisgeschichtliche Reihe einfügt. Hinter dieser Arbeit verbirgt sich eine vieljährige Forscher- und emsige Sammlertätigkeit. Walter Ziegler reitet in gekonnter Weise eines seiner Steckenpferde und zeigt uns das einstige Bild unserer heimischen Landschaft, ihrer Städte, Gemeinden und Sehenswürdigkeiten, aber auch einfacher Dinge am Wege. Das Gebiet eines Landkreises wird in dieser Form im Land erstmals lebendig gemacht.

Wir müssen den Malern, Zeichnern und Lithographen, die in zwei Jahrhunderten die über 200 hier vereinigten Ansichten gefertigt haben, für ihr Mühen dankbar sein, gleichgültig ob sie exakte Landschaftsstudien, ob sie realistische Bilder geschaffen, oder ob sie den »Augen-Blick« idealisierend festgehalten haben. Die Lebensdaten der wichtigsten Zeichner der Ansichten werden in einem einleitenden Teil aufgezeigt. Manche der Zeichner dachten sich ihre Werke als einfache Erinnerungsbilder, so wie etwa auch Johann Wolfgang Goethe, Hermann Hesse und Theodor Heuss über viele Jahre – das eigene Auge schärfend – mit dem Zeichenstift auf Reise gingen.

Mit diesem Band wird erneut die Vielfalt, der Spannungsreichtum und die Gegensätzlichkeit unserer Landschaft deutlich. Auf dem Umschlag erhebt sich im Hintergrund kühn der Hohenstaufen, das Wahrzeichen unseres Stauferkreises Göppingen, sozusagen als die klassische Ansicht.

Der stärkste Eindruck, den uns dieses Werk vermittelt, ist der Wandel, den unser Land in den letzten hundert Jahren erfahren hat. Das Betrachten der Ansichten erweckt hierbei nicht allein beglückende, sondern auch recht schmerzliche Gefühle, bedeutet es doch bei fast allen dargestellten Orten eine Konfrontation mit ihrer einstigen unberührten Schönheit. Erfreulich ist aber, daß sich zahlreiche Gemeinden des Landkreises, vor allem (seit 13 Jahren) durch die Teilnahme an dem Wettbewerb »Unser Dorf soll schöner werden« bemühen, den hohen Forderungen der Gegenwart nachzukommen; hierbei ist Vorbildliches geschaffen worden.

Durch die heute erkannten Gefahren der Zerstörung der Landschaft als des menschlichen Lebensraums rückt die historische Landschaft, die noch mit der natürlichen Umwelt in Einklang stand, stärker in das Bewußtsein der Menschen. Dabei spielt zweifellos eine Sehnsucht nach den Schönheiten der Natur eine nicht unwesentliche Rolle. Die alten Bildzeugnisse geben Gelegenheit, an reichen Entdeckungen teilzunehmen.

Demjenigen, dem es ein Anliegen ist, die Vergangenheit nicht nur mit dem Auge einzufangen und zu erleben, werden mit den historischen Schilderungen weitere Kostbarkeiten gereicht. Mit seinen umfassenden Kenntnissen der Quellen ist es Walter Ziegler gelungen, den Ansichten hübsche, oft heitere, manchmal auch kritische Texte beizugeben. Liest man auch diese, dann kann man sich an den Ansichten nicht sattsehen, und man freut sich, daß dort etwa der Satz »zwei starke Stunden einsamer schöner Weg auf der Höhe« zu finden ist (und daß es dies auch heute noch gibt) oder daß von »einem gewissen frommen Schaudern« die Rede ist. Mit diesen Ansichten und den vielen literarischen Einsichten wird unser Gesichtskreis über den Landkreis Göppingen beträchtlich erweitert.

Namens aller Freunde des Landkreises Göppingen sage ich Kreisarchivar Walter Ziegler für seine große Mühe ein herzliches Dankeschön. Dank gebührt der Kreissparkasse Göppingen für die kräftige finanzielle Unterstützung. Damit war es möglich, daß der rührige Verleger Anton H. Konrad in Weißenhorn es wagen konnte, den Band in dieser Form herauszugeben. Die vorzügliche Aufmachung und Ausstattung mit über 200 Abbildungen, davon ein Großteil in Farbe, stellt dem Verlag das beste Zeugnis aus. Ihm sei an dieser Stelle ein besonderer Dank ausgesprochen. Dem Werk wünsche ich eine weite Verbreitung sowohl innerhalb wie auch außerhalb unseres Landkreises. Wer diese »Romantische Filstalreise« antritt und sie beim Zusammenfluß mit dem Neckar beendet, ist reich beschenkt worden.

Göppingen, im September 1983 Dr. Paul Goes

Zu diesem Buch

Wer sich jahrzehntelang für die Vedute im deutschen Südwesten eingesetzt hat, für den bedeutet es eine große Freude, in seinen alten Tagen erleben zu dürfen, wie die einst so verlästerte Vedute im Lauf der Jahre festen Fuß gefaßt hat, als historische Quelle heute ernst genommen wird, wie die Spezialliteratur mächtig anschwoll. Welche Freude aber, daß man sich in seiner Arbeit nicht mehr allein auf weiter Flur fühlen muß, vielmehr im Lande Freunde in der jüngeren Generation gefunden hat, die in die nämlichen Fußstapfen getreten sind, und zwar gerade unter schwäbischen Kreis- und Stadtarchivaren, wobei ich im Besonderen an Göppingen und Heidenheim, an Schwäbisch Hall und Ravensburg denken darf. Beruhigend und beglückend zu wissen, daß in der Graphischen Sammlung der Württ. Landesbibliothek die Vedute im Sammeln wie in der Katalogisierung in meinem Sinne weiter gehegt und gepflegt wird. Dort sitzen die Eifrigen, man möchte sie »Vedutologen« nennen, die von der unheilbaren, wenn auch nicht gerade schmerzhaften Krankheit der »Vedutitis« befallen sind. Wer, statt ein ganzes Land zu bearbeiten, sich weise auf einen einzigen Landkreis beschränkt, um dort nach Veduten auf die Jagd zu gehen, hat den Vorzug, zumal wenn er über eine so feine Entdeckernase verfügt wie Walter Ziegler, mit um so größerer Vehemenz vorgehen zu können. Da möchte man ihm Glück wünschen zu der außerordentlich stattlichen Zahl von Ortsansichten, denen man das von findigen Antiquaren geprägte Prädikat »nicht bei Schefold« beimessen darf. Es bedarf vieler Geduld, ja Hartnäckigkeit, beim Aufstöbern der Objekte in Museen und Archiven, um zum Erfolg zu kommen; ein nur einmaliges Anklopfen genügt da meist nicht, insbesondere nicht bei Privatbesitz. Wie schwierig sind allein Fälle, wenn es darum geht, die Nachfahren eines längst verstorbenen Besitzers ausfindig zu machen.

Wer in einer Vedutenpublikation sich nicht nur mit einer Auswahl nach Gesichtspunkten künstlerischer Qualität begnügt, vielmehr das topographische Moment in den Vordergrund stellt, also die Gesamtheit des aufgestöberten Bildmaterials verwerten will, muß eine große Spannung innerhalb der Qualität in Kauf nehmen. In den dilettantischen Arbeiten, auf die als Quellen einfach nicht verzichtet werden kann, liegt ein wesentlicher Grund, weshalb die Vedute im Urteil der Kunsthistoriker so wenig Respekt erfährt.

Eine Liebhaberzeichnung eines Schlosses, von einer Gräfin, die vielleicht in einer Akademie studiert hat, mit viel Liebe festgehalten, kann reizend sein, weniger dagegen die Ansicht einer Industrieanlage in erschreckender Nüchternheit; diese aber kann in einem von Industrie so reich durchsetzten Raum wie dem Göppinger Landkreis von erheblicher Bedeutung sein. Ist das Bild auch noch so rührend und naiv, der Garten eines Fabrikanten, in dem die Fabrikmusik am Sonntag ein Kaffeekonzert gibt, ist einfach ein ungewöhnliches sozialgeschichtliches Dokument.

Aufgeschlossen in einzelne Kapitel von Tälern, geschlossenen Landschaftsteilen und Städten werden die Bildbeschreibungen geschickt kombiniert mit alten Zeugnissen der Literatur.

Das Kapitel »Die Künstler und ihr Lebensweg« möchte man besonders willkommen heißen, auch die Bildnisse, die gewiß nicht ohne viel Mühe aufzutreiben waren. Die Sammlung der Aquarelle schwäbischer Dorfkirchen von Carl Philipp Heinrich Bach, für den Landkreis unentbehrlich, war wohl schon bekannt; daß es Ziegler gelang, über den Künstler ein ganzes Lebensbild zusammenzustellen, ist wärmstens zu begrüßen. Dasselbe gilt für den Geislinger Zeichenlehrer Jacob Früholz und den dilettierenden Pfarrer Eduard Keller. Wirkliche Freude bedeutet für mich, daß Louis Kolb, der Jurist, endlich die ihm zustehende Würdigung fand, dessen Vielzahl an Zeichnungen als die überraschendsten und von seltenem Finderglück begünstigten Entdeckungen für den Landkreis angesehen werden dürfen. Auch der ausgezeichnete Lithograph Johannes Woelffle hätte schon längst eine Biographie verdient.

So gilt für Walter Ziegler der Schüttelvers im Hinblick auf die alte Stadtansicht:

»Er liebt so sehr das Schwabenland,
daß nie die Lust,
sich daran zu laben, schwand«.

Stuttgart, im August 1983 — Prof. Dr. Max Schefold

Einführung

Das sogenannte Romantische einer Gegend
ist ein stilles Gefühl des Erhabenen
unter der Form der Vergangenheit oder,
was gleich lautet, der Einsamkeit,
Abwesenheit, Abgeschiedenheit.

Johann Wolfgang Goethe, Maximen und Reflexionen,
Aus Kunst und Altertum, 1823

»Veduten sind Bild gewordene Geschichte«, kann man gleichsam in Abwandlung des Zitats »Heraldik ist Bild gewordene Geschichte« sagen. Etwa 150 Jahre, die Zeit zwischen 1740 und 1885, umspannen die in diesem Band zusammengetragenen Veduten, d.h. Ansichten. Diese Zeit unter dem durchaus aussagekräftigen Blickwinkel von Bildern und zeitgenössischen Schilderungen zu beleuchten, aber auch zugleich diese seltenen Bildzeugnisse unserer Landschaft, ihrer Städte, Dörfer, Weiler, Klöster, Kirchen, Kapellen, Burgen und Schlösser durch eine entsprechende Verbreitung zu überliefern und damit der Nachwelt zu erhalten, ist mit ein besonderes Anliegen dieses Bandes.

Ende der sechziger Jahre bekam der Herausgeber erstmals Gelegenheit sich mit dem Bereich der Vedute näher zu beschäftigen. Seinem Freund und späteren Kollegen, Stadtarchivar Manfred Akermann, verdankt er es, daß er auf dem Weg zur archivarischen Ausbildung die große Ansichtensammlung des Stadtarchivs Göppingen ordnen und verzeichnen konnte. Die Vedute ließ ihn seitdem nicht mehr los. Er wurde von der gleichen »Krankheit«, wie sein väterlicher Freund, der Altmeister der Vedute im Lande, Professor Dr. Max Schefold, der von diesem so benannten »Vedutitis«, befallen. Intensive Beschäftigung mit der Materie und umfangreiche Nachforschungen über ein Jahrzehnt hinweg, mit dem Ziel einer Bestandsaufnahme aller Veduten des Kreises aus der Zeit des ausgehenden 15. Jahrhunderts bis zum verstärkten Einsetzen der Fotografie in den siebziger und achtziger Jahren des letzten Jahrhunderts, führten und führen ihn noch zu einer Fülle von Neuentdeckungen. Professor Dr. Max Schefold konnte in seinem für das Land und weit darüber hinaus grundlegenden Werk »Alte Ansichten aus Württemberg« bereits etwa 650 Ansichten aus dem Göppinger Kreisgebiet nachweisen und einzelne im Tafelteil abbilden. Dieser Fundus ist mittlerweile auf über 900 angewachsen. Die Funde waren Anlaß, von dem ursprünglichen Plan, eine Auswahl aus dem gesamten Zeitraum zwischen etwa 1490 und 1880 zu veröffentlichen, abzurücken und diesen auf die zweite Hälfte des 18. und das 19. Jahrhundert zu begrenzen. Die Beschränkung hatte dabei den weiteren Vorzug, bei dem bedeutenden Anwachsen der Ansichten seit den Jahren um 1800 auch eine größere Auswahl zur Verfügung zu haben. Auch konnte aus der Bestandsaufnahme mehr als nur eine repräsentative Auswahl der Zeit veröffentlicht und mit einem Katalog erschlossen und gesichert werden. Zu sichern deshalb, weil sich bei Nachforschungen gezeigt hatte, daß bei den von Professor Dr. Max Schefold nachgewiesenen Ansichten, insbesondere in Privatzbesitz, in den vergangenen 25 Jahren vielfach Besitzwechsel eingetreten war. Diese Ansichten sind heute oftmals gar nicht mehr oder unter sehr erschwerten Umständen aufspürbar. Das ist bedauerlich, weil sich darunter unersetzliche Originale befinden, die zumeist noch nirgends veröffentlicht oder dokumentiert sind. Ungeschmälert bleibt die großartige ehrenamtliche Leistung von Professor Dr. Max Schefold auf diesem Gebiet. Schon längst wäre es eigentlich höchste Zeit, diese Arbeit von einem amtlichen Inventarisator, einem »Vedutologe«, bewerkstelligen und fotografisch in einer Landesansichtenkartei zusammentragen und erschließen zu lassen.

Die vorliegende Veröffentlichung versucht deshalb dieses künstlerische Erbe des Kreises Göppingen, seiner Städte und Gemeinden, zu sichern und den nachfolgenden Generationen zur weiteren Auswertung und Freude zu übermitteln. Das Göppinger Beispiel ist sicherlich kein Einzelfall, sondern zeigt, welcher Fundus an Darstellungen unserer Landschaft, ihrer Städte, Gemeinden und Sehenswürdigkeiten, in gleicher Weise auch in anderen Räumen und Kreisen noch zusammengetragen werden könnte. Man darf deshalb wohl ohne Übertreibung feststellen, daß der Göppinger Kreis für das 18. und 19. Jahrhundert als Spiegelbild dieses künstlerischen Schaffens im Lande bezeichnet werden kann. Der Sammler alter Ansichten stellt sich aufgrund dieser Beobachtung immer wieder die Frage, wieviele Veduten wohl einst vorhanden gewesen sein mögen und wieviele davon die Zeiten überdauert haben? Als Ergebnis bleibt festzuhalten, daß auf unsere Zeit trotz der Kriege und Wirren mehr solche Bildzeugnisse überliefert wurden, als man gemeinhin annehmen möchte.

Bei der Auswahl der Ansichten war es das Bestreben des Herausgebers eine möglichst breite Variation und einen ebenso deutlichen Kontrast der Auffassungen, Stile und Techniken, wie auch der Qualität, zu erreichen, gleichzeitig aber möglichst alle Orte im Kreisgebiet zu dokumentieren. Durch die große Auswahl konnte bewußt auf die sich anbietende und in den jüngsten Bildbänden praktizierte Methode der »schönsten Ansichten« verzichtet werden, weil es darum ging, einen ganzen Landkreis methodisch darzustellen und von den sogenannten beliebtesten Landschaften, sowohl im Hinblick auf die künstlerische Qualität als auch auf die topographische Übersicht, abzurücken. Das Bild einer Kreislandschaft kann naturgemäß nicht nur an deren bedeutenderen Verkehrsstraßen gemessen werden, schon gar nicht in einem einst nur von einer Hauptverkehrsstraße, der Filstalstraße, durchzogenen Raum wie dem Göppinger.

Als Gliederung wurde eine solche nach topographischen Gesichtspunkten gewählt. Aufnahme fanden auch Orte, die einst zu den Oberämtern Göppingen und Geislingen gehörten, aber durch spätere Gebietsreformen anderen Landkreisen zugeteilt worden waren. Aber nicht von all diesen Orten konnten Ansichten aus dem behandelten Zeitraum aufgespürt werden. Dies ist insbesondere bei den Dörfern auf der Albhochfläche der Fall. Den Band eröffnet die Darstellung der Stadt Geislingen an der Steige, weil es von dieser spätmittelalterlichen Stadt trotz eines großen Bestandes an alten Ansichten keine Monographie gibt, wie sie aus der Feder von Manfred Akermann, über die Kreisstadt Göppingen vorliegt.

Zu fast jeder Vedute wurde versucht eine zeitgenössische Beschreibung zu finden, die mit dem Bild in Zusammenhang steht. Die Schilderungen bestehen aus Reisebeschreibungen und Landschaftsschilderungen sowie Chroniken, aber auch naturwissenschaftlichen Studien, Briefen und statistischen Erhebungen. Diese Kombination wurde gewählt, um die Ansichten in die Zeit in der sie entstanden einzubinden. Möglichste Zeit- und Objektnähe der Schilderung wurde angestrebt, um diesen Zusammenhang herzustellen. Durch die Beschränkung des Zeitraums stand gleichfalls eine größere Auswahl durch das Anwachsen der entsprechenden Literatur zur Verfügung. Versucht wurde ebenso ein Höchstmaß von Abstufung an Arten und Originalitäten der Schilderungen zu erzielen, um gleichsam die Landschaft in der Vedute und Literatur, wie umgekehrt, zu zeigen.

Der eigentliche Bildteil umfaßt 192 Nummern. Über drei Viertel der Ansichten sind Originale, wie Aquarelle und Ölbilder, Bleistift- und Federzeichnungen, der Rest Kupferstiche und Radierungen, Lithographien, Stahl- und Holzstiche. 122 der abgebildeten Ansichten befinden sich in Privatbesitz, die anderen sind in öffentlicher Hand. Beinahe die Hälfte der Veduten, 102, stammen von acht Künstlern, die überwiegend aus dem Kreisgebiet stammen bzw. mit diesem durch familiäre Bande verbunden sind. Auf deren Leben und künstlerisches Wirken wurde deshalb in den nachgestellten kurzen Lebensbildern eingegangen. Die Namensliste der Künstler spannt sich von dem Augsburger Festungsbaumeister Antoine du Chaffat um 1740 bis zum namentlich unbekannten Dorfschulmeister von Albershausen 1885. Dazwischen liegen Ansichten bekannter und weniger bekannter Künstler wie Johann Sebald Baumeister, Karl Urban Keller, Johann Michael Frey, Jacob Früholz, August Seyffer, Friedrich Müller, Carl Hartwig von Zieten, Eberhard Emminger, Louis Kolb, Max Emanuel Jacker, Eduard Keller, Louis Mayer, Caspar Obach, Albert Wagner, Friedrich Wagner, Johannes Woelffle, Pieter Francis Peters, Max Eyth, Carl Philipp Heinrich Bach, Eduard Mörike, Carl Schott und Karl Weysser. Klangvolle Namen wie Felix Bockhorni, Daniel Fohr, Albert Kappis, Louis Braun und Anton Doll sind aus dem Kreis der Münchner Landschaftsschule vertreten.

Alte Ansichten gehören zu den Stillen im Kunstschaffen. Nur wenige vermögen zu prunken in Galerien und Kunstsammlungen. Die meisten Veduten entstanden nicht um Kunst zu vermitteln, obwohl es darunter auch Meisterstücke gibt. Es waren vielmehr Mitteilungen über allerlei Naturereignisse, historische Tatsachen oder auch, und dies ist der Normalfall, Ansichten von Örtlichkeiten, die in irgendeiner Weise interessant waren, von denen man sprach. Als der Tourismus aufkam, waren es Erinnerungsbilder wie heute Ansichtskarten. Die Ansichten sind wie geschaffen für den stillen Betrachter, der in Ruhe die Feinheiten zu genießen vermag. Wenn auch nicht alle Bilder die gleiche künstlerische Höhe erreichen oder, von diesem Gesichtspunkt aus betrachtet, oftmals sogar wertlos sind, so zeigen sie doch viele Einzelheiten aus der Entwicklung eines Ortsbildes, die historisch und kulturgeschichtlich interessant sind. Sie erlauben dem aufmerksamen Betrachter einen Einblick in die Kulturgeschichte. Man kann sagen, daß die Vedute die angenehmste Art von landschaftlicher Kulturgeschichte ist. Aber auch die Menschen auf den Bildern können uns Sitten und Bräuche, ländliches und städtisches Leben und nicht zuletzt die Mode der damaligen Zeit vor Augen führen. Darüberhinaus können die Veduten wichtige Hinweise auf die wirtschaftliche und soziologische Struktur ihres Raumes und des Landes geben.

Man erkennt, daß die Maler, Zeichner und Lithographen im vorigen Jahrhundert Entdecker des Unbekannten waren. Die alten Ansichten geben Gelegenheit, an diesen Entdeckungen teilzunehmen. Zu diesem Naturerlebnis tritt die Geschichte, die aus alten Städten und Dörfern, Burgen und Ruinen, spricht. Hinzu gesellt sich der Vergleich ihres einstigen Umfangs mit jenem der Gegenwart. Während in den früheren Ansichten die Anteilnahme der Maler vorzugsweise nur den Städten galt, waren es bald nach der Wende zum 19. Jahrhundert immerhin einige wenige, die hinauswanderten in die Natur, um sich an den Schönheiten des Landes zu ergötzen. Von Jahr zu Jahr aber wuchs deren Zahl und immer mehr entdeckten die Künstler neben den Dichtern die Herrlichkeit der Heimat, vergnügten sich an den Schönheiten des Landes und verewigten diese im Bilde. So wurde vor allem dem Städter diese neue Welt mit dem Kupferstich und der zarten Radierung, meist stimmungsvoll koloriert, und später auch durch die Lithographie mit ihrer weichen, schummerigen Strichführung und den Tönungen in Gelb sowie dem für größere Auflagen und kleine Größen berechneten Stahlstich wie auch dem nachfolgenden Holzstich erschlossen und ihm der Weg gewiesen, die kaum gekannten Schönheiten kennenzulernen, sie mit offenen Augen zu betrachten und in ehrfürchtigem Staunen in sich aufzunehmen. Mit dem Siegeszug der Fotografie versiegt gleichsam die alte Kunst der Malertopographen, die sich durch Jahrhunderte hindurch entwickelt hatte. Schon am Übergang von der Vedute zur Fotografie steht das Foto von der Geislinger Bürgerwehr, welches im Geislinger Kapitel abgebildet ist. Die 1848/49 entstandene Aufnahme gehört zu den ältesten im Kreisgebiet erhaltenen Fotos und zeigt die Bürgerwehr vor dem gemalten Hintergrund der Geislinger Stadtsilhouette.

Die Künstler und ihr Lebensweg

Carl Philipp Heinrich Bach (1812–1870), Topograph

Der Vater des Topographen, Philipp Heinrich Bach (1787 bis 1846), war Kommunrechnungsrevisor und gebürtig aus Ebersbach an der Fils. 1811 hatte er in Großingersheim Sophie Caroline Schölderlin, die Tochter des dortigen Bürgermeisters, geheiratet. Seine väterlichen Vorfahren waren Sägmüller in Ebersbach, während seine Mutter der dort seit 1764 ansässigen Familie Geyer entstammte, einem Geschlecht, das drei Generationen lang den Amtmann des Marktfleckens stellte[1].
In Großingersheim wurde Carl Philipp Heinrich Bach am 30. Januar 1812 geboren. Nach dem Besuch der Lateinschule in Markgröningen und Ulm trat er mit 15 Jahren in das Guidecorps des königlich-württembergischen Generalquartiermeisterstabs in Ludwigsburg ein. Hier bildete er sich in einer sechseinhalbjährigen Dienstzeit für seinen künftigen Beruf aus. 1833 wurde er als Topograph beim Statistisch-Topographischen Bureau in Stuttgart beschäftigt und 1837 definitiv angestellt[2]. Hier wirkte er bis zu seinem Tode am 15. Dezember 1870.
Während dieser Zeit war er an der Erstellung des großen topographischen Atlas von Württemberg beteiligt. Hierzu nahm er in der Sommerzeit in verschiedenen Gegenden des Landes Terrainaufnahmen vor. Nach Abschluß dieser Arbeit wurde ihm von König Wilhelm I. am 16. Oktober 1851 die Goldene Zivildienstmedaille verliehen[3]. Im Anschluß daran veröffentlichte er 1853 die vielbeachtete Abhandlung »Theorie der Bergzeichnung in Verbindung mit der Geognosie«. In dieser Schrift gelang es ihm die Abhängigkeit der Oberflächenformen der Erde von den geognostischen Verhältnissen so überzeugend klar zu machen, daß Alexander von Humboldt dieser Arbeit mit großer Anerkennung gedachte. Als eigentlicher kartographischer Geognost trat er erst mit seiner großen Karte »Geographische Uebersichtskarte von Deutschland«, in neun Blättern 1855 bei J. Perthes verlegt, vor eine größere Öffentlichkeit. Diese Karte stellte durch kräftige Farbtöne die Hauptabteilungen der Gebirgsformationen in klarer Weise, wie keine frühere Karte der Art, dar, und machte sich durch Genauigkeit der Zusammenstellung und Anschaulichkeit für Schul- und Lehrzwecke zu einem unentbehrlichen Hilfsmittel[4].

1 Carl Philipp Heinrich Bach. Foto, 1857

Seit 1859 nahm Carl Philipp Heinrich Bach als Mitglied der zur geographischen Detailaufnahme bestellten Kommission an der geologischen Kartierung Württembergs engsten Anteil. Er ist auf fast allen Blättern entweder als Mitarbeiter oder als Revisor genannt. Als Frucht dieser Untersuchung erschien 1869 die kleine, vortreffliche Abhandlung »Eiszeit« mit einer Karte. Hierbei handelte es sich um eine gründliche Studie über die Verbreitung der alpinen Gletscher innerhalb einer doppelten Phase bis weit nach Oberschwaben hinein. Als letzte Arbeit legte er 1870 die »Geographische Karte von Württemberg, Baden und Hohenzollern« vor[5]. Weitere Ehrungen, wie die Verleihung des Charakters eines Hauptmanns durch König Wilhelm I. 1856 oder die Auszeichnung mit der Goldenen Medaille »bene meriti« durch den Fürsten von Hohenzollern-Sigmaringen, folgten[6]. Am 6. März 1870, in seinem Todesjahr, erhielt er vom König das Ritterkreuz des Friedrichsordens[7].

Privat beschäftigte sich Carl Philipp Heinrich Bach viel mit Musik, Kalligraphie, Landschaftsmalerei und Naturwissenschaft sowie den schon genannten Publikationen[8]. Zu seiner Erholung und Ausbildung unternahm er mehrere Reisen ins damalige Ausland; 1835 nach Regensburg, Passau, Linz, Salzburg, Innsbruck und München, 1843 nach Straßburg, Freiburg und Schaffhausen, 1844 nach Konstanz und an den Bodensee, 1845 nach Mailand, Meran, Verona, Venedig, Triest, Graz und Wien, 1849 nach Zürich, Luzern und Basel, 1852 nach Mainz, Koblenz, Köln und Münster sowie in den Jahren 1853–1855 in die schweizerischen Kurorte Weissbad und Appenzell.
In erster Ehe war er seit 1840 mit Ottilie Bazing verbunden. Dieser Ehe entsprossen die Söhne Max und Hermann. Der am 17. Oktober 1841 geborene Sohn Max wandelte auf den künstlerischen Spuren des Vaters. Er war sein und Caspar Obachs Schüler. Seine weitere Ausbildung erfolgte auf der Stuttgarter Kunstschule. Um die Mitte der sechziger Jahre besuchte er das Polytechnikum, um sich im technischen Zeichnen, Radieren und Lithographieren weiter auszubilden. Seit 1883 widmete er sich in Stuttgart neben der Malerei, Zeichnen, Anfertigen von Illustrationen, Wappen usw., besonders der Geschichts- und Altertumsforschung[9]. Sein Lebenswerk reicht zwar schon wesentlich über die im vorliegenden Band festgelegte Zeitgrenze hinaus, doch muß er an dieser Stelle erwähnt werden, nicht nur wegen der großen Zahl von Architekturaufnahmen nach heute teilweise verschwundenen mittelalterlichen Gebäuden, die er in den sechziger und siebziger Jahren meist in Feder- und aquarellierten Zeichnungen begonnen hatte, sondern auch als Historiker und Altertumsforscher dank seiner zahlreichen Publikationen gerade im Bereich der württembergischen Ansichten, auf dessen Gebiet er wertvollste Vorarbeit geleistet hat[10]. Max Bach starb am 5. Februar 1914[11].
Carl Philipp Heinrich Bach hinterließ neben kleinen lithographierten Veduten in Stuttgarter Familienbesitz vor allem eine prachtvolle Reihe von fein ausgeführten Aquarellen schwäbischer Dorfkirchen. Diese hat sich in dem »Album Schwäbischer Dorfkirchen« aus der Zeit um 1860 sowie in dem Familienbuch »Erinnerungen aus dem Leben von Verwandten und Angehörigen der Familie Bach« in Familienbesitz erhalten. Das Album mit den schwäbischen Dorfkirchen zählt 61 Blätter, von denen 12 das Göppinger Kreisgebiet betreffende hier dank dem Entgegenkommen der Besitzer weitgehend erstmals zur Veröffentlichung gelangen. Der Großteil dieser 14,5 x 20 cm großen Aquarelle betrifft den Mittleren Neckarraum und Oberschwaben sowie teilweise Franken. Das Familienbuch, eine bebilderte Familienchronik, enthält etwa 30 Aquarelle, deren Göppinger Anteil mit acht Ansichten hier gleichfalls erstmals veröffentlicht werden kann. Bei diesen Ansichten besticht neben ihrer künstlerischen Qualität ihre historisch-topographische Genauigkeit. Ihr besonderer Reiz liegt auch darin, daß sie oftmals die einzig erhaltenen Ansichten zahlreicher Dorfkirchen in Württemberg darstellen. Auf seinen zahlreichen dienstlichen aber auch privaten Reisen fertigte er diese Ansichten an und tat sich als Zeichner dieser durchwanderten Landschaften hervor. In einigen Ansichten lehnte er sich an Vorlagen befreundeter Künstler wie Hermann Herdtle, Pieter Francis Peters und Caspar Obach an[12]. Auf die bei Schefold abgedruckten Inhaltslisten sowohl zum »Album Schwäbischer Dorfkirchen« wie auch zum Familienbuch sei hier verwiesen[13].

1 Lebenslauf im Familienbuch. Hermann Donner, Geschichte der Gemeinde Ebersbach an der Fils, Ebersbach 1964, S. 96f., 200
2 Allgemeine Deutsche Biographie 1, 1875, S. 752
3 wie Anm. 1 und Anm. 2
4 wie Anm. 2
5 wie Anm. 2
6 wie Anm. 2
7 wie Anm. 1
8 wie Anm. 1
9 Künstler-Lexikon Thieme-Becker, II, 1908, S. 310; Württ. Nekrolog für das Jahr 1914, S. 19–21
10 Max Schefold, Band I, S. 112
11 Staatsanzeiger für Württemberg vom 9. 2. 1914
12 Schwäbische Kronik vom 22. 1. 1921 Nr. 32, S. 5
13 Max Schefold, Band II, S. 880; eine Reihe von Ansichten sind nicht in den Listen enthalten und auch nicht verzeichnet.

Johann Sebald Baumeister (1775–1829), Zeichenlehrer

Mit 28 Jahren wurde der in Augsburg am 2. Oktober 1775 geborene Johann Sebald Baumeister zum öffentlichen Zeichenlehrer in Schwäbisch Gmünd berufen[1]. Seine Berufung hatte er vom württembergischen Kurfürsten Friedrich erhalten[2]. Sein Unterricht war eingerichtet worden zur Unterstützung des Gmünder Handwerks. Zu diesem Zweck gab er auch hintereinander zwei Zeitungen heraus: das Magazin für Kunst- und Handarbeit, erschienen 1806, und das Magazin für Kunst- und Gewerbe-Erzeugnisse von 1826. Der Herausgeber nennt sich darin »öffentlicher Lehrer der Zeichnung, Mitglied des polytechnischen Vereins im Königreich Bayern«. Für Gmünd, das wirtschaftlich so stark vom Kunstgewerbe abhängig war, stellte Baumeister deshalb sicherlich eine wichtige Persönlichkeit dar[3]. Seinen Zeichenunterricht hielt er im »Waisenhaus« und ab 1810 auch in der Lateinschule im Franziskanerkloster ab. Als jährliche Besoldung erhielt er 1803 an Geld 300 fl sowie 6 Malter Dinkel und 6 Klafter Holz[4].
Schon bald entstand sein Hauptwerk, seine im Gmünder Museum verwahrte Serie von Miniaturaquarellen der weiteren Gmünder Umgebung. Sieben Blätter aus dieser umfangreichen Serie sind unter den Nummern 43, 83, 108, 109, 120 und 165 in diesem Band abgebildet. Gleichfalls abgebildet sind drei großformatige Darstellungen (Abb. 102, 112, 164), die von ihm selten geschaffen wurden. Die abgebildeten Ansichten zeigen die Orte Hohenstaufen, Ottenbach und Weißenstein sowie die Burgen und Schlösser, die er gerne zeichnete, Hohenrechberg, Wäscherschloß und Weißenstein. Auch Naturschönheiten wie die Eybquelle bei Treffelhausen, den Bernhardus oder den Blick auf Schloß Ramsberg und die Burg Staufeneck ins Mittlere Filstal mit Süßen, hielt er im Bild fest.
Trotz des winzigen Formats der Bilder, sie messen 7,8 x 10,6 cm, hat er mit Liebe und Fleiß in diesen die ungeheure Weite und Größe der Landschaft, mit Prägnanz die geologische Struktur der Erdoberfläche wie auch die kristalline Klarheit der Bergformen erfaßt und wiedergegeben[5].
Nach diesen wohl um 1805 entstandenen Miniaturansichten wagte sich der Kleinmeister auch an größeres Format, so bei den Aquarellen von Burg und Kirchberg Hohenrechberg 1805 und von Stadt und Schloß Weißenstein. Beide Aquarelle stellen nicht nur vom Format, sondern auch wegen ihrer künstlerischen Qualität und historischen Genauigkeit seine größten und bedeutendsten Arbeiten dar. Mit dem als kolorierte Umrißradierung verbreiteten Blatt von Berg und Dorf Hohenstaufen war er maßgeblich an der künstlerischen Entdeckung und Erschließung des Kaiserberges beteiligt[6]. Diese Ansicht widmete er König Friedrich I. von Württemberg. Von ungemeinem Reiz sind hierauf die Staffagefiguren eines in bürgerlicher Empire-Kleidung gekleideten Paares und eines bäuerlichen Mädchens mit Korb. Bei der Aufnahme dieses Blattes leistete ihm der Gmünder Graveurmeister Reuss technische Hilfe[7]. Die bäuerlichen Gruppen auf den großformatigen Ansichten vom Hohenrechberg und von Weißenstein wirken in ihrer Darstellung lebendig und erfrischend. Sie sind so fein und gewissenhaft wiedergegeben, daß sie dem Trachtenforscher eine große Hilfestellung zu geben vermögen.
Von seiner Hand stammen auch ein paar kleine Publikationen, und zwar von 1805 die »Galerie der Familienbilder des ehemals kaiserlichen Hauses der Hohenstauffen nach den in Lorch befindlichen Originalen gezeichnet« und von 1808 die »Abbildung der Statuen in der Woellwarthischen Totenhalle in dem Kloster Lorch.« 1817 gab er die »Familienbilder des Hauses Hohenzollern, von den in dem hochfürstl. Schlosse zu Hechingen befindlichen Originalen kopiert« heraus und 1819 erschien die »Galerie der edeln Regenten Bayerns von Theodor dem ersten bayerischen Regenten und Stammvater an, in ununterbrochener Reihenfolge«[8]. Nicht zum Druck gelangten seine Arbeiten »Abbildung der Statuen der Familie von Rechberg von Hohenrechberg« von 1809 und »Galerie der Familienbilder der Grafen und Herzoge zu Württemberg«. Erstere Arbeit befindet sich im Gräflich Rechbergschen Archiv in Donzdorf, letztere in der Württ. Landesbibliothek Stuttgart[9]. Die Rechbergische Arbeit erschien wohl deshalb nicht, weil der beste Kenner der Geschichte der Herren von Rechberg und Berater der Familie, der Donzdorfer Dekan Joseph Alois Rink, zu einer negativen Beurteilung gelangte. Er stellte fest: »Das schönste ist die vortreffliche Ansicht des Hohenrechbergs auf dem Straßdorfer Feld von Gmünd her«[10].
Erwähnt sei noch, daß Baumeister 1822 in Gmünd ein »Panorama von Hohen Rechberg kolorirt und mit Namen bereichert, sammt erläuterndem Texte« im Kleinoktavformat und mit einer Panoramagröße von 8,5 x 36 cm herausgab.
Von seinen Ansichten wohltuend unterscheiden sich seine ebenfalls im Gmünder Museum erhaltenen drei Skizzenbücher von 1815 mit winzigen Federzeichnungen von Gmünder Bürgertypen[11]. In diesen stellt sich Johann Sebald Baumeister als Vierzigjähriger selbst vor: Gebogene Nase, auf der eine kleine Nickelbrille sitzt, Stirnglatze, Vatermörder und ein lustiges Lächeln um die Mundwinkel[12].
Johann Sebald Baumeister erlebte noch, wie sich sein 1804

II Johann Sebald Baumeister. Selbstporträt, Federzeichnung 1815

geborener Sohn Johann Wilhelm Baumeister, der das zeichnerische Talent seines Vaters geerbt hatte, in Augsburg und München zum Maler ausbildete[13], ehe er am 9. März 1829 in Schwäbisch Gmünd verstarb.

1 Künstlerlexikon Thieme-Becker, Band III, 1909, S. 81
2 Bruno Klaus, Gmünder Künstler, II. Maler, in Württ. Vierteljahreshefte für Landesgeschichte, NF V, Stuttgart 1896, S. 322
3 E. Brockmüller, Von Hohenzollernahnen und Gmünder Bürgern – Zur Neuerwerbung eines Buches von Johann Sebald Baumeister, in Unicornis, Mitteilungen des Städt. Museums Schwäbisch Gmünd, Jg. 1, Heft 2 1981, S. 36–38
4 wie Anm. 2
5 Max Schefold, Alte Ansichten aus Württemberg, Stuttgart 1957, Abbildungsband S. 91
6 wie Anm. 5, S. 90/91
7 Vermerk auf dem Blatt im Gmünder Museum: »Zustand der Schloßruine im Jahre 1810, bestätigt durch den bei obiger Aufnahme thätig gewesenen, jetzigen Graveurlehrer Reuss in Gmünd«.
8 wie Anm. 1
9 Württ. Landesbibliothek Stuttgart Cod. Wirt. 98
10 Dekan Joseph Alois Rink an Freiherr Max Emanuel von Rechberg, Donzdorf, 22. 9. 1809, Gräflich Rechbergsches Archiv Donzdorf, A 4438
11 Walter Klein, Bilder aus Alt-Gmünd, Stuttgart 1948, S. 26/36
12 wie Anm. 3
13 wie Anm. 2, S. 322f.

Felix Bockhorni (1801–1878), Landschaftsmaler

Zu den bislang unbekannten Malern der Münchner Schule der ersten Hälfte des 19. Jahrhunderts gehört Felix Bockhorni. Sein Leben und Werk ist noch nicht erforscht. Von ihm haben sich in gräflich rechbergischem Besitz acht vorzügliche Ölgemälde erhalten, die jedoch eine Beurteilung seiner künstlerischen Leistung zulassen. Ausgewählt wurden 6 Ansichten, die Abbildungen 39, 41, 92, 93, 110 und 175. Datiert und signiert sind die Ölbilder von Schloß Ramsberg 1826 und Rechberghausen 1828. Ein 1972 im Münchner Kunsthandel nachweisbarer Ölentwurf zur Ansicht der Ravensteiner Felsen im Roggental (Abb. 42) wurde fälschlicherweise, trotz eindeutiger Signatur, dem bedeutenderen Münchner Maler Max Joseph Wagenbauer (1775–1829) zugeschrieben[1].

Geboren wurde Felix Bockhorni am 20. Mai 1801 in Wolfratshausen an der Loisach, in der Nähe des Starnberger Sees[2]. Seine Eltern waren der Bürgermeister Josef Bockhorni und Marianne Kammerloher[3]. Felix Bockhorni war der älteste männliche Nachkomme dieses Paares und hatte noch 12 Geschwister. Erst nach dem Tode seiner Mutter, 1851, trat er in den Ehestand. Seine Gattin Marianne Huber betrieb in Wolfratshausen eine Krämerei, während er der Malerei nachging. In seinem Geburtsort starb er am 12. Juli 1878.

Felix Bockhorni war schon als Kind hoch talentiert und fertigte ohne Ausbildung bereits hervorragende Zeichnungen und Bildchen. Seine Begabung wurde früh entdeckt und der Knabe deshalb auf die Akademie zu München geschickt. Dort erhielt er eine sorgfältige Ausbildung und 1818, als Malerzögling, eine Anstellung bei der Königlichen Porzellan-Manufaktur in Nymphenburg. Zu seinen Lehrern zählte dort Fouquet[4]. In Ölbildern zeigte er sein hohes Können auf dem Gebiet der Landschaftsmalerei. Es ist anzunehmen, daß er mit den Landschaftsmalern seiner Zeit, der Zeit der sog. »Münchner Schule«, in Kontakt stand.

Hierbei trat er sicherlich auch in Beziehung zu dem bedeutenden Maler Max Joseph Wagenbauer, der sich schon früh von der Form der Ansicht, die einen Ort als Motivation der Darstellung fixierte, losgelöst und die reale Landschaft und ihre charakteristische Formation zum Darstellungsgegenstand gemacht hatte[5]. Barbara Hardtwig-Heine charakterisiert die Staffage-Aufteilung in Wagenbauers Bildern in ihrer Dissertation wie folgt[6]: »Als Staffage sind in den Vordergrund kleine Figuren von

Landleuten eingestellt ... Pferde und Schafe, jeweils im Mittelgrund rechts oder links auf ein Schema reduziert ... Zarte Bäume mit vom Stamm sich auseinanderfädelnden, feinen Ästen ... Ein großes Baummotiv betont die Mitte oder auch den Rand. Dieser Baum ist charakterisiert als Eiche oder Buche ...« – eine Charakterisierung, die auch für die Bilder von Felix Bockhorni zutrifft.

Bei seinen Wanderungen bereiste er vor allem den oberbayrischen Raum. Aus dem nordbayrischen Raum sind gleichfalls Bilder von ihm bekannt. Auch nach Südfrankreich führten seine Wege. Dem angefügt werden muß seine Reise in das ehemals rechbergische Gebiet unseres Raumes. Seine davon geschaffenen Ölbilder entstanden als Auftragsarbeiten für die Grafen von Rechberg. Im Besitz des Grafen Aloys von Rechberg (1766–1849), des ehemaligen bayrischen Außen- und Staatsministers, lassen sich beispielsweise die Ansichten vom Roggental und von Donzdorf 1835 nachweisen[7]. Zwei weitere Ansichten von Bockhorni wurden von Aloys von Rechberg 1847 bei der Versteigerung des Nachlasses seines Brudes Karl von Rechberg (1775–1847) erworben[8].

Es ist in der Familie Felix Bockhornis überliefert, daß er viel für das Bayrische Königshaus tätig war. Wenn nämlich irgendeinem dem Hof verbundenen Adligen oder sonstigen Personen zu einem Geburtstag, zur Hochzeit oder einem sonstigen besonderen Ereignis eine Freude bereitet werden sollte, wandte man sich sehr oft an ihn[9].

Trotz der Qualität seiner Werke wurde sein Name nicht so bekannt wie die seiner zeitgenössischen Kollegen. Dies war wohl in erster Linie auf sein bescheidenes und wenig kaufmännisches Wesen zurückzuführen. Es dürfte aber auch in der eingangs geschilderten Tatsache begründet liegen, daß sein Leben und Werk noch ungenügend erforscht ist, wohl deshalb, weil seine Werke sich sehr zerstreut in Privatbesitz befinden und sich auch bei den Bayerischen Staatsgemäldesammlungen kein Bild von ihm nachweisen läßt[10]. Festgestellt sei jedoch, daß seine Ölbilder vom Roggental, von Donzdorf, von Rechberghausen und von Weißenstein wie auch seine Ansichten der Schlösser Hohenrechberg, Ramsberg und Scharfenberg zum künstlerisch bedeutendsten gehören, was uns aus dieser frühen Zeit der Landschaftsdarstellung in unserer Heimat überliefert ist.

[1] Schriftwechsel mit Frau Dr. Barbara Hardtwig-Heine, Graphische Sammlung München, vom 13. 7. 1981

[2] Das Künstlerlexikon Thieme-Becker nennt fälschlicherweise als Geburtsdatum das Jahr 1794

[3] Eine kleinere, maschinenschriftliche Abhandlung über den Künstler verfaßte 1978 sein Urenkel Franz X. Wallner in Wolfratshausen

[4] Friedrich H. Hofmann, Die Geschichte der Nymphenburger Porzellan-Manufaktur, München 1922, Band II, S. 358

[5] Ausstellungskatalog Münchner Landschaftsmalerei 1800–1850, München 1979, S. 449.

[6] Barbara Hardtwig-Heine, Max Joseph Wagenbauer, in: Oberbayrisches Archiv, München 1972, Band 95, S. 20/21

[7] Gräflich Rechbergsches Archiv Donzdorf, A 4323, Schloßinventar von 1835, fol. 34

[8] Gräflich Rechbergsches Archiv Donzdorf, A 267, Schätzungsverzeichnis mit Verkaufsvermerk von 1847: »Bockhorni, 2 Stück Ansichten bei Donsdorff in Schwaben, 4 fl 33 kr und 11 fl 36 kr«

[9] s. Anm. 3, S. 7

[10] Enthalten ist er neuerdings mit einem kurzen Lebensabriß und einem Bild in: Münchner Maler im 19. Jahrhundert, Bruckmanns Lexikon der Münchner Kunst, München 1981, Band 1, S. 106

Jacob Früholz (1769–1846), Zeichenlehrer

Das Geschlecht der Früholz taucht nach dem Dreißigjährigen Krieg in den Geislinger Kirchenbüchern erstmals auf. Zahlreiche Angehörige dieser Familie widmeten sich vor allem der Beindrechslerei und -schnitzerei, die in Geislingen auf eine lange Tradition zurückblicken kann[1]. Jacob Früholz wurde am 2. März 1769 in Geislingen als Sohn des Kunstdrechslers Simon Früholz geboren[2]. Er entstammte der 1768 geschlossenen zweiten Ehe des Vaters mit der Hirschwirts- und Bäckerstochter Magdalene Rückert aus Unterböhringen[3]. Von den 13 Kindern dieser Ehe überlebten nur vier die Kindheitsjahre, darunter der Erstgeborene Jacob Früholz.

Für den Vater Simon Früholz war es selbstverständlich, daß sein Sohn in seinen Beruf trat. Obgleich Jacob Früholz von frühester Jugend mehr Neigung zur Zeichen- und Malkunst und zur Musik empfand, folgte er hierin, da ihm zunächst keine andere Wahl blieb. Besonders seit seinem 15. Lebensjahr an sollen sich diese Neigungen in ihm kräftig geregt haben. Da die Beindrechsler ihre Arbeiten überwiegend nach Zeichnungen anfertigten, war es eigentlich nicht verwunderlich, daß bei dem jungen Jacob Früholz diese künstlerische Ader des Beindrechsler-Kunsthandwerks zum Ausbruch kam. Vielleicht hätte er den Durchbruch zum bedeutenden Maler geschafft, wenn die erforderliche Ausbildung dazugekommen wäre[4].

Im Alter von 17 Jahren verlor er den Vater und Lehrmeister. Er mußte nun in erster Linie mit für den Unterhalt seiner Geschwister und seiner Mutter sorgen. Als im Jahre 1787 von einem Kartäuserkloster in Niederösterreich für deren »Fabrique« in Gaming Geislinger Drechsler, denen wegen ihrer Kunstfertigkeit ein hervorragender Ruf im Reich vorausging, gesucht wurden, zog Jacob Früholz mit der Mutter, den Geschwistern und einem Holzdreher dorthin. Aber nur für 2 Jahre fand die Familie hier ein Unterkommen und mußte dann wieder in die Heimat nach Geislingen zurück. Vielleicht wegen einer Torheit, die sich die Mutter zuschulden kommen ließ. Nach Geislingen zurückgekehrt, schenkte sie einem Knaben, allerdings nur für kurze Zeit, das Leben, dessen Vater ein in der genannten »Fabrique« arbeitender Einheimischer gewesen war. Sie überlebte die Schande nicht lange und starb einige Monate später an der Auszehrung, so daß nun Jacob Früholz erst recht für die Geschwister sorgen mußte[5].
Die Kartäusermönche hatten die musikalische Begabung des jungen Früholz erkannt, geschätzt und gefördert. In der Heimat konnte er deshalb neben seinem Gewerbe auch den Posten eines Stadtmusikanten bekleiden. Er erteilte Musikunterricht und nahm sich der Musikpflege in der Stadt an. Dazu unterrichtete er im Zeichnen und Malen und nach der Gründung der Lateinschule 1828 erhielt er den Auftrag für die Erteilung des Zeichenunterrichts an dieser Schule[6]. Bereits 1790 hatte er einen eigenen Hausstand mit Anna Magdalena Ströhlen gegründet. Das 1801 geborene einzige Kind, sein Sohn Simon, starb jedoch früh. Nach dem Tode seiner Gattin, am 24. Oktober 1836, verheiratete sich Früholz mit der Akziserswitwe Margarete Geiße, die er aber nach fünfjähriger Ehe erneut durch den Tod verlor. Er selbst starb 1846.
Von 24 nachweisbaren Ansichten der Stadt, ihrer Straßen und Gebäude, entstanden nicht weniger als 17 zwischen 1800 und 1818. Sein frühestes bekanntes Werk ist ein Aquarell der Stadt von Westen aus der Zeit um 1790, eine Ansicht, die für mehrere Jahrzehnte die klassische Darstellung der Stadt blieb (Abb. 4). Nur in zwei Ansichten, von Bad Überkingen und Ettlenschieß bezog er auch das Umland der Stadt in seine Arbeit ein. Die Aquarelle stellen sein Hauptwerk dar, 11 haben sich im Original, 3 in Nachzeichnungen erhalten und 2 sind verschollen.
Nach den von ihm geschaffenen Stadtansichten von Morgen und Abend fertigte der Augsburger Balthasar Fr. Leizelt 1808 großformatige Kupferstiche (Abb. 5)[7]. Diese prachtvollen Blätter wurden auf Velinpapier gedruckt und kosteten koloriert je 1 fl 12 kr[8]. Bei Leizelt erschien 1810 auch die Ansicht des Rötelbades nach einer Vorlage von Früholz in einem kolorierten Kupferstich zum Preis von 48 kr[9]. Noch 1809 war bei

III *Jacob Früholz, Medaillon. Selbstporträt in Pastell*

J. Oberländer in Augsburg das Scheibenschießen des Königlich-Bairischen Bürgermilitärs auf der Steingrube in Geislingen am 24. August 1809 in Kupfer gestochen worden und koloriert zum Vertrieb gelangt (Abb. 8). Im gleichen Verlag erschien außerdem eine Früholzsche Stadtansicht von Westen in kleinerem Format[10]. Diese klassische Stadtansicht taucht noch 1830 als Lithographie in einem Gesellenbrief auf, wohl nach dem Ölbild von 1830 (Abb. 6)[11]. Sein letztes nachweisbares Aquarell von Geislingen, die Ansicht der Lateinschule von 1838, erschien gleichfalls als Kupferstich[12].
Jacob Früholz führte auch Auftragsarbeiten auf dem Gebiet der Porträtkunst aus. So dürften sich in mancher Geislinger oder aus Geislingen stammender Familie von seiner Hand gefertigte Miniaturen auf Elfenbein und Pastellbilder wie auch

Schattenbilder erhalten haben[13]. Von seiner künstlerischen Fertigkeit auf diesem Gebiet kündet sein wohl um 1810 geschaffenes Selbstporträt im Geislinger Heimatmuseum (s. Abb. III). Das als Medaillon geschaffene Selbstporträt zeigt auf der Rückseite eingelassen eine reizvolle Elfenbeinschnitzerei in Form eines Denkmals mit den Initialen J. F. und legt somit auch von dieser Seite seiner hohen Handwerkskunst Zeugnis ab. Von den von ihm geschaffenen Bein- und Elfenbeinschnitzereien führt ein 1829 veröffentlichtes Lebensbild[14] seine vier wichtigsten auf: Ein Schreib- und Nähzeug von Elfenbein, welches der König von Bayern erhielt, ein Schachspiel und Tintenfaß für den König von Württemberg, ein aus Bein gemachter Blumenkorb mit Blumen nach der Natur für den König von Württemberg zum Preis von 10 Karolin (110 fl) und dasselbe Kunstwerk nochmals, welches vom königlichen Hof in München für 500 fl erworben wurde. Von dem Verbleib dieser Arbeiten ist jedoch nichts bekannt.
Die Bedeutung des Künstlers für die Geschichte der Stadt liegt deshalb vor allem in seinen zarten und liebevollen Aquarellen und Kupferstichen, in denen er uns den Zustand der Stadt, ihrer Straßen und wichtigen Gebäude, wie auch festlicher Ereignisse in ungemein historischer Zuverlässigkeit überliefert hat. Was sein Zeichenlehrer-Kollege Johann Sebald Baumeister (1775 bis 1829) für Schwäbisch Gmünd war, war Jacob Früholz für seine Heimatstadt Geislingen.

[1] Georg Burkhardt, Jakob Früholz und David Fahr, zwei ältere Geislinger Maler, in: Geschichtliche Mitteilungen von Geislingen und Umgebung, Heft 7, Geislingen 1939, S. 72 ff.; Derselbe, Geschichte der Stadt Geislingen an der Steige, Geislingen 1963, Band 1, S. 321 ff.
[2] Albrecht Weyermann, Neue historisch-biographisch-artistische Nachrichten von Gelehrten und Künstlern, auch alten und neuen adeligen und bürgerlichen Familien aus der vormaligen Reichsstadt Ulm, 1829
[3] wie Anm. 1, S. 73
[4] wie Anm. 1, S. 73; Der Beindrechsler (Jacob Früholz), in: Alp- und Filsthalbote 1852, S. 336/337, S. 344/345
[5] wie Anm. 1, S. 74
[6] wie Anm. 2; wie Anm. 1, S. 74
[7] Die Vorlage zur Ansicht Geislingens von Westen stellt wohl das Aquarell, Schefold Nr. 2085, von 1805 im Heimatmuseum Geislingen dar.
[8] Ulmisches Intelligenzblatt vom 23. 1. 1809; Schefold Nrn. 2086 und 2087
[9] Ulmisches Intelligenzblatt vom 12. 2. 1810; Schefold Nr. 2126
[10] Schefold Nr. 2087a
[11] Schefold Nr. 2089
[12] Schefold Nr. 2112; der Kupferstich davon nicht bei Schefold
[13] wie Anm. 1, S. 74; StA Ulm, Nachlaß Georg Veesenmayer
[14] wie Anm. 2

Max Emanuel Jacker (1798–1859), Oberpräzeptor

Mit einer Anzahl großartiger Sepiazeichnungen und Aquarelle kann sich der Einheimische, aus Donzdorf gebürtige, Max Emanuel Jacker in die Reihe der bedeutenderen Verfertiger von Ansichten aus dem Kreisgebiet einreihen. Durch glückliche Umstände gelang es, zahlreiche seiner Werke zu ermitteln und ihn als deren Urheber zu identifizieren.

Maximilian oder Max Emanuel, wie er nach seinem Taufpaten, dem Freiherrn Max Emanuel von Rechberg, genannt wurde, erblickte am 4. Oktober 1798 in Donzdorf das Licht der Welt[1]. In Donzdorf wirkte sein Vater, Franz Josef Jacker (1763–1841), als Schulmeister und Organist sowie Verwalter des gräflich rechbergischen Schlosses. Bereits der Großvater des Künstlers, Maximilian Jacker (ca. 1732–1800), amtete hier seit 1752 als Schulmeister und Organist[2]. Max Emanuel Jacker hatte das Glück, im Elternhaus eine heitere, frohe Jugend zu verleben[3]. Seinen ausführlichen Lebenslauf enthält eine nach seinem Tode in Ellwangen 1859 erschienene kleine Druckschrift[4]. Sie war allem Anschein nach von seinem Freund und Kollegen, dem Präzeptor Gebhard Hilar Hoegg, verfaßt worden[5].
Von den in den damaligen Kriegsjahren durchziehenden Franzosen wie auch wohl durch die Tätigkeit seines Vaters im, der damaligen Sitte gemäß, vorwiegend französisch sprechenden Rechbergischen Hause, lernte der Knabe manche französische Brocken, was bei ihm die Vorliebe für das Französische und für fremde Sprachen hervorgerufen haben soll. Bis zu seinem 13. Lebensjahr genoß er den Unterricht des Vaters in der Dorfschule. Danach erhielt er Privatunterricht im Lateinischen durch die Hilfsgeistlichen des Orts, besonders durch Vikar Franz Xaver Hoegg aus Ellwangen, seinen späteren Kollegen am Gymnasium zu Ellwangen und älteren Bruder seines späteren Freundes Gebhard Hilar Hoegg. Dieser Vikar und väterliche Freund unterrichtete ihn im Französischen, in Geographie, Geschichte, Singen, Klavier- und Flötenspiel.
Der mittellose Vater wollte Max Emanuel seinem eigenen Beruf zuführen und brachte ihn deshalb auf Hoeggs Rat im Herbst 1813 nach Ellwangen zu dem damaligen Musterlehrer Anton Vogelmann. Beim dortigen Chorregenten Dreyer bildete er sich in der Musik weiter. Im Hause von Hoeggs Mutter erhielt er gegen eine geringe Entschädigung gute Verpflegung und Gelegenheit, mit dem schon genannten jüngeren Sohn den Unterricht im Zeichnen fortzusetzen. Hierin übte er sich mit

besonderer Vorliebe. In Ellwangen durchlief er die unteren Gymnasialklassen.
Von 1815 bis 1819 konnte er dank der Unterstützung der gräflich Rechbergischen Familie, die sich damals vorwiegend in München aufhielt, sowie von Verwandten in der bayrischen Hauptstadt die oberen Gymnasialklassen besuchen. Hier hatte er Gelegenheit, sich vor allem in den neueren Sprachen, Französisch, Italienisch und Englisch, aus- und weiterzubilden. Den philosophischen und philologischen Kursus absolvierte er im dortigen Lyzeum, wo der berühmte Philologe Friedrich Wilhelm Thiersch lehrte, unter Direktor Cajetan von Weiller. Im Herbst 1821 bezog er die Universität Landshut, um das Studium der Rechtswissenschaften aufzunehmen. Sein Aufenthalt dort dauerte jedoch nur ein Semester, da er sich um die am Untergymnasium in Ellwangen errichtete neue Lehrstelle beworben hatte, und diese nach seiner absolvierten Prüfung für das Lehramt in Stuttgart auch erhielt. Schon im Juni 1822 trat er seinen Dienst in Ellwangen an[6]. Nachdem er sich in sein Amt eingewöhnt hatte, vermählte er sich in München mit seiner Braut, Anna Maria Graser, der Tochter eines königlich bayrischen Rechnungskommissärs[7].
Max Emanuel Jacker lebte fortan nur seinem Beruf und seiner Familie. Die Berufstätigkeit gewährte ihm innere Befriedigung, wobei ihm allerdings seiner Schüchternheit wegen, die er auch in späteren Jahren nicht ablegen konnte, die alljährlichen öffentlichen Prüfungen stets eine Pein waren[8]. Viel leichter konnte er seine Ansichten im Druck veröffentlichen. Zwischen 1827 und 1834 gab er so vier Publikationen über den Sprachunterricht und den Unterricht am Untergymnasium heraus[9].
»Sein geselliger Umgang beschränkte sich auf einen kleinen Kreis sowie seine Lektüre auf Schriften, die ihm gerade für seinen Beruf von Nutzen oder sonst angenehm waren; Zeitschriften, besonders politische, las er wenig. Daher blieb sein Urteil über die Menschen und menschlichen Verhältnisse hinter seinen Jahren zurück, wie er auch als Jüngling die Welt noch mit fast kindlichem Sinn und Auge angeschaut und bemessen hatte«, heißt es in seiner Erinnerungsschrift[10]. »Die Jahre gingen schnell dahin, nicht im Überflusse, sogar in Sorgen um die Beischaffung der für eine zahlreiche Familie nötigen Lebens- und Erziehungsbedürfnisse; doch sein festes Vertrauen auf die Vorsehung gab ihm eine gewisse Heiterkeit und Zufriedenheit, gepaart mit echter Frömmigkeit[11]«.
Im April 1828 wurde er zum Oberpräzeptor befördert und 1843 zum Lehrer der 6. Klasse ernannt, wo er sich jedoch wegen des damit verbundenen Landexamendrills weniger behaglich fühlte. Seit 1824 gab er nebenbei am Obergymnasium Französischunterricht[12]. Wegen eines schweren Herzleidens mußte er im Herbst 1857 Urlaub nehmen und ein Jahr darauf um seine Zurruhesetzung einkommen. Das Leiden führte am 15. Februar 1859 zu seinem Tode. Seine Gattin überlebte ihn wenige Jahre. Aus seiner Ehe waren 13 Kinder hervorgegangen, wovon 10 am Leben blieben. Sechs Söhne und eine Tochter wanderten in die USA aus. Sein Sohn Eduard wurde dort ein bekannter Indianermissionär am Oberen See in Michigan und Generalvikar der Diözese Saut Sainte Marie und Marquette[13]. Zwei Töchter widmeten sich als Mitglieder von klösterlichen Orden in Bayern dem Unterricht und der Erziehung der weiblichen Jugend. Die zweitälteste Tochter blieb in Ellwangen. Mit ihr starb die Familie Jacker in Ellwangen 1924 aus.
Von Max Emanuels Großvater, Maximilian Jacker, hat sich eine lavierte Federzeichnung des Marktfleckens Donzdorf aus der Zeit um 1790 erhalten (Abb. 91). Von ihm scheint er – von seinem Vater sind keine Ansichten bekannt, er sammelte nur solche – die zeichnerische Neigung geerbt zu haben. Vom Jahr 1817 datiert seine früheste erhaltene Zeichnung[14]. Es handelt sich um eine lavierte Federzeichnung von Schloß und Kirchberg Hohenrechberg. Ihr liegt das von Johann Sebald Baumeister 1805 geschaffene Blatt (Abb. 112) zugrunde, das sich damals in Jackerschem Besitz befunden haben muß. Mit Ausnahme von zwei Rekonstruktionen der Schlösser Staufeneck und Ramsberg um 1500, entstanden 1838[15], sowie einer Lithographie von Donzdorf aus der Zeit um 1830, die nach einer Zeichnung von ihm von F. Franz lithographiert und bei J. F. Köberle in Ellwangen verlegt wurde[16], sind nahezu alle seine bislang bekannten Ansichten im vorliegenden Band veröffentlicht (Abb. 88–90, 95–97, 103–106, 117). Es handelt sich vor allem um die großartige, 12 Blätter umfassende Reihe von Sepiazeichnungen des Lautertals aus dem Jahre 1830, an welchen ihre französische Bezeichnung auffallend ist. Ihr besonderer Reiz liegt neben ihrer Geschlossenheit in der Tatsache, daß Max Emanuel Jacker damit zahlreiche Orte und Weiler wie auch Naturschönheiten des ehemals rechbergischen Gebiets zum ersten und einzigen Mal im Bild eingefangen hat.

[1] Kath. Pfarramt Donzdorf, Taufbuch
[2] Kath. Pfarramt Donzdorf, Tauf-, Ehe- und Totenbücher
[3] Josef Zeller, Eduard Jacker aus Ellwangen, Indianermissionär und Generalvikar der Diözese Marquette (Nordamerika), in: Vergangenheit und Gegenwart, Heimatblätter Ellwangen, 1928, S. 26 ff.
[4] Zur Erinnerung an Max Emanuel Jacker, Lehrer am Gymnasium zu Ellwangen, Ellwangen 1859, 16 S.
[5] wie Anm. 3, S. 26

[6] wie Anm. 3, S. 27; August Steinhauser, Die höhere Lehranstalt in Ellwangen, in: Ellwanger Jahrbuch, 1929–1932, Band 11, S. 35
[7] wie Anm. 3, S. 27; Standesamt Ellwangen, Familienregister Band 1, Bl. 17
[8] wie Anm. 3, S. 27
[9] Die 4 Publikationen sind in der Württ. Landesbibliothek Stuttgart vorhanden.
[10] wie Anm. 4, S. 13
[11] wie Anm. 4, S. 14
[12] wie Anm. 3, S. 27; Württ. Hof- und Staatshandbuch 1828 und Statistisches Handbuch der ev. Kirchen im Königreich Württemberg 1840
[13] wie Anm. 3, S. 26ff.; Ellwanger Jahrbuch 1926–1928, S. 157
[14] StA Göppingen AA 268, nicht bei Schefold
[15] Sammlung Rechberg, Donzdorf
[16] Schefold Nr. 1149

Pfarrer Eduard Keller (1792–1881)

Zu den bislang gleichfalls unbekannten Künstlern gehört der Pfarrer, Magister Ernst Christian Eduard Keller. Von ihm erhielt sich durch glückliche Umstände ein Skizzenbuch, das ihn durch sein langes Leben begleitet hat. Es enthält über 80 Zeichnungen – Bleistiftzeichnungen und lavierte Federzeichnungen –, darunter auch mehrere Panoramen. Rund ⅘ der Zeichnungen entstanden in den Jahren 1830–1834 und zeigen das Mittlere- und Untere Filstal, die Stadt Göppingen sowie vor allem den Hohenstaufen und seine Umgebung. Während seiner Amtszeit in Hohenstaufen von 1825–1834 besuchte Pfarrer Keller aber auch Orte wie Lorch, Neu-Ulm, Schwäbisch Gmünd und Schwäbisch Hall. Nur wenige Skizzen entstanden in seiner nachfolgenden Tätigkeit auf der Pfarrei Gemmrigheim und an seinem Lebensabend in Bietigheim, wie z. B. von Hohentwiel, von Neidlingen, Liebenstein, Lauffen, Oberstenfeld, Bönnigheim, Bietigheim und Bad Teinach.
Eduard Keller wurde am 15. Februar 1792 in Stuttgart geboren[1]. Sein Vater, Immanuel Leopold Keller, war Sekretär im herzoglichen Kirchenrat. Nach dem Besuch des Gymnasiums in Stuttgart fand Eduard Keller 1808 Aufnahme im Seminar in Maulbronn, ehe er zwei Jahre später ins evangelisch-theologische Stift in Tübingen eintrat. Nachdem er 1815 das Vikariatsexamen abgelegt hatte, erhielt er seine erste Anstellung als Vikar in Oberbrüden bei Backnang. Weitere Vikariate in Adelmannsfelden, Hohentwiel und Lienzingen bei Dürrmenz folgten, ehe er 1819 die Pfarrei Fleinheim bei Heidenheim übertragen erhielt. Hier verehelichte er sich 1823 mit Sophie Gottliebin Helfferich, der Tochter des Göppinger Kaufmanns und Stadtrats Gottlieb Friederich Helfferich. Da seine Gattin näher bei ihren Eltern sein wollte, bewarb er sich um die Pfarrei Hohenstaufen. Am 23. September 1825 erhielt er diese übertragen. Sie war allerdings einwohnermäßig dreimal so groß wie Fleinheim und zählte außerdem sechs Filialen.
Das Heidenheimer Synodalzeugnis über Eduard Keller lautet: »Er hat ziemlich gute Anlagen, ziemlich gute philologische und theologische Kenntnisse, fährt fort, durch Lektüre seine Kenntnisse, besonders auch in der Pädagogik, zu erweitern, ist in seinem Amt geordnet und gewissenhaft, führt die öffentlichen Bücher nach Vorschrift; sein Charakter ist moralisch gut und durch Gemütlichkeit Zutrauen einflößend, er lebt in glücklicher Ehe«. Dem fügte wenige Jahre später der Göppinger Dekan hinzu, daß er sich in seiner Nebenbeschäftigung dem Bibelstudium, der Geschichte und der Zeichenkunst widme[2].

Kellers Vorgänger in Hohenstaufen, Pfarrer Johann Christoph Kimmel, hatte die Pfarrei 1825 verlassen müssen, da er gegen die Pietisten, mit denen die Gemeinde stark durchsetzt war, nicht aufgekommen war. Mit Eduard Keller klappte es besser, bis zu dem Zeitpunkt, als er sich Ende 1833 in die Wahl des Schulmeisters einmischte. Obwohl die Rechtmäßigkeit der Wahl von den Behörden bestätigt wurde, hatte der ehemalige Schulamtsverweser, der nicht gewählt worden war, einen Teil der Bürgerschaft, darunter auch den Schultheißen, gegen ihn aufgebracht. Es kam zu Exzessen und bis in den Sommer des Jahres 1834 hinein schlug die Wahl noch Wellen. Eine Scharwache vor dem Pfarrhaus sowie eine verstärkte Landjägermannschaft im Dorf mußten für Ruhe sorgen. Pfarrer Keller hatte unter diesen Umständen sich bereits Anfang 1834 entschlossen, auf eine andere Pfarrei zu wechseln. Mehrere Bewerbungen um Pfarreien in der näheren und weiteren Umgebung wurden negativ beschieden. Schließlich erhielt er vom Evangelischen Konsistorium in Stuttgart die Aufforderung, sich um die für ihn passende Stelle in Gemmrigheim zu bewerben. Eduard Keller hatte zu diesem Zeitpunkt, am 24. August 1834, gerade einen vierzehntägigen Urlaub in Göppingen angetreten, um dort bei seiner kranken Gattin zu sein. Noch am gleichen Tag bat er um die Übertragung der Pfarrei Gemmrigheim. Alsbald erhielt er die Zusage mit der Anweisung, dort seinen Dienst bereits am 1. Oktober aufzunehmen.
Pfarrer Keller und seiner Frau hatten diese Auseinandersetzungen schwer zugesetzt. Eine gute Seite kommt jedoch diesem Hohenstaufener Schulstreit rückblickend betrachtet für uns zu: In jener Zeit seiner »Beurlaubung«, vom 25. August bis 31. August 1834, zog sich Pfarrer Eduard Keller auf den Turm der Göppinger Stadtkirche zurück und fand hier im Zeichnen seine innere Ruhe und Erholung. Dabei entstand in seinem Skizzen-

buch eine Panoramarundsicht der Stadt, der zwar kein großer künstlerischer Wert zukommt, dazu war Keller zu sehr Dilettant, ein allerdings liebenswürdiger – die jedoch einen großen historischen Quellenwert besitzt. Die über 14 Seiten nahezu nahtlos laufenden lavierten Federzeichnungen, die aneinandergesetzt eine Ansicht mit einer Breite von 294 cm bei einer Höhe von 17 cm ergeben würden, stellen eine Panoramarundsicht dar, wie sie aus jener Zeit wohl keine oder nur wenige Städte in Württemberg aufweisen können (Abb. 154–156).
In jener Zeit des Abschieds von seiner ihm liebgewordenen Pfarrei Hohenstaufen entstanden u. a. weitere treffliche Ansichten von Faurndau, Staufeneck (Abb. 81) und Großsüßen (Abb. 75). In seinem zeichnerischen Schaffen tritt dann eine langjährige Pause bis zum Jahre 1840 ein. Das Wenige, was nun folgt, erreicht bei weitem nicht mehr die Qualität seiner Zeichnungen der Jahre zwischen 1830 und 1834. In Gemmrigheim gilt jedoch seine Liebe nach wie vor dem Hohenstaufen und seiner Geschichte. Davon legt eindrücklich seine in der Buchhandlung von F. Stoz in Göppingen 1860 erschienene Publikation »Der Hohenstaufen und seine Fernsicht« Zeugnis ab. Bei der Ausarbeitung einer diesem Bändchen beigegebenen, 133 cm breiten und 9 cm bzw. in der aufklappbaren Mitte 14 cm hohen Lithographie der Panorama-Aussicht konnte er die in der Hohenstaufener Zeit angestellten und im Skizzenbuch in zahlreichen Detailzeichnungen enthaltenen Naturstudien verwerten. Noch 1883 wurde dieses Panorama, da es nichts Besseres gab, von der Göppinger Buchhandlung Herwig in vergrößerter Form als Leporello neu herausgegeben und bis in die Zwanziger Jahre vertrieben. Dazuhin schmückte das Büchlein von 1860 auf dem Umschlag eine Lithographie der »Kaiserkapelle«, d. h. der Barbarossakirche in Hohenstaufen, die im Jahr zuvor in ihrem Westgiebel als »neues« staufisches Denkmal wiederhergestellt worden war. Das Frontispiz im Inneren des Bandes zeigt eine Lithographie des Hohenstaufen in der seit dem frühen 19. Jahrhundert klassischen und vielfach gestochenen Ansicht von Salach her.
Wie Pfarrer Eduard Keller im Vorwort des Bändchens schreibt, war diese Veröffentlichung »eine Arbeit cum amore von Einem, der hier Jahre lang ansässig war«. Jährlich einmal besuchte er den ihm liebgewordenen Kaiserberg, für den er so viel getan und mit dessen reicher Geschichte er sich so intensiv beschäftigt hatte. Er besuchte ihn, um, wie er in der Einleitung zu dem Bändchen weiter ausführt, seine ehemalige Heimat aufzusuchen, und »sich an dessen herrlicher Fernsicht zu erlaben, sowie der alten glorreichen Zeiten dieses Berges zu gedenken. – Wie oft saß er hier in den abendlichen Stunden – in Betrachtungen der Vergangenheit und Gegenwart versunken –

IV Eduard Keller. Foto

auf einem Flecke stundenlange, und wurde einmal deshalb für den famosen Berggeist, für den alten ›Überall und Nirgends‹ angesehen!« Ähnliche Bändchen verfaßte er auch über den Hohentwiel und den Wunnenstein.
Eduard Keller war es, der nach seinem Amtsvorgänger Johann Friedrich Ammermüller, der von 1782 bis 1824 in Hohenstaufen als Pfarrer amtiert hatte und das Barbarossabild an der zugemauerten Kaiserpforte durch den Stuttgarter Maler Heideloff erneuern ließ, die wiedererwachte Hohenstaufenbegeisterung vor Ort trug und beflügelte. In zwei Eingaben von 1830 und 1831 erwirkte er in Stuttgart die Erlaubnis zur Durchführung einer Sammlung für die Erhaltung der alten Kirche. Er verfolgte das Ziel, in Hohenstaufen eine neue Kirche zu errichten, um die alte zur Erinnerung an die Stauferzeit zu erhalten bzw. zur staufischen Gedenkstätte umzugestalten. Er gründete

hierzu den ersten Hohenstaufenverein und legte damit den Grundstock für die Erneuerung der Kirche im Jahre 1859 unter dem Architekten Joseph Egle aus Stuttgart. Für den Wanderer hielt er in seinem Pfarrhaus stets ein Fernrohr und eine gezeichnete Panoramakarte für die Gipfelaussicht bereit.
Unter Kellers Nachfolger, Pfarrer Eduard Knapp, der von 1835 bis 1843 in Hohenstaufen amtierte, und der seine Bestrebungen weiterführte, wurde 1838 die neue Kirche westlich der alten errichtet und letztere dem Hohenstaufenverein zur Verfügung gestellt. Der Bruder von Pfarrer Knapp, der Dichter Albert Knapp, besang in einem Cyklus von 89 Liedern und Gedichten, die 1839 in Buchform erschienen, den Berg, die Stauferkaiser, weltbewegende Ereignisse und kleine Anekdoten. Pfarrer Eduard Keller steuerte zu den darin enthaltenen sechs Lithographien vom Hohenstaufen, Hohenrechberg, Wäscherschloß und Kloster Lorch, die Vorlagen bei (Abb. 168).
Vereinzelt arbeitete Eduard Keller auch in Öl und Deckfarben. Wohl für seine Schwiegermutter, eine Tochter des Oberwäldener Pfarrers Schmidt, schuf er um 1830 eine Ansicht der dortigen Kirche und des Pfarrhauses mit dem Blick zum Hohenstaufen in Deckfarben (Abb. 177). Zur Hochzeit seiner Nichte Pauline Keller mit Pfarrer Christian Friedrich Weigle fertigte er um 1852 in Deckfarben eine qualitätvolle, großformatige Ansicht des Dorfes Rotenberg mit der württembergischen Grabkapelle[3]. Nicht zuletzt sei erwähnt, daß Keller die Fernsicht vom Hohenstaufen auch in einem über drei Meter breiten und 80 cm hohen Ölbild, umrahmt von Bildern aus der Geschichte der staufischen Kaiser, niederlegte[4].
Nach dem Tode seiner Frau verehelichte sich Pfarrer Eduard Keller 1836 in Gemmrigheim mit Caroline Louise Christiane Dobel. Auf dieser Pfarrstelle wurde er 1867 im Alter von 75 Jahren pensioniert. Als Anerkennung seiner langjährigen treuen Dienste verlieh ihm der König das Ritterkreuz I. Klasse des Friedrichsordens. In stiller Zurückgezogenheit verbrachte er seinen Ruhestand in Bietigheim. Bis zu seinem Tode am 6. September 1881 blieb ihm das Augenlicht in seltener Schärfe und Dauerhaftigkeit erhalten, was ihm noch im höchsten Alter das Lesen und Zeichnen möglich machte[5].

[1] Sein Lebensabriß stützt sich vorwiegend auf folgende Quellen: Ev. Landeskirchliches Archiv Stuttgart, A 27 Büschel 1571 (Personalakte); HStA Stuttgart, E 202, Büschel 779 (Fleinheim), Büschel 1076 (Hohenstaufen), Büschel 833 (Gemmrigheim)
[2] Ev. Dekanatsarchiv Göppingen, Büschel 91d
[3] Städt. Sammlungen Stuttgart, nicht bei Schefold
[4] Ein schwäbischer Landschaftsfreund vor 100 Jahren, in: Blätter des Schwäb. Albvereins, 1929, Sp. 304; Johannes Kirn, Pflege der geschichtl. Erinnerungen in Hohenstaufen, in: 100 Jahre Göppinger Zeitung, 1927
[5] Nachruf in der Schwäbischen Kronik vom 15. 9. 1881, S. 1724

Louis Kolb (1806–1875), Justizrat

Jakob Ludwig Kolb, kurz Louis genannt, wurde am 9. Januar 1806 in Aachen geboren[1]. Sein Vater, Johann Gottfried Kolb (1772–1835), betrieb dort im nahen Kornelimünster, in den Räumen der aufgehobenen Reichsabtei, eine Tuchfabrik[2]. Geschäftliche Schwierigkeiten veranlaßten ihn jedoch, nach Württemberg auszuwandern[3]. 1822 erwarb er in Salach bei Göppingen die Fabrik des wenige Jahre zuvor verstorbenen Fabrikanten Wilhelm August Duncker. Dieser Betrieb war 1768 als einer der ersten im Kreisgebiet als Tabakspinnerei entstanden und 1813 in eine Baumwollspinnerei umgewandelt worden. Johann Gottfried Kolb nahm 1824 Leonhardt Schachenmayr, den Sohn eines Papiermüllers aus Kempten, der ihm aus anstehenden finanziellen Schwierigkeiten geholfen hatte, in den Betrieb auf. Noch im gleichen Jahre heiratete dieser Kolbs älteste Tochter[4]. Aus der Firma entwickelte sich in der Folge die heute weltbekannte Kammgarnspinnerei Schachenmayr, Mann & Cie. Johann Gottfried Kolb darf mit Fug und Recht als einer der Industriepioniere des Filstals bezeichnet werden.
Aus seiner Ehe mit Juliane Maria Kollen, die einer Aachener Apothekerfamilie entstammte, gingen zwischen 1798 und 1820 drei Knaben und sechs Mädchen hervor[5]. Die zweitälteste Tochter heiratete ebenfalls ins »Fach« und vermählte sich mit dem Bandfabrikanten Christian Friedrich Schwarz. Dieser hatte 1830 den elterlichen Betrieb von Hohenstaufen nach Großsüßen verlegt, um sich die Wasserkräfte der Fils nutzbar zu machen[6]. Louis Kolbs ältester Bruder, Carl Bernhard (1800–1868), lebte seit 1828 als Kaufmann in Rom[7]. Er engagierte sich dort im Speditionsgeschäft und Bankwesen. Noch bis zum Zweiten Weltkrieg war die Banca Kolb die bedeutendste Privatbank Roms. Als Mitglied des dortigen Deutschen Künstlervereins unterstützte er zahlreiche Künstler und erwarb sich deren Freundschaft. 1834 wurde er württembergischer Konsul und 1844 württembergischer Geschäftsträger in Rom. Der jüngste Bruder, Friedrich Joseph (1820–1889), wurde evangelischer Pfarrer[8]. Im Jahre 1848 setzte er sich in einem Aufruf für die Erhaltung der Burgruine Staufeneck und die Besteigbarmachung des dortigen Turmes ein[9]. Während seiner Vikarszeit in Faurndau bei Pfarrer Johann Friedrich Jung bemühte er sich 1849 nachhaltig um eine Renovierung der spätromanischen Stiftskirche, was jedoch an den finanziellen Möglichkeiten scheiterte[10]. Er darf als ein sehr früher Verfechter des Denkmalschutzgedankens in Württemberg bezeichnet werden. Ebenso wie sein Bruder Louis zeichnete auch er sehr

gerne. Die Landesbibliothek Stuttgart verwahrt von seiner Hand eine Reihe von Federzeichnungen mit Ansichten von Burgruinen der Alb aus der Zeit zwischen 1836 und 1885. Von der Hand seiner Tochter Klara, die sich später als Landschaftsmalerin in Württemberg einen Namen machte[11], stammen gleichfalls Federzeichnungen schwäbischer Ruinen, teils in Kopien nach Vorlagen von Louis Kolb.
Über Louis Kolbs Leben sind wir für die Zeit seiner Ausbildung dank einer Aufstellung in dem Testament seines Vaters von 1830 einigermaßen informiert[12]. Danach wollte Louis studieren, weshalb ihn der Vater für 4½ Jahre zu Präzeptor Kümmerle nach Möckmühl in den Unterricht gab. Anschließend besuchte er das Gymnasium in Aachen. Seine Schulzeit schloß er 1823/24 auf dem Gymnasium in Ulm ab. Im Oktober 1824 schrieb sich Louis Kolb auf der Universität Tübingen zum Studium der Rechtswissenschaften ein. Während dieser Zeit unternahm er zahlreiche Wanderungen durch die engere Heimat. Ende März 1828 legte er in Tübingen das Examen ab.
In den Monaten Mai bis August 1828 durchstreifte er von Salach aus die Alb und ihre Täler. Die weiteren Ansichten in seinem Skizzenbuch (Band V) datieren dann allerdings erst wieder vom Mai 1829. Vielleicht arbeitete er in der Zwischenzeit im elterlichen Betrieb mit oder – was eher denkbar ist – er weilte zu Besuch bei seinem Bruder in Rom. Seine berufliche Ausbildung setzte er dann im Sommer 1829 fort. Er trat beim Gerichtshof des Donaukreises in Ulm eine Referendarstelle an. Eine weitere halbjährige Referendarzeit beim Oberamtsgericht in Öhringen folgte. Danach wurde Louis Kolb in den württembergischen Staatsdienst übernommen. Er war zunächst Oberamtsaktuar in Neresheim. Später erhielt er die Stelle eines Leiters des Kreisgerichtsgefängnisses in Rottenburg übertragen. Dieses Amt versah er als Justizrat bis zu seiner Pensionierung im November 1871[13].
Erst spät verheiratete er sich. 1851 ehelichte er die Witwe Karoline Gauss aus Göppingen. Diese war eine Tochter des von 1824 bis 1851 in Faurndau wirkenden Pfarrers Johann Friedrich Jung. Wahrscheinlich hatte Louis Kolb sie durch seinen Bruder kennengelernt, der in jener Zeit in Faurndau als Vikar tätig war. 1854 wurde dem Paar eine Tochter geboren. Nach seiner Pensionierung übersiedelte Louis Kolb nach Esslingen, wo er mit Frau und Tochter bis zu seinem Tode am 24. Oktober 1875 seinen Lebensabend verbrachte[14].
Als begabter Zeichner hielt Louis Kolb das Geschaute in reizvollen, schnell hingeworfenen, doch das Wesentliche erfassenden Bleistiftskizzen und Federzeichnungen sowie vereinzelt in Aquarellen fest. Wenige seiner Ansichten, wie z. B. vom Pfarrhaus in Großsüßen 1826, von Neresheim und vom Salacher Elternhaus 1836 (Abb. 121) wurden, wohl von Johannes Woelffle, lithographiert. Seine ältesten erhaltenen Zeichnungen stammen aus dem Jahre 1824. Aus seiner Tübinger Studentenzeit stammt das Skizzenbuch von 1827 (Band V). Von seiner fruchtbaren Tätigkeit zeugen noch weitere 7 Skizzenbücher, die sich vorwiegend in Familienbesitz erhalten haben. Eine Reihe von Zeichnungen verwahrt die Württembergische Landesbibliothek Stuttgart. Für Württemberg besonders ergiebig und wertvoll sind seine Skizzenbücher aus den Jahren 1827 (Band V), 1828/29 (VII) und 1831–1834 (IX). In letzterem Band sind auch Ansichten bayrisch-schwäbischer Orte sowie Zeichnungen von Vorarlberg enthalten, das seit den dreißiger Jahren langjähriges Ziel seiner Urlaubsreisen wurde. Mit dem Jahr 1834 schließen seine bislang bekannten heimischen Ansichten ab. Ein paar stammen noch von 1844/46. Obwohl sich nur ein Fünftel seiner Skizzenbücher erhalten haben, vermitteln uns

V Louis Kolb. Bleistiftzeichnung von Völker

diese doch einen ausgezeichneten Einblick in sein reiches Schaffen. Vor allem der Fülle seiner württembergischen Skizzen zwischen 1827 und 1834 kommt ein hoher historischer Quellenwert zu. Sie geben uns heute eine genaue Kenntnis des baulichen Zustandes mancher damals noch erhaltenen oder schon im Verfall begriffenen Burg[15].

Die jüngeren Skizzenbücher aus den Jahren 1839 (XV), 1846 (XXV), 1865–1869 (XXXVI) sowie 1872 (XXXIX) und 1873/74 (XL) enthalten vorwiegend Bleistiftzeichnungen von Vorarlberg, Ost- und Südtirol sowie von Landschaften in Oberitalien, im Tessin und in Graubünden. Sie stammen von seinen alljährlichen Urlaubsreisen in diese von ihm bevorzugt und mit Liebe erwanderten Landschaften. Oftmals sind die Skizzen innerhalb weniger Wochen entstanden, wie beispielsweise auf der Reise durch Bayrisch-Schwaben nach Tirol und Oberitalien vom 12. September bis 5. Oktober 1846 an 23 Tagen insgesamt 108 Zeichnungen. An einem einzigen Tage fertigte er oft 9 Skizzen. Von der letzten Reise im September 1874 legen 48 Zeichnungen, die innerhalb von 12 Tagen gezeichnet wurden, Zeugnis von der bis ins hohe Alter bewahrten Schaffenskraft des 68jährigen ab. Diese letzte Reise hatte ihn nach Graubünden, Tirol und auf dem Rückweg durch Vorarlberg geführt. Auch einige wenige, gleichfalls fein in Öl ausgeführte Gemälde mit Motiven von Hofgastein, Hall bei Innsbruck und aus dem Tessin künden noch in Familienbesitz, daß Louis Kolb auch diese Technik beherrschte. Sein Hauptwerk jedoch stellen die zahlreichen Ansichten württembergischer Orte und Landschaften dar, von denen manche ihm die einzige bildhafte Überlieferung verdanken. Man darf deshalb Louis Kolb mit zu den fleißigsten und besten Zeichnern zählen, die in der ersten Hälfte des 19. Jahrhunderts Württemberg erwanderten und dessen hinterlassene Ansichten bei weitem noch nicht alle ausgewertet sind.

1 Ev. Kirchenregister Esslingen, Band IV, S. 810; Standesamt Esslingen, Familienregister, Band 5, Bl. 484/485

2 Firmenarchiv Schachenmayr Salach, Schreiben des Stadtarchivs Aachen vom 10. 8. 1938

3 Gabriele von Koenig-Warthausen, Karl Kolb – Bankier und württ. Konsul in Rom 1800–1868, in: Schwäbische Lebensbilder, Band 2, Stuttgart 1941, S. 303/304

4 Adolf Aich, Geschichte der Gemeinde Salach und der Burg Staufeneck, Salach 1960, S. 150ff.

5 Stammbaum der Familie Johann Gottfried Kolb, gefertigt von Louis Kolb, Original im Besitz der Nachkommen der Familie; Kopie im Firmenarchiv Schachenmayr Salach

6 Walter Ziegler, Von Siezun bis Süßen, Süßen 1971, S. 390

7 wie Anm. 3, S. 303ff.

8 Standesamt Lenningen, Familienregister Oberlenningen, Band I, Blatt 205; Sigel, Verzeichnis der ev. Pfarrer und Pfarreien in Württemberg

9 Göppinger Wochenblatt vom 4. 7. 1848

10 Karl Kirschmer und Walter Ziegler, Faurndau 875–1975, Göppingen 1974, S. 114

11 Ausweis der Reichskulturkammer, Reichskammer der bildenden Künste, für Klara Kolb vom 1. 1. 1934; im Besitz der Nachkommen der Familie

12 Firmenarchiv Schachenmayr Salach, Testament von Johann Gottfried Kolb nebst Beilagen vom 31. 1. 1830

13 wie Anm. 1

14 StA Esslingen, Esslinger Wochenblatt vom 26. 10. 1875; Teilungsakte vom 23. 11. 1875 Nr. 13969

15 Max Schefold, Band 1, S. 90

Johannes Woelffle (1807–1893), Lithograph

Einer der bedeutendsten Lithographen Württembergs, der Künstler Johannes Woelffle, stammt aus dem Filstal. Als Sohn des gleichnamigen Leinewebers und dessen Ehefrau Rosine Katharine Mürter wurde er am 26. Juni 1807 in Ebersbach an der Fils geboren. Schon der Großvater hatte hier das Leineweberhandwerk betrieben. Die Mutter entstammte einem alteingesessenen Metzgergeschlecht. Bei der Geburt ihres jüngsten Kindes waren die Eltern bereits 40 Jahre alt[1].

Johannes Woelffle sollte ursprünglich ebenfalls Leineweber werden, da sein älterer Bruder Jakob die kostspielige Lehrerlaufbahn eingeschlagen hatte[2]. Schon früh hatte er begonnen, mit Eifer und Geschick zu zeichnen[3]. Diese Begabung war vor allem seiner Patin, der Tochter des Ebersbacher Pfarrers Beck, nicht verborgen geblieben. Sie, die mit dem Pfarrer Reinfelder in Buoch im Remstal verheiratet war, besaß gute Kontakte zum württembergischen Finanzminister August Weckherlin. Dieser verhalf dem talentierten Knaben zu einem Stipendium von jährlich 100 fl durch König Wilhelm I. und damit zum Besuch der Lithographischen Anstalt in Stuttgart 1821[4].

Diese Einrichtung war erst drei Jahre zuvor gegründet worden, nachdem der Steindruck, die Lithographie, sich immer stärker auszuweiten begann, seit sie Alois Senefelder um die Jahrhundertwende erfunden hatte[5]. In Stuttgart genoß Johannes Woelffle den Unterricht von Bildhauer J. H. Dannecker und vor allem des Leiters der Lithographischen Anstalt, des Schweden, Professor Lorenz Ekemann-Alesson[6]. Zu seinen Mitschülern gehörten der Bildhauer Theodor Wagner und der Maler Joseph Anton Gegenbaur. Mit der Ausbildung und auch danach verbunden war eine Tätigkeit als Kartenzeichner beim Topographischen Bureau, das vor allem die Karten der gerade angelaufenen Landesvermessung herausgab.

Es war eine harte und strenge Arbeit[7]. Trotzdem blieb Johannes Woelffle noch Zeit, sich auch als Maler ausbilden zu lassen[8]. Sein noch erhaltenes Selbstporträt aus jener Zeit belegt, daß er darin nicht ungeschickt war. Es ist jedoch nur dieses eine Werk von ihm bekannt. Dazwischen blieb Zeit zu Wanderungen in der Heimat. Vom August 1823 stammen 3 Bleistiftzeichnungen der Schlösser Hohenrechberg und Staufeneck sowie der Festungs-Ruine Hohenneuffen. Die älteste datierte Lithographie stammt von 1824 und zeigt zwei Soldaten vor einem bayrischen Haus[9]. Bis 1831 wirkte der junge Lithograph in Stuttgart, ehe ihn, wie zahlreiche Künstler vor und nach ihm, die unter König Ludwig I. von Bayern aufstrebende Kunststadt München in ihren Bann zog[10]. In seiner Stuttgarter Zeit entstanden Kontakte zu Louis Kolb, einem ebenfalls aus dem Filstal stammenden Zeichner. Für ihn scheint er 1826 die Ansicht des Großsüßener Pfarrhauses[11] sowie 1836 zwei Ansichten von Staufeneck und Salach (Abb. 121) in Stein gestochen zu haben.

In seiner Tätigkeit am Topographischen Bureau in Stuttgart wurde er früh an der Ausstattung der damals begonnenen Reihe der württembergischen Oberamtsbeschreibungen mit Karten und Ansichten beteiligt. Für die Oberamtsbeschreibung Ehingen fertigte er die Ansicht von Obermarchtal (erschienen 1826). Für Saulgau die von Altshausen (1829) und für die Cannstatter Beschreibung die Ansicht von Cannstatt (1832). Auch dem Panorama wandte er sich zu. Der Hauptmann Christian Septimus von Martens hatte im Juli 1824 eine Rundsicht vom Aichelberg gezeichnet. Diese Panoramarundsicht wurde 1826 in der Geographischen Anstalt der J. G. Cotta'schen Buchhandlung in Stuttgart gedruckt (Abb. Vorsatz, 143). Ebenso fertigte Woelffle die Lithographie für das 1827 im gleichen Verlag erschienene Panorama vom Bussen[12].

Ein großer Wurf gelang dem jungen, bescheidenen Künstler kurz vor seiner Übersiedlung nach München. 1829 hatte er zusammen mit dem bedeutenden Kirchheimer Landschaftsmaler Peter Jakob Büttgen, der die Vorlagen lieferte, zwei prachtvolle Lithographien, im Format von etwa 32 x 45 cm, von Kirchheim und Göppingen herausgebracht. Das Erscheinen der Göppinger Ansicht wurde im örtlichen Wochenblatt vom 23. September 1829 mit der Bitte um Subskription »auf die lithographierte malerische Ansicht der Stadt Göppingen und ihrer Umgegend« für Oktober angezeigt. Der Subskriptionspreis betrug 1 fl 21 kr, der spätere Preis 2 fl. Weitere Ansichten der württembergischen Städte Besigheim, Calw, Cannstatt, Eningen, Friedrichshafen, Heidenheim, Schorndorf, Stuttgart, Ulm und Urach folgten 1830 in dieser Reihe, nun im Verlag der Stuttgarter Kunsthandlung von Georg Ebner. Nur 3

VI Johannes Woelffle. Lithographisches Selbstporträt

dieser Ansichten entstanden noch nach Vorlagen von Büttgen, die anderen zeichnete Woelffle selbst nach der Natur und lithographierte sie. Seine Städteansichten entstanden nun mehr und mehr nach eigenen Vorlagen. Im gleichen Jahr führte ihn eine Reise nach Zürich und um den Zürichsee. Aus jener Zeit stammen zwei reizvolle Ölbilder seiner Eltern, die Franz Seraph Stirnbrand malte, der in jener Zeit der bevorzugte Porträtist des königlichen Hofes und des vornehmen Bürgertums in Stuttgart war. Johannes Woelffle war sicherlich der Auftraggeber.

In seiner ersten Münchner Zeit versuchte er sich mit dem Pinsel in Darstellungen aus dem Volksleben, in Landschaften und Jagdstücken[13]. Aber schon bald gewann ihn die lithographische Anstalt von Piloty & Löhle als Mitarbeiter[14]. Damit war sein weiterer Weg vorgezeichnet. Er wirkte hier an der Herausgabe der seit 1834 bzw. 1837 in Teillieferungen erschienenen Prachtwerke »Sammlung der vorzüglichsten Gemälde aus der kgl. Gemäldegalerie zu München und Schleißheim« und »Kgl. Bayerische Pinakothek zu München und Gemäldegalerie zu

Schleißheim in lithographischen Abbildungen«, mit. Zu diesen Galeriewerken lieferte er nicht nur die meisten (77), sondern auch die qualitätvollsten Blätter[15]. Außer Franz Hanfstaengl konnten sich nur wenige Lithographen mit ihm messen. Johannes Woelffle verstand es, sich in die Gemälde der verschiedensten Epochen und Arten hineinzuversetzen und ihnen die Ausdrucksmittel der Lithographie anzupassen.

Wegen seiner Verdienste um die Vermehrung und Verbesserung der Lithographie wurde ihm bereits 1838 die goldene Medaille für Kunst und Wissenschaft verliehen. Ihm war es vor allem gelungen mit farbigen Tonplatten die Lithographie technisch wesentlich zu verbessern und ihr damit zu einer besonderen Beleuchtungswirkung zu verhelfen[16]. Dieselbe Auszeichnung erhielt er vom Fürsten von Hohenzollern und von König Wilhelm I. von Württemberg. Als Zeichen der Dankbarkeit widmete er dem württembergischen König wie auch der Kunstsammlung in Stuttgart wiederholt Blätter.

Nach dem Tode von Ferdinand Piloty übernahm er 1844 die Leitung der Kunstanstalt Piloty & Löhle, die seit 1843 die Gemälde der sieben Jahre zuvor gegründeten Alten Pinakothek in Lithographien herausgab. Unter seiner Beteiligung erschienen wenige Jahre später auch die Gemälde der Neuen Pinakothek. 1842 gab er das sog. »Münchner Album«, 24 lithographierte Porträts der in München lebenden Künstler heraus.

Während seiner Junggesellenzeit unternahm er im Sommer zahlreiche Wanderungen mit Skizzenbuch und Zeichenstift, begleitet von seinem weißen Spitzerhund, in die bayerischen Berge und an die Seen sowie nach Tirol. Das einzig erhaltene Skizzenbuch, aus den Jahren 1846–1848, enthält zahlreiche Bleistiftzeichnungen hiervon. Aber auch seine Heimat suchte er auf und hielt Faurndau, die Ruine Staufeneck, das Schloß Hohenrechberg, Grunbach, Eßlingen und die Kapfenburg im Bilde fest. Zahlreiche dieser Skizzen legte er später, um 1855/60, in einer Reihe überaus qualitätsvoller Sepiazeichnungen im Format 16,3 x 11,6 cm in seinem Sammelband »Reise durch Bayern, Tirol und Württemberg« nieder (Abb. 82, 181, 183).

In München gehörte er dem von einem Freundeskreis Münchner Künstler gegründeten Ritterorden »Harpni« an. In dieser Gesellschaft wurde er zum Ritter geschlagen und erhielt in Anspielung auf seinen Namen und seine Heimat den Namen »Wolf von Ebersbach[17]«. Sein Familienwappen zeigt einen aufrecht stehenden Wolf in grünem Feld, darunter ein Weberschifflein. Von den damals geschlossenen Kontakten und Freundschaften mit verschiedenen Malern der Münchner Schule kündete noch bis zu ihrer Zerstörung im Zweiten Weltkrieg seine in Familienbesitz erhalten gebliebene Gemäldesammlung. In ihr waren so klangvolle Namen wie die der Landschafter Johann Jakob Dorner d. J., Peter von Heß, Albert Emil Kirchner, Eduard Schleich d. Ä., Bernhard Stange und Albert Zimmermann ebenso vertreten wie die der Genremaler Johann Geyer, Sebastian Habenschaden, Karl von Piloty, Ferdinand Piloty, Ludwig Thiersch und Johann Friedrich Voltz[18]. Seine besondere Wertschätzung genossen in dieser Sammlung die Porträtstudien und Skizzen zu historischen Gemälden von seinem Freund Karl von Piloty.

Nach 22jähriger Junggesellenzeit in München heiratete Johannes Woelffle 1851 Maria Glaser, die Tochter seines vermögenden Hausbesitzers Johann Christian Glaser. Die kirchliche Trauung des jungen Paares fand in Buoch im Remstal statt, wo seine Patin lebte. Woelffle dachte nun daran, sich zur Ruhe zu setzen. Zum Alterssitz wählte er Faurndau im Filstal, nahe seinem Ebersbacher Geburtsort. Sein in Faurndau als Schulmeister tätiger Bruder Jakob war ihm beim Erwerb eines schön gelegenen, großen Bauplatzes nördlich des Dorfes, in leichter Hanglage an der Eisenbahnlinie, behilflich. Von seiner dort 1856 erbauten »Villa« (heutige »Villa Hammer«) hatte er einen herrlichen Ausblick auf die Kette seiner geliebten Albberge zwischen Hohenstaufen und Hohenneuffen. Die Lage des Dorfes und seiner »Villa« zeigt sehr schön die um 1855 entstandene Lithographie (Abb. 182). Die Ausstattung eines Raums im ersten Stock des Gebäudes, die Renaissancestube, stammte noch von seinem Freund, dem bekannten Münchner Bildhauer Ludwig von Schwanthaler[19].

In Faurndau wurde ihm 1857 das einzige Kind, sein Sohn Karl, geboren. Obwohl dieser wie der Vater schon als Kind Freude am Zeichnen und Malen hatte, studierte er auf Rat des Vaters Forstwissenschaft und trat danach in den Staatsdienst. Johannes Woelffle weilte während seiner Faurndauer Zeit öfters zu Besuch in München bei seinen Freunden, vor allem dem Erzgießer Ferdinand von Miller, dem Vater des Gründers des Deutschen Museums, Oskar von Miller. Auch in dessen Domizil am Staffelsee war er oft zu Gast. Die Woelffle'sche Familie gewann in Faurndau bald neue Freunde: den Papierfabrikanten Beckh, den Ökonomierat Wolff auf Schloß Filseck (Vater des Malers Eugen Wolff-Filseck) und die Ärzte Dr. Koch und Dr. Munk in Göppingen. Auch der evangelische Ortspfarrer und der katholische Geistliche von Rechberghausen zählten zum engeren Bekanntenkreis. In Faurndau bemühte sich der kunstverständige und fromme Christ Johannes Woelffle besonders um die Erhaltung der spätromanischen Stiftskirche. Diese lag ihm in seiner Eigenschaft als Mitglied des Christlichen Kunstvereins sehr am Herzen. Der heute noch den Turmknopf der Stiftskirche bekrönende Wetterhahn entstand 1868 nach einer von ihm gefertigten Zeichnung[20].

Von seinem Ruhesitz aus unternahm er mit dem Zeichenstift wieder die gewohnten Wanderungen durch die nähere und weitere Umgebung sowie auf die Alb. Im Wettbewerb mit dem gleichaltrigen und ihm als Lithographen gleichrangigen Eberhard Emminger steuerte er für das Buch von Albert Moll und A. L. Pleibel, »Die Schwäbische Alb«, erschienen 1860 bei Th. Caelius in Urach in erster und 1865 in zweiter, erweiterter Auflage, fünf Lithographien von Kirchheim, dem Hohenstaufen, dem Hohenrechberg, Geislingen und Schwäbisch Gmünd bei.

Da sein Augenlicht mehr und mehr nachließ, war er Mitte der sechziger Jahre gezwungen, das Zeichnen und Lithographieren aufzugeben. Seine Faurndauer Schaffensperiode war jedoch nicht minder fruchtbar gewesen als seine Stuttgarter in der Anfertigung von Ansichten württembergischer Städte und Burgen. Über 40 Städte und Dörfer, Burgen und Schlösser, hielt er insgesamt in zarten Bleistiftskizzen (Abb. 27, 157), duftigen Sepiazeichnungen (Abb. 30, 82, 181, 183) und Lithographien (Abb. 158, 182) fest. In dieser Zeit entstand auch die prachtvolle Rundsicht von der Achalm als Sepiazeichnung, die sich heute im Museum des Schwäbischen Albvereins im Schloß in Urach befindet. Eine seiner letzten Lithographien ist das zum 82. Geburtsfest von König Wilhelm I. von Württemberg 1863 geschaffene Sammelbild von Stuttgart.

Die von ihm in einem Zeitraum von über 40 Jahren gefertigten württembergischen Ansichten zählen heute zu seinen bedeutendsten und gesuchtesten Arbeiten. Wegen der von ihm erreichten Feinheit in der Linienführung und der Tonabstufung zählt er zu den bedeutendsten Lithographen Württembergs und Bayerns. Seine Ansichten sind von einer weit über dem Durchschnitt stehenden Qualität. Sie zeigen, wie er stets die klare, in ihrer Schärfe jedoch nie aufdringliche Zeichnung durch weiche Tönung zusammenzufassen wußte[21]. Die Lithographien seiner Faurndauer Schaffensperiode wurden anfänglich bei Julius Adam und Fr. Hanfstaengl in München, später bei Th. Caelius in Urach und Gottfried Küstner in Stuttgart (Abb. 158) gedruckt. Woelffles Stärke lag in der Darstellung der Landschaft. Darüberhinaus war er außerordentlich geschickt im Tierstück und im Porträt. Seinen Landschaftsdarstellungen und Ortsansichten liegt besonders eine tiefe Naturwahrheit und eine, den Landschaften der Niederländer – bei seiner Tätigkeit in München – abgesehene geistreiche Lichtführung inne. Von überdurchschnittlicher Qualität sind seine ebenfalls noch recht zahlreich nachweisbaren Sepiazeichnungen. Aquarelle fertigte er hingegen seltener. Da er Jäger und ein großer Tierfreund war, finden wir ihn schon früh in den Staffagefiguren seiner Arbeiten als Jäger mit Hund dargestellt. Bemerkt sei nicht zuletzt, daß Johannes Woelffle Linkshänder war. Obwohl zu seinem großen Schmerz über sein Fach die rein mechanische Vervielfältigung in Form der Daguerreotypie und Fotografie hereingebrochen war, ließ er sich schon früh ablichten. Wenige Jahre vor seinem Tode schenkte er sogar seinem Sohn einen Fotoapparat. Zu seinem 80. Geburtstag widmete ihm sein Freund Dr. J. L. A. Koch ein Gedicht, in welchem dieser in Versform das Leben des Künstlers schilderte[22]. Er führte darin u. a. aus:

»Wenn wo in den bayrischen Bergen und im lieben heimischen Land
Dein Aug eine alte Mühle, die herrlichen Burgen fand:
Wie hast Du das wiedergegeben so ganz unendlich treu,
und doch so wunderbarlich von jedem Zwange frei.
So treu wie Du tats keiner, so jedes nach seiner Art,
so losgelöst von der Mühe, als ob es von selber war«.

Nach einem erfüllten Leben, im hohen Alter von 86 Jahren, starb Johannes Woelffle am 20. November 1893 in Faurndau. Als einer der letzten fand er auf dem alten Friedhof um seine geliebte Stiftskirche die letzte Ruhestätte.

1 Aufzeichnungen im Besitz der Nachkommen der Familie
2 Nekrolog von E. Schüle, in: Literarische Beilage zum Staatsanzeiger für Württemberg, 1894, S. 190ff.
3 wie Anm. 1
4 wie Anm. 2
5 Conrad Lamparter, Geschichte der Lithographie in Württemberg, in: Württ. Jahrbücher, 1898, S. 47ff.
6 Max Schefold, Tafelband, 1956, S. 104f.
7 Allgemeine Deutsche Biographie, Band 44, Leipzig 1898, S. 63/64
8 wie Anm. 2
9 Staatsgalerie Stuttgart, A 32 865
10 wie Anm. 7
11 Walter Ziegler, Von Siezun bis Süßen, Süßen 1971, S. 161
12 Schefold Nr. 783, identisch mit 830–832; 947
13 wie Anm. 7
14 Schwäbische Kronik vom 23. 11. 1893
15 G. K. Nagler, Neues allgemeines Künstler-Lexicon, Band 22, München 1852, S. 24ff.; Joseph Maillinger, Bilder-Chronik der Königlichen Haupt- und Residenzstadt München, München 1876, Bände 1–3; Thieme-Becker, Allg. Lexikon der bildenden Künstler, Band 36, Leipzig 1947, S. 164/165
16 wie Anm. 2
17 wie Anm. 1
18 wie Anm. 1
19 wie Anm. 1
20 Karl Kirschmer/Walter Ziegler, Faurndau 875–1975, Göppingen 1974, Lebensabriß Johannes Woelffle S. 224–226; Walter Ziegler, Turmdach und Wetterhahn, in: Ev. Gemeindeblatt für Württemberg, Faurndauer Beilage vom Oktober 1971
21 Max Schefold, Tafelband, 1956, S. 105
22 J. L. A. Koch, An Johannes Woelffle, Stuttgart 1887; E. Schüle, Worte der Erinnerung an Johannes Woelffle in Faurndau, Göppingen 1893

VII
Tracht im Oberamt Göppingen, im Hintergrund vielleicht die Burg Hohenrechberg.
Kolorierte Aquatinta-Radierung von Carl Alexander Heideloff, 1814

Die Landschaften des Filstals

Geislingen an der Steige

Aus dem 18. Jahrhundert hat sich nur eine Handvoll Geislinger Ansichten erhalten. Eine wahre Hochflut an gestochenen Stadtveduten entstand in der ersten Hälfte des 18. Jahrhunderts in Augsburg. Diese Stadt war zu jener Zeit ein europäisches Zentrum von Kupferstechern und Verlagen. In den von Gabriel Bodenehr herausgegebenen Sammelbänden »Europens Pracht und Macht« erschien um 1720 auch eine Geislinger Ansicht, die jedoch, abgesehen von einer detaillierten Beschriftung, die Ansicht Merians von 1643 unverändert wiederholte.

Der Franzose Antoine du Chaffat fertigt um 1740 eine seltene Reihe von acht Ansichten degenfeldischer und rechbergischer Burgen und Schlösser sowie von Geislingen und Überkingen. Er war in Ulm aufgewachsen und dort zunächst in den Diensten des Schwäbischen Kreises als Ingenieur-Hauptmann beschäftigt gewesen, ehe ihn 1735 die Reichsstadt Augsburg mit der Aufsicht über ihre Festungswerke betraute. In jener Zeit stach in Augsburg Johann Georg Hertel seine Geislinger Ansicht und wohl auch die anderen dieser Reihe. Stark überhöht und schematisiert zeigt diese Vedute die enge Lage des ulmischen Landstädtchens mit den beiden Vorstädten (Abb. 1). Nicht nur an der Darstellung der mit vielen Türmen bewehrten Stadtmauer erkennt man, daß Chaffat Festungstechniker gewesen ist.

Rund dreißig Jahre später entsteht von der Hand des einheimischen Elfenbeinschnitzers und Feldmessers Michael Knoll die für das Stadtbild aussagekräftigste Ansicht, eine Darstellung der Stadt aus der Vogelschau vom Abhang des Helfensteins. Knolls künstlerische Fähigkeiten, wie auch seine meßtechnischen Kenntnisse offenbaren sich in diesem Aquarell (Abb. 2 und 3). Zusammen mit seinem Vater Wilhelm Benoni war er der Hauptvertreter der damals in hoher Blüte stehenden Geislinger Beinschnitzkunst.

Die Reihe der zahlreichen Ansichten des frühen 19. Jahrhunderts eröffnet wiederum ein Einheimischer, der Beinschnitzer und Zeichenlehrer Jacob Früholz. Auf ihn wurde schon in dem kurzen Lebensabriß näher eingegangen. Die einzige Ansicht, die von ihm noch im ausgehenden 18. Jahrhundert, um 1790, geschaffen wurde, zeigt die Stadt von Westen (Abb. 4). Diesen klassischen Standort hatte schon Matthäus Merian im 17. Jahrhundert gewählt. Ihn machen sich im 19. Jahrhundert viele andere Künstler zueigen, teils unter Verwendung Früholz'scher Ansichten. Erwähnt sei, daß die Stadtansicht von etwa 1790 auf einer Lotterie des Johann Peter Fehr aus St. Gallen in Memmingen 1794 von dem Geislinger Löwenwirt und Bürgermeister Hans Martin Frauenknecht gewonnen wurde.

Mit der Aufhebung der freien Reichsstadt Ulm fielen Geislingen und sein Umland an Bayern, ehe dann die Stadt einige Jahre später, 1810, Mittelpunkt eines aus ehemals ulmischen, bayrisch-wiesensteigischen und reichsritterschaftlichen Orten gebildeten württembergischen Oberamts wurde, das von Böhmenkirch bis Wiesensteig und von Süßen bis Amstetten reichte. Die vielen Ansichten von Jacob Früholz schlagen den Bogen in jene Zeit. Sie zeigen Geislingen (Abb. 6) von Westen und Osten (Abb. 5), die Hauptstraße (Abb. 9), die Froschgasse (Schillerstraße) mit seinem Geburtshaus (Abb. 21, die Steige Abb. 22 und eine Reihe von Einzelgebäuden wie den Spital mit dem Spitaltorturm (Abb. 10), der 1823 als letzter der Stadttürme abgebrochen wurde. Sein Schüler Leonhard Allgöwer hält 1820 das Rötelbad im Vorort Rorgensteig (Abb. 20) fest. Die Früholz'schen Ansichten überliefern nachdrücklich die Entfestigung der Stadt und zeigen sie vor ihrem Aufbruch in das industrielle Zeitalter. Wohl in Ulm entstand um 1840 die Malerei auf dem Porzellan-Pfeifenkopf mit der Ansicht der Stadt in ihrem rekonstruierten spätmittelalterlichen Erscheinungsbild (Abb. IX). Auf die Entwicklung des Geislinger Stadtbildes ist Georg Burkhardt in seiner Abhandlung in den Geschichtlichen Mitteilungen von Geislingen und Umgebung, Heft 7, ausführlich eingegangen.

Zwei reizvolle, aber seltene Ereignisbilder vermitteln etwas vom Leben und Treiben in der Stadt. Früholz zeichnet so 1809 das Scheibenschießen des Königl. Bayerischen Bürgermilitärs auf der Steingrube wie auch die Einbringung des ersten Erntewagens in der Geislinger Hauptstraße, am 23. Juli 1817, nach dem Hunger- und Teuerungsjahr 1816/17 (Abb. 8, 9). Nahezu alle Gebäude der Hauptstraße zeigen noch Fachwerk, das erst einige Jahre später, wie im ganzen Lande – aus feuerpolizeili-

Bilder-Chronik.

Illustrirtes Unterhaltungs-Blatt für Stadt und Land.

Von dieser Zeitschrift wird jede Woche eine Nummer in der Wagner'schen Verlagsbuchhandlung in Ulm ausgegeben. Subscriptions-Preis: in Ulm vierteljährlich 15 kr. Auswärtige belieben ihre Bestellungen nicht bei der Verlagshandlung direkt, sondern bei denjenigen Boten oder Postämtern zu machen, durch welche sie die Exemplare zu erhalten wünschen. — Das Abonnement auf dieses Blatt wird auf nicht weniger als ein Quartal angenommen, und muß das Aufhören des Abonnements vier Wochen vor dem Beginn des neuen Quartals angezeigt werden.

Nr. 16. April. 1850.

Württembergische Eisenbahnen. — Der Uebergang über die Alp.

Deutsche Eisenbahnen.

Die württembergische Alpbahn.

Die Hauptschwierigkeit, welche sich dem Bau der württembergischen Eisenbahn von Heilbronn bis Friedrichshafen in den Weg stellte, war die Strecke von Geißlingen bis Ulm. Es waren nämlich nur zwei Wege ausführbar, der weitere, mit kleineren aber vielseitigen örtlichen Hindernissen verbundene, durch das Filsthal und der nähere, aber äußerst gefährliche Uebergang über die Alp. Nachdem jedoch der Oberingenieur der württembergischen Eisenbahnen, Herr Oberbaurath Etzel, die Bedenken, welche sich dem letzteren Bauplane entgegenstemmten, zu beseitigen oder doch zu mäßigen gewußt, schritt er rasch an die Ausführung des kühnen Werkes.

Wir sagen kühn, denn es galt, eine Strecke von 1½ Stunde lang Felsenwände zu sprengen und auf ihnen bis zu einer Höhe von ca. 400 Fuß die Bahn hart am Rande der Felsen und zwar bei der raschen Wendung des Berges in Krümmungen von kaum ausführbaren Dimensionen, empor zu führen. Es ist nun vollendet, das stolze Unternehmen, das sich unter die schönsten und großartigsten Bauwerke deutscher Eisenbahnen stellen kann, ein Ehrenmonument für seinen Baumeister.

Am 1. November v. J. wurde die Bahn zum ersten Mal befahren, worauf im Laufe des Winters bei allen Arten von Witterung weitere Fahrten angestellt wurden, welche alle von glücklichem Erfolge begleitet waren.

Die Eisenbahnstrecke von Geißlingen bis Amstetten, welche den Alpübergang bildet und von welcher unsere Leser vorstehend eine von ihrem höchsten Punkte aus aufgenommene Abbildung finden, besteht aus einer sogenannten schiefen Ebene mit einer Steigung von 1 zu 45 und hat eine Länge von 17,791 Fuß. Es beträgt demnach die Gesammterhebung 395 Fuß, wobei der Bahnhof in Geißlingen 1626 und der in Amstetten 2021 Fuß über der Meeresfläche gelegen ist. Von der angegebenen Länge bestehen 5800 Fuß in einer geraden Linie, der Rest von 11,991 Fuß aus 5 Curven von 950 bis 6000 Fuß Radius.

Nachdem bei der ersten Probefahrt eine gewöhnliche Maschine zuerst allein und dann mit zwei mit Schienen beladenen Güterwägen die Bahn befahren hatte, wurde die für diese Strecke

VIII
Die Geislinger Steige unterhalb der Ziegelhütte. Holzschnitt, 1850

chen Gründen – allmählich unter Putz verschwand. Der Geislinger Steige mit den Mühlen im immer enger werdenden Tal der Rohrach wenden sich neben Früholz Louis Kolb und Johann Sigmund Köhler zu (Abb. 23, 24). Die Lithographen und Maler Johannes Woelffle und Caspar Obach nehmen das 1850 fertiggestellte technische Wunderwerk der Albüberquerung durch die Eisenbahn (Abb. 25, 26) auf. Ein weiteres Ereignisbild in der »Bilder-Chronik«, einem illustrierten Unterhaltungsblatt, 1850 veröffentlicht, gibt hiervon gleichfalls Kunde (Abb. VIII). Naiv gestaltet ist die 1857 von Lukas Straub dem Geislinger Schützenverein gestiftete Scheibe mit der Ansicht seiner Schimmelmühle an der Geislinger Steige (Abb. XII).

Der Geislinger Kapellmüller Daniel Straub legte mit seinem beim Bahnbau erwirtschafteten Geld den Grund für die heutigen Großbetriebe WMF (Württembergische Metallwarenfabrik) und MAG (Maschinenfabrik Geislingen). Kein Geringerer als der nach Münchner Lehrjahren in der dortigen Akademie beflügelte Maler Albert Kappis hält die Straub'sche Kapellmühle (Abb. 16) und die Anfänge der Metallwarenfabrik Straub & Schweizer (WMF) in Ölbildern von reizvollem Kolorit fest (Abb. 17) . Schon 1842 hat Fr. Biberstein vom Fuß des Geiselsteins das frühindustrielle Mühlen- und Hammerschmiedezentrum an der Rohrach in Rorgensteig in Stein gezeichnet (Abb. 18). In jener Zeit zwischen 1810 und 1870 verdoppelte sich die Einwohnerzahl des Städtchens Geislingen von 1 500 auf über 3 000. In seiner qualitätvollen Sepiazeichnung nimmt Johannes Woelffle die weite Talaue zwischen Geislingen und Altenstadt noch vor ihrer Überbauung mit Fabriken und Wohnhäusern auf (Abb. 30). Diese Ansicht gibt 1865 der Verlag von Theodor Caelius in Urach in der zweiten Auflage des Bandes »Die Schwäbische Alb – Eine Schilderung ihrer schönsten und interessantesten Punkte«, verfaßt von Albert Moll und A. L. Pleibel, heraus. Als Einzelblatt wird diese Lithographie in Geislingen von Drechslermeister Jakob Allgöwer in unkoloriertem Zustand zu 30 Kreuzern und koloriert zu 1 Gulden 30 Kreuzer vertrieben.

Zeichner wie der ulmische Artilleriehauptmann Georg Herbert (Abb. 13) oder der badische Architektur- und Landschaftsmaler Karl Weysser halten in den sechziger und siebziger Jahren historische Gebäude und Straßenzüge in Geislingen fest. Diese und andere Ansichten sind uns willkommene Hilfen in denkmalpflegerischen Fragen. Mit geschwinder Feder erfaßte Weysser, der »badische Merian des 19. Jahrhunderts«, das Wesentliche und fing trotzdem »atmosphärische Werte« der alten Stadt ein (Abb. 11, 14, 15). Eine Farblithographie der Stadt von 1872, etwa hundert Jahre nach der Ansicht von Michael Knoll vom gleichen Standpunkt aufgenommen, gibt auch in dem abgebil-

IX (nebenstehend)
Ansicht von Geislingen auf einem Pfeifenkopf nach der von Eduard Mauch gezeichneten und von A. H. Payne 1840 in Stahl gestochenen Vorlage. Wohl Ulmer Porzellanmalerei, um 1840

X
Die Kirche von Eybach auf einer Darstellung des Apostels Thomas aus der Kirche von Eybach, jetzt in der ev. Kirche von Gruibingen. In Öl auf Holz, vermutlich von Maler Xaver Kummer, Eybach, gemalt, 1817

deten Ausschnitt (Abb. 26) einen Eindruck von der Veränderung und Entwicklung der Stadt in diesem Zeitraum.
Im Geislinger Amtsblatt mit dem Titel »Der Bote vom Filsthale« findet sich bereits 1848 die Anzeige eines durchreisenden Stuttgarters, der seine Dienste bei der Anfertigung von Daguerre'schen Portraits anbietet. Aus jener Zeit stammt das älteste bislang bekanntgewordene Lichtbild im Kreisgebiet: eine Aufnahme der Geislinger Bürgerwehr von 1848. Das besondere an diesem Bild ist die Kombination zwischen der klassischen, noch gezeichneten Vedute und der einmontierten Gruppenaufnahme der Bürgerwehr. Schon bald verdrängte diese neue Technik die Lithographen und Stahlstecher, aber auch die Xylographen aus ihrem angestammten Bereich (Abb. XI).
Die reizvolle Partie über dem Filsknie bei Altenstadt mit dem Forstamt auf dem Lindenhof stellt der in Stuttgart lebende Niederländer Pieter Francis Peters um 1860 in einer zarten, lavierten Bleifstiftzeichnung dar (Abb. 32). Die um die Mitte des vorigen Jahrhunderts in den Dörfern noch vielfach gebräuchlichen Strohdächer finden wir auf dem Stöttener Aquarell des Künstlers A. W. (Abb. 33).
Nur wenige Ansichten hat der herzoglich-württembergische Hofmaler und Professor der Landschaftskunst an der Hohen Karlsschule in Stuttgart, Adolf Friedrich Harper, neben seinen zahlreichen idealen Landschaften geschaffen. Zu den wenigen gehören die als Supraporten für das Cabinet der Gräfin Friederike Helene von Degenfeld-Schonburg, der Gattin des Schloßerbauers, gemalten Ölbilder von Eybach und Süßen. Für diese »2 Stück Vuen«, die er um 1770 fertigte, erhielt Harper 50 Gulden. In ihrer spätbarocken Art sind beide Ansichten von starker dekorativer Wirkung (Abb. 34, 76). Gleichfalls im Auftrag des kunstsinnigen Grafen August Christoph von Degenfeld-Schonburg hält der Augsburger Landschaftsmaler Johann Michael Frey um 1800 in mehreren gleichen Ölbildern die gräfliche Residenz Eybach fest (Abb. 36). Auch der Entwurf zu diesen Ansichten hat sich erhalten. Da dies selten ist, wurde die Zeichnung ebenfalls abgebildet (Abb. 35). Das Ölbild besticht wegen der Klarheit seiner räumlichen Disposition und gehört deswegen, wie auch wegen einer gewissen Kühle des Kolorits eher zum Klassizismus als zum Spätbarock. Wohl der einheimische Maler Xaver Kummer schuf für die Eybacher Simultankirche anläßlich des Reformationsjubiläums 1817 die Emporenbilder mit den Aposteln, wobei er auf der Darstellung des Apostels Thomas eine Ansicht der Eybacher Kirche unterbrachte (Abb. X). Von ihm stammt auch das Bild des hl. Patrizius in der kath. Kirche von Reichenbach u. R. aus dem Jahre 1838, welche ebenfalls eine Ansicht der Eybacher Kirche schmückt. 1855, im letzten Jahr seiner siebenjährigen Tätigkeit als Pfarramtsverweser von Eybach, kommt der evangelische Pfarrer Gustav Jakob Christoph Kuttler auf die Idee, zum Besten der Armenpflege in seiner Pfarrei eine Lithographie des Ortes herauszugeben. Die von Adam Gatternicht in Stuttgart

XI Die Geislinger Bürgerwehr von 1848/49. Einretuschiertes Foto in einen gemalten Hintergrund der Stadt Geislingen

gezeichnete und lithographierte Ansicht bietet er über das Pfarramt zu einem Preis von 24 Kreuzern an (Abb. 37), mit der Versicherung, »daß Sie mit 24 Kreuzern einen sehr guten Zweck unterstützen und für sich eine liebliche Erinnerung gewinnen«.

Zu den frühesten Landschaftsdarstellungen unseres Raumes aus dem frühen 19. Jahrhundert zählen die um 1826 von dem Münchner Landschaftsmaler Felix Bockhorni geschaffenen Ölbilder des Roggentals bei der Vorderen Roggenmühle und bei den Ravensteiner Felsen (Abb. 39, 41). Sie entstanden als Auftragsarbeiten des Grafen Aloys von Rechberg, der bis 1825 das Amt des bayerischen Außenministers bekleidete; sie hingen in dessen Münchner Wohnung. Obschon sie keinem künstlerischen Selbstzweck ihre Entstehung verdanken, sind sie von besonderem Reiz. Sie stammen von einem qualitativ guten Künstler, der in einem kurzen Lebensabriß schon vorgestellt wurde. Eine weitere Naturschönheit dieses Tales, die Eybquelle an dem Felsenhügel unterhalb des Pfarrhauses von Treffelhausen, stellt um 1805 der Gmünder Zeichenlehrer Johann Sebald Baumeister in einer Miniaturmalerei dar (Abb. 43). Er greift damit in südlicher Richtung weit aus seinem eigentlichen Tätigkeitsbereich hinaus. Auf seinen Lebensabriß sei gleichfalls verwiesen.

Einem Brandunglück verdankt Treffelhausen seine einzige Darstellung. Am 14. Juli 1859 war das ganze Dorf ein Raub der Flammen geworden. Die Trümmerstätte gibt der Zeichenlehrer J. Haug aus Geislingen in einem Ereignisbild wieder. Bereits am 13. August 1859 preist er in der Geislinger Zeitung die nach seiner Zeichnung von Joh. Evangelist Ling in Ulm gefertigte Tonlithographie zu einem Stückpreis von nur 6 Kreuzern an (Abb. 42). J. Haug betätigte sich schon früh auch als Photograph. So stammt von ihm eine Reproduktion einer von seinem Paten, dem Maler Jacob Früholz, geschaffenen Geislinger Stadtansicht.

Keine Ansicht überliefert ist uns aus jener Zeit von Böhmenkirch und seinen anderen Teilorten. Lediglich von dem ehemals ulmischen Forstamt und Hof Rötenbach bei Bartholomä hat sich ein Aquarell eines Schulmeisters aus dem Jahre 1805 erhalten (Abb. 44).

XII Die Schimmelmühle mit der Geislinger Steige auf einer von Schimmelmüller Lukas Straub dem Schützenverein Geislingen gestifteten Scheibe. In Öl auf Holz gemalt, 1857

Geislingen. Ulm ist ein abscheulicher altvätterischer und so abgeschmackt gebauter Ort, daß ich vielmahl an Sie gedacht und gewunschen habe, daß Sie ihn sehen sollten. Stellen sie sich nur Häuser vor, wo sie von außen das ganze Stock- und alles Holzwerk, so wie es angelegt ist, sehen müssen und wenn es hoch kommt, solches mit einer Farbe überstrichen, das Mauerwerk aber schön weiß oder jeder Ziegel, so wie er liegt natürlich angemalt ist, damit die Mauer und das Holzwerk desto deutlicher gesehen wird. Und so sehen Westerstetten, Grissling (Geislingen), wo die künstliche Beinarbeit gemacht wird und wo 7 Weibspersonen einen jeglich ankommenden Fremden fast zu Tode reden, um Geld zu lösen dann Grepping (Göppingen), und Ploching und vieles von Stuttgart aus.

Leopold Mozart, Brief an Lorenz Hagenauer, Salzburg, aus Ludwigsburg, vom 11. Juli 1763, in: Mozart. Briefe und Aufzeichnungen. Gesammelt und erläutert von Wilhelm A. Bauer und Otto Erich Deutsch, Hrsg. von der Internationalen Stiftung Mozarteum Salzburg. Gesamtausgabe, Band I, 1962.

Geislingen. Geislingen ist das Städtchen, dem wir jetzt am nächsten sind und da hielt ich mich gerne einige Stunden auf. Geislinger Arbeit haben Sie gewiß schon oft gesehen. Sie geht mit dem Nürnberger Tand in der halben Welt herum. Der Ort ist ein Beweis von der Richtigkeit der Anmerkung: daß in rauhen und unfruchtbaren Gegenden die Industrie der Menschen erweckt und geschärft wird. Ganz in einem Kessel, auf allen Seiten von den greulichsten Bergen umgeben, liegt das Städtchen, das übrigens nicht schlecht gebaut und heitrer ist, als Ulm. Man gräbt überall Bausteine aus der Erde. Auch die Plätze, die etwa noch für Ackerfeld angesehen werden könnten, sind ganz mit Steinen angefüllt, welche die Farbe des Pariser Bausteins haben, aber viel fester und härter sind.

Heinrich Sander, Beschreibung seiner Reisen durch Frankreich, die Niederlande, Holland, Deutschland und Italien, 2. Teil, Leipzig 1784, S. 10.

Geislingen. Die Handwerksleute in Geislingen hocken so dick aufeinander, daß man sich nicht unter sie dringen kann, ohne fast erdrückt zu werden. Hier sind etwa an 1 500 Menschen groß und klein, Einheimische und Fremde, unter dieser geringen Anzahl befinden sich folgende Handwerksleute und Professionisten:
28 Holz- und Beindrechsler, 20 Schuhmacher, 15 Schneider, 20 Becken, 30 welche im Feuer arbeiten, als Kupferschmiede, Huf- und Nagelschmiede, Messerschmiede, Waffenschmiede, Zinngießer und dgl., 7 Schreiner und 3 Zimmerleute, 5 Küfner und 4 Kübler, 4 Glaser, 1 Buchbinder, 4 Maurer, 7 Seiler, 5 Weißgerber, 14 Tuch- und Zeugmacher, 7 Rotgerber, 6 Sattler, 6 Seckler, 10 Metzger, 4 Strumpfweber, 2 Hutmacher, 2 Büchsenmacher, 2 Kürßner, 8 Leinenweber, 5 Merzler, 2 Wagner, 3 Spindlendreher, 2 Ölschlager, 2 Hafner, 1 Nadler, 17 Wirte, 8 Müller. Dann diejenigen Leute, welche eine Kunst oder Profession erlernt haben oder sich der Handelschafft gewidmet, als: 1 Apotheker, 9 Kauf- und Handelsleut, 2 Lackierer, 3 Zuckerbacher, 5 Bader, 2 Bordenmacher, 3 Färber, 1 Papiermüller, 2 Gärtner, 2 Drucker.
Doch, wer wird alle diese Leute zusammenzählen? Genug, daß Sie daraus sehen können, wie schwer es unter einer solchen Menge von Arbeitern halte, sein Auskommen zu finden. Daher geht es auch unsern Handwerksleuten so hart, daß sie kaum die Woche einmal ein christliches Räuschlein trinken können.

Christian Friedrich Daniel Schubart, Schuldiktat, Geislingen, 20. Januar 1769 in: Eugen Nägele, Aus Schubarts Leben und Wirken, mit Anhang: Schubarts Erstlingswerke und Schuldiktate, Tübingen 1888, S. 419/420

Geislingen. Das Städtchen Geislingen liegt in einem sehr schmalen tiefen Tal zwischen sehr hohen Bergen, die von beiden Seiten solches einschließen und fast bedecken. Es hat eine kleine Vorstadt und mit derselben begreift sie ohngefähr 250 Häuser. Sonst ist der Ort, so wild auch die Gegend aussieht, sehr nahrhaft, hat vortrefliche Weide auf der Alb, zumal für die Schafe, deren auf 2 000 Stück hier gehalten werden. Es sind hier viele Drechsler, auf 30 Meister, so von Elfenbein und besonders Knochen feine Arbeit machen, und ihre Waren sehr wohlfeil geben. Sie bestehen vorzüglich in Geld- und Nadelbüchsen, Spielsachen von allerlei Gattung, Stockknöpfen, Tintenfässern, Leuchtern, Kinderspielsachen, Bechern, Würfeln etc. so ins Große nach Straßburg gebracht und von da nach Frankreich gehen. Auch findet man sie häufig auf den deutschen Messen, zu Frankfurt, Leipzig etc. Man braucht zu dieser Arbeit bloß die Vorder- und Hinterfußknochen der Ochsen, die sie besonders von München, Augsburg, Straßburg etc. ungebleicht erhalten. Sie werden sehr lange in einer Lauge gekocht, um das Fett heraus zu schaffen und hernach wie Holz auf einer Drehbank behandelt. So wie nur ein Fremder ankommt, so wird er gleich von einem Schwarm Weibsleute, so ihre Waren anbieten, überfallen, und man wird sie nicht los, ohne etwas abzukaufen.

Philipp Wilhelm Gercken, Reisen durch Schwaben und Baiern, Teil I, Stendal 1783, S. 89/90

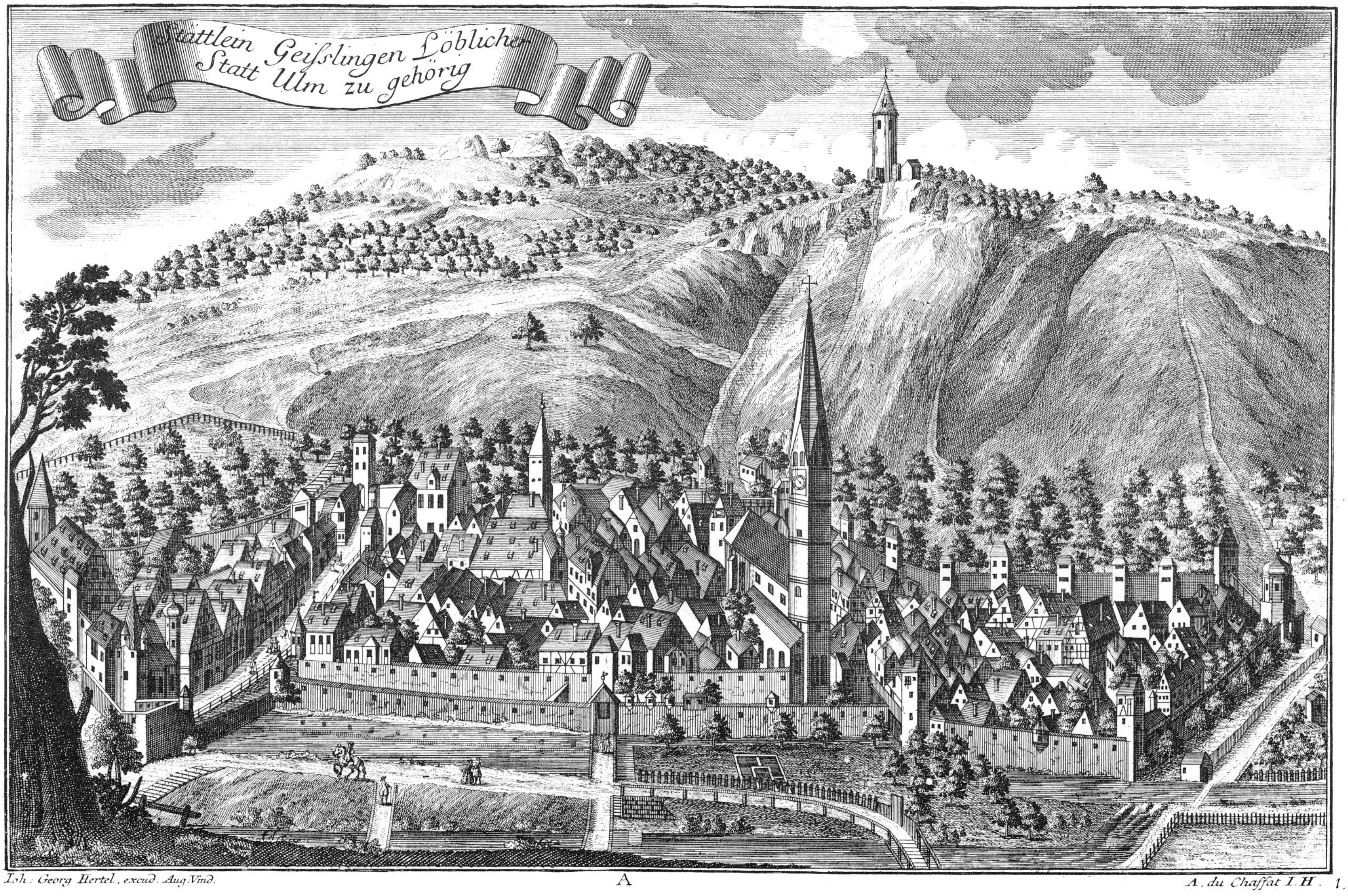

1 *Geislingen von Westen. Kupferstich von Joh. Georg Hertel nach Antoine du Chaffat, um 1740*

Folgende Doppelseite
2 *Geislingen von Osten. Aquarell von Michael Knoll, um 1760/70*

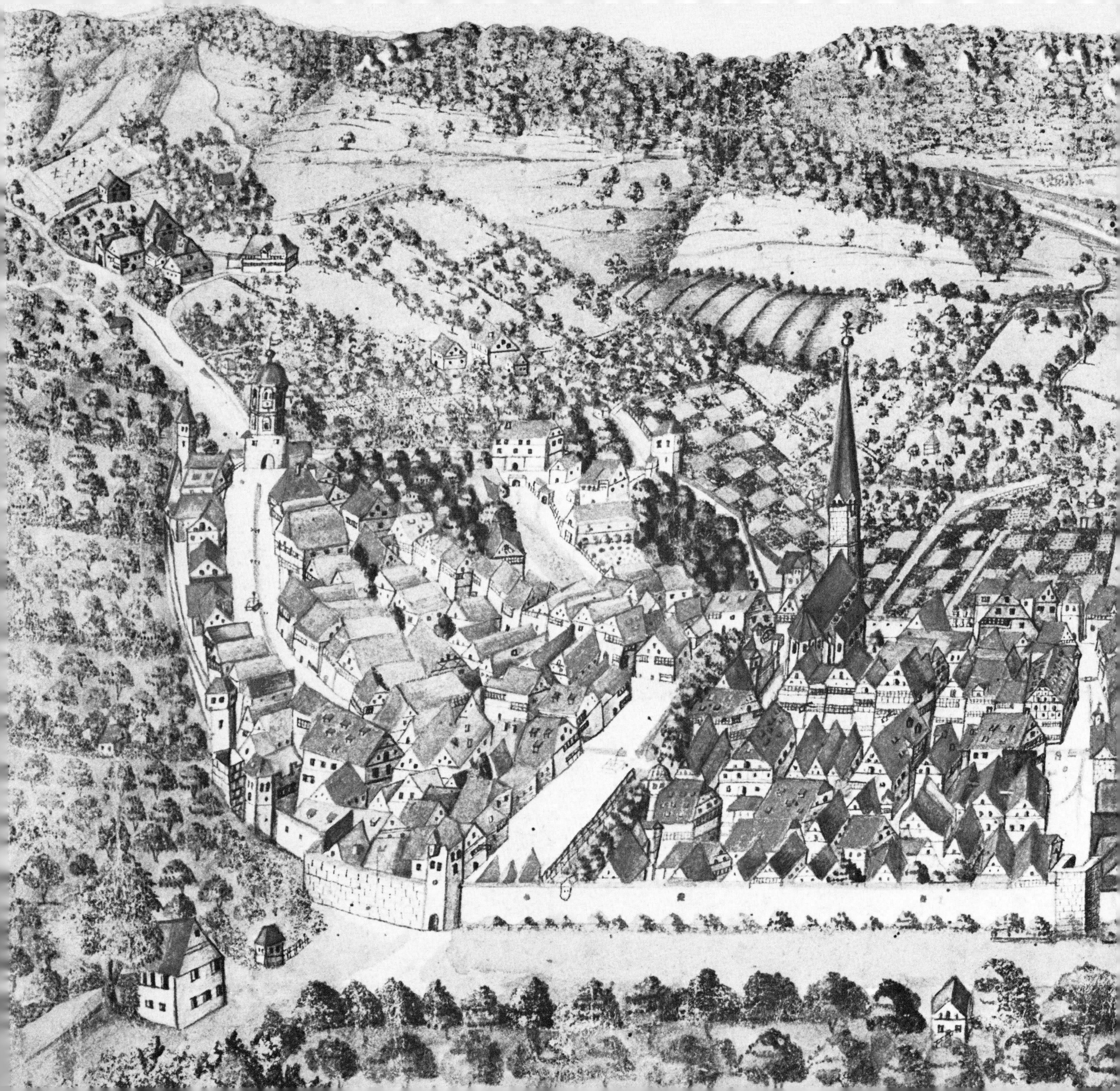

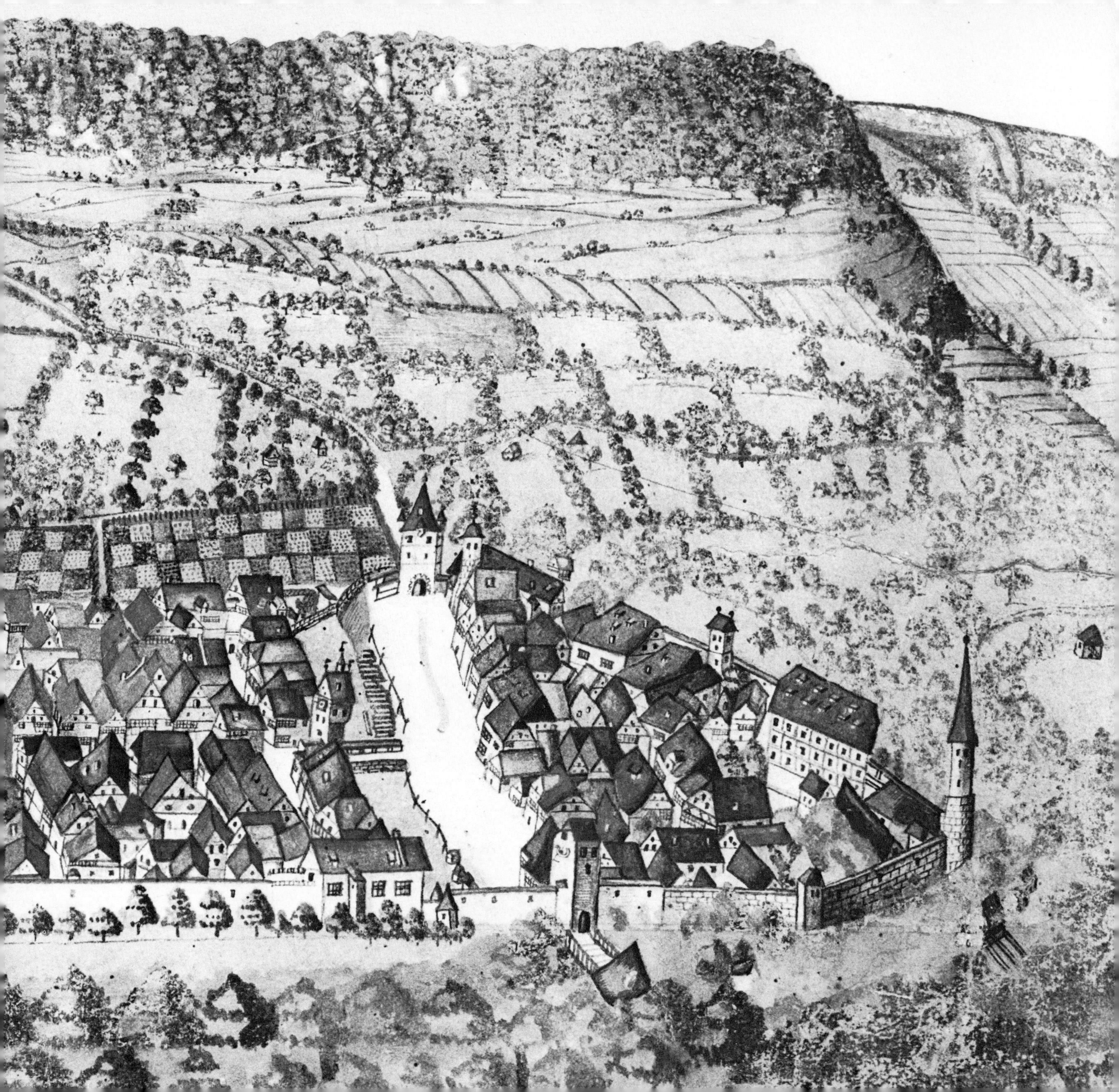

Geislingen. Die Stadt Geislingen liegt in einem engen und tiefen Tale, 6 Stunden von Ulm und 4 von Göppingen. Man kommt von Ulm eine beträchtliche Steige hinab, an der oben die Ziegelhütte ist. Der beträchtliche holzreiche Ziegelwald gibt zum Ziegelbrennen Holz genug und die umliegende Erde hat guten Ziegelton, sowie die Berge Kalk. Zur Rechten, die Steig hinab, sind Kalk- und Marmorsteine, die weich sind und sich daher leicht bearbeiten lassen, aber auch nicht so vielen Wert haben als andere. Zur Linken ist ein tiefes enges Tal, in welchem ein kleiner Bach entspringt, der anfangs der Tierbach und nachher die Rohrach heißt. Er treibt zwei Mahlmühlen, ob- und unterhalb der Steig, zwei zu Rorgensteig, nebst dem Kupfer- und Eisenhammer, auch eine Öl- und Schleifmühle und die Papiermühle. Näher bei der Stadt treibt er die See- oder Retschenmühlen; in der Stadt selbst die Kapellmühle und am Altenstadter Tor noch zwei Mahlmühlen.

Unweit der Papiermühle sind schöne Wasserfälle und nahe dabei das bekannte Rötelbad, welches auch manchmal das Geislingerbad heißt. Gegenwärtig sind nur zwei Quellen vorhanden, die größere ist im Hause selbst, in der vorderen Badstube, aus welcher das Wasser in den Kessel getragen und zum Baden erwärmt wird. Die andre ist vor dem Hause, neben der Haustüre zur linken Hand. Das Badhaus ist geräumig und bequem eingerichtet, und besonders in neuern Zeiten ist dafür gesorget, daß bei guter Bewirtung der Aufwand nicht abschrekken darf. Auch hat man nicht nur von den Badgästen, sondern auch von der nahe gelegenen Stadt immer gesellschaftliche Unterhaltung.

Johann Herkules Haid, Ulm mit seinem Gebiete, Ulm 1786, S. 632

Geislingen. Die Stadt selbst liegt ganz zwischen Bergen. Man hat von ihr verschiedene Abbildungen, davon sich eine auf dem Rathause, und auf der Post befindet. Eine besondere Beschreibung der Stadt habe ich aber nie zu Gesichte bekommen. Sie hat über 1 600 Innwohner, die sich zwar viel vom Feldbau, dabei aber auch von vielerlei städtischem Gewerbe nähren. Unter denen sind vor andern merkwürdig die Beindreher, deren Arbeiten mit vieler Kunst gemacht und weit und breit in der Welt bekannt sind. Sie hatten vormals in Amsterdam ein besonders Warenlager und noch werden ihre Waren daselbst und auf der Leipziger Messe, auch bis in Amerika abgesetzt. Es sind auch wenige Reisende, welche in diese Stadt kommen und nicht ein und das andere von ihren Arbeiten kaufen sollten. Viele derselben sind von beträchtlicher Kunst. Erst in neuern Zeiten hat der jetzige Bürgermeister Michael Knoll dem unlängst verstorbenen Obervogte die ganze Reihe der Kaiser aus dem Hause Östreich halb erhaben in Elfenbein nach Wachsabdrücken gegraben. Sie sind durch Erbschaft nach Nürnberg gekommen. Außer dieser Arbeit machen sich auch viele einen Verdienst mit Lakieren, in welchem Geschäfte einige besondre Geschicklichkeit besitzen. Sie verschönern die Arbeiten der Holzdreher, die so weit als die Arbeiten der Beindreher versandt werden.

Auch die Malerei hatte an diesem Orte immer geschickte Meister, unter welchen in neuern Zeiten die Schneider bekannt waren. Sonsten zeichneten sich auch die Messerschmiede aus. Noch werden gute Feuerstähle da gemacht. Auch sind 2 Waffenschmiede da, die gute Ackerwerkzeuge verfertigen.

Ein anderer beträchtlicher Nahrungszweig ist die Wirtschaft, auch Brauerei und Bäckerei. Die letztere ist ziemlich stark, mit kleinem und gutem Brote nach Ulmer Tarif. Und da die große Landstraße durch das Städtchen mitten durchgeht; so haben viele Herbergen gute Nahrung. Es sind verschiedene gut eingerichtete Wirtschaften in der Stadt.

Johann Herkules Haid, Ulm mit seinem Gebiete, 1786, S. 637f.

Geislingen. Tore hat die Stadt viere, außer dem eben genannten Spital- und vorhin bemerkten Ulmer Tore eines auf der Morgenseite, durch welches man nach Weiler und auf den öden Turm kommt und ein viertes gegen Altenstadt. Sie werden Abends gesperrt, aber auch um ein geringes Sperrgeld geöffnet. Die Stadt ist auch ringsum mit Mauren umgeben und auf der Abend- und Mitternachtseite macht die Rohrach gleichsam einen Wassergraben.

Johann Herkules Haid, Ulm mit seinem Gebiete, Ulm 1786, S. 647

3 Geislingen von Osten, Ausschnitt der Kern- und Oberen Vorstadt. Aquarell von Michael Knoll, um 1760/70

Geislingen. Geislingen, ein durch seine Künstler im Beindrechseln sonst weit berühmter Ort, versinkt allmählich in traurige, dumpfe Armut. Ein Nahrungszweig verdorrt nach dem andern und die Drechslerkunst, die daselbst groß anfing, beschäftigt sich jetzt bloß mit Spielwerk für den Hof des Kaisers in Liliput, womit sich die Drehermädchen den durchreisenden Fremden aufdringen. Viele Einwohner verlassen den Ort ganz und gar und siedeln sich in Polen oder Ungarn an. Traurige Folgen von der mangelhaften Regierungsverfassung der meisten deutschen Reichsstädte, die das heilige Wort frei mit Unrecht an ihrer Stirne tragen!

Christian Friedrich Daniel Schubart, Schilderung seines Geislinger Aufenthalts in seiner Selbstbiographie, 1791, in: Eugen Nägele, Aus Schubarts Leben und Wirken, Tübingen 1888, S. 217

Geislingen. Baiersches Städtel Geislingen, den 29. April 1804. Es war Sonntag frühe 6 Uhr, und noch nicht 5 Minuten bin ich aus dem Wagen oben in der Passagierstube, als ich mit einem halbdutzend Frauen und Mädchen, trotz dem Waschwasser und Frühstück förmlich belagert bin. Dies Kaffeetischel, dies Aefche, das Fischel, das Büchsel, a Schlang, a Spritzel, ein kleines Sprützchen von Bein, mit samt der hölzernen Kapsel für 36 kr! a Barbierbürste, a Reiß und Schreibfeder, mit Bleistift ineinander für 36 kr.
Ich kaufte eine Kleinigkeit, einiges brauchbares für die Reise. Das war das Signal, und wollte ich die aaa's und abermal aaa's ersticken, mußte ich für einige Gulden kaufen, weil jede etwas lösen wollte! – Eine tat mir wegen ihrer Gefälligkeit besonders leid, daß ich ihr nicht mehr abkaufen konnte. Was ich bei ihr suchte, war just nicht zu finden! Es sollen hier an 30 Meister zu 2, 3 Gesellen in sogenannten Nürnberger Waaren arbeiten, in viele Länder und selbst nach Nürnberg verkaufen. Ich fand verschiedenes äußerst billig und dabei schön gearbeitet. Ich dachte an die Messerschmiede zu Tours.
Hier mußte ich drei Pferde bis eine Viertelstunde vor die nächste Station nehmen, wegen der Steige.

Georg Phillip Schirmer, Eigene Bemerkungen zu einigen Bezirken Deutschlands, der Schweiz, Italiens und Frankfurt, Kassel 1805–1806, S. 18–20

Geislingen. Dermal zählt Geislingen 1852 Einwohner, die sich meistens von verschiedenen Künsten und Handwerkern nähren. Zu den erstern gehören die künstlichen Beindreher. Es sind aber auch Horn- und Holzdreher hier, die allerlei Arbeiten verfertigen, wovon die hölzernen durch Lackieren verschönert und dauerhafter gemacht werden. Ehemals wurde ein weit ausgebreiteter Handel mit diesen berühmten Geislinger Waren getrieben.
Neben diesen sind da mehrere Tuch- und Zeugmacher; solche, die die Schafwolle kämmen, sie spinnen lassen und das Garn auswärts verhandeln; gute Messerschmiede, andere Schmiede, Schreiner, Wagner, Gerber, Seifensieder, Sattler, Schneider, Maurer, Zimmerleute usw. Einige Kaufläden versehen die Nachbarschaft mit allen Gattungen der Bedürfnisse.
Der für das Oberamt aufgestellte Doktor der Arzneigelehrsamkeit wohnt in der Stadt und man wird in der sehr gut eingerichteten Apotheke auch gut bedient.
Die Stadt hat alle Samstage einen Frucht- und Wochenmarkt und jährlich drei Vieh- und Krämermärkte, nämlich an Matthias, Johann Baptist und Simon und Judas, wo immer der Tag vorher Roß- und Viehmarkt ist.
Wirtshäuser befinden sich dreizehn hier, worunter auch das ansehnliche Gasthaus zum Schwanen begriffen ist.

Joseph Alois Rink, Beschreibung des Königl. Württembergischen Oberamts Geislingen an der Steige, Ulm 1823, S. 28/29

Geislingen. Unsere Wälder und Wiesen prangen im saftigsten Grün, der Obstwald im Tal entfaltet die prächtigste Blüte. Unter den Sehenswürdigkeiten ist vor allen zu nennen die sehr ansehnliche und mit G. Syrlen'schen Holzschneidereien vielfach geschmückte Stadtkirche. Für dieselbe steht als Wegweiser eine von dem hiesigen Diakonus Klemm jüngst veröffentlichte, vortreffliche Beschreibung und Geschichte zu Gebot. Ferner ist zu nennen der sogenannte Zoll am Marktplatz, das katholische Kirchlein, das neue Schulgebäude (Pädagogium), das neue Oberamtsgerichtsgebäude.
Nicht zu vergessen sind die D. Straub'schen Fabriken, Maschinen und Plaqué, in der Nähe der Zehender'schen Holzfabrik und in Altenstadt und Kuchen die Baumwollfabriken. Wer sodann die hiesige Elfenbeinindustrie bloß im Vorbeifahren am Bahnhof kennen gelernt hat, ist vollständig falsch unterrichtet. Man muß sich in die Fabriken der Gebrüder Kauzmann, Lenz, Schurr oder zu einem der vielen hiesigen Meister begeben, um zu sehen, was geleistet wird und wie viel noch geleistet werden kann und wird. Doch wir wollen eigentlich nicht ein Loblied unserer Stadt singen, sondern nur kurz darauf hinweisen, welche Anziehung jetzt die Stadt bietet.
Der seit einigen Jahren bestehende Verschönerungsverein entfaltet unter seinem sehr rührigen Vorstande eine umfangreiche Tätigkeit und erleichtert durch Anlegung von Wegen, Anbrin-

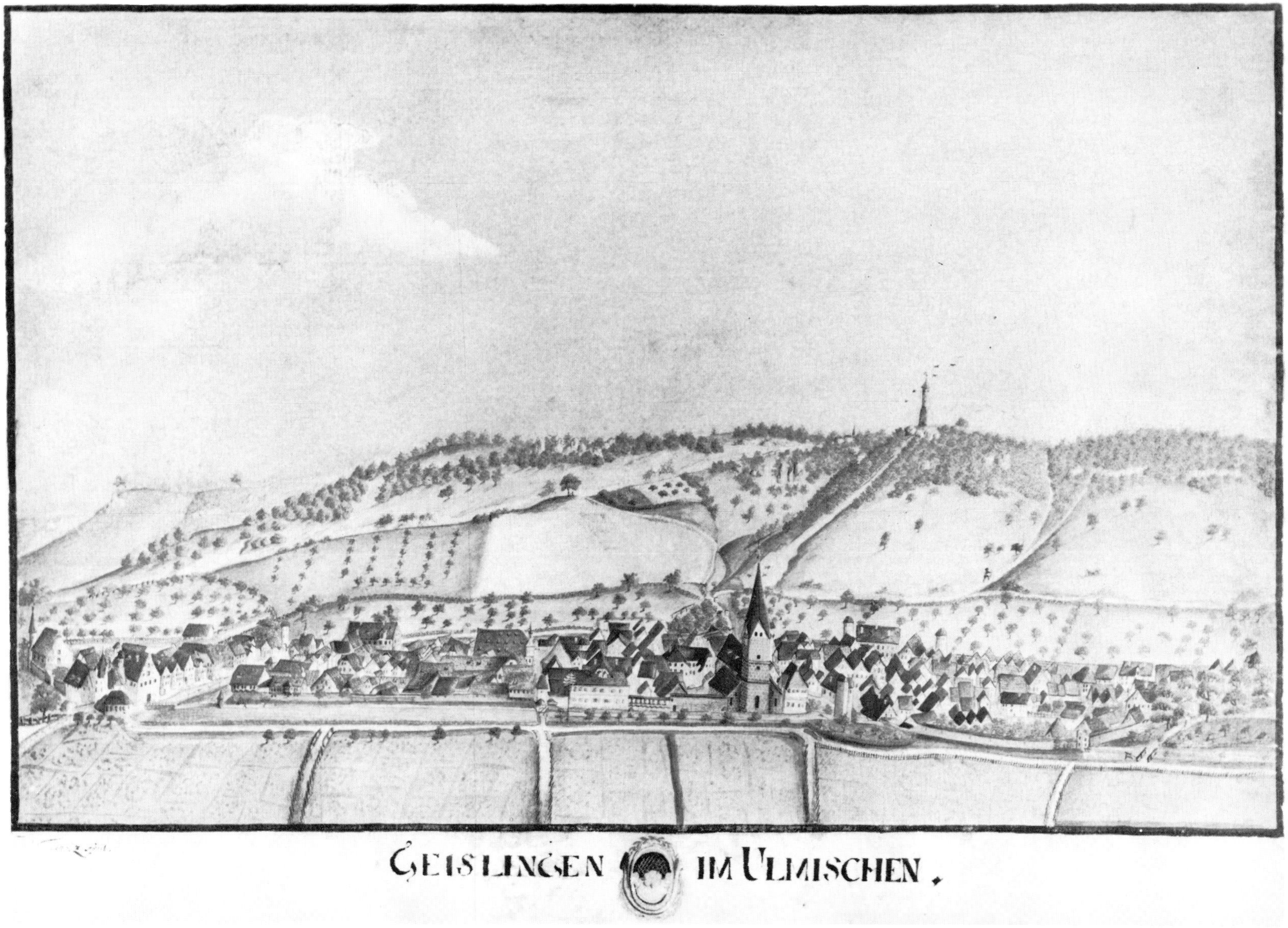

4 Geislingen von Westen. Aquarell von Jacob Früholz, um 1790

gen von Wegweisern und Ruhebänken das Ersteigen des Gebirges wesentlich und auf Schritt und Tritt wird man sich von diesem Verschönerungssinn hiesiger Einwohnerschaft überzeugen. Es sind denn auch eine Reihe der reizendsten Ausflüge von hier aus zu machen.

Alb- und Filsthalbote Nr. 66 vom 3. 6. 1879

5 *Geislingen von Südosten. Altkolorierter Kupferstich von B. F. Leizelt nach Jacob Früholz, 1808*
6 *Geislingen von Westen, Ausschnitt. Ölbild von Jacob Früholz, 1830*

7 Geislingen mit Stadtkirche und Kapellmühle (rechts). Aquarell von C. Ph. Heinrich Bach, um 1860

Geislingen. Um diesen Erstling des Feldsegens eben so dankbar, wie im vorigen Jahr zu empfangen, wurde mir auf meinen dem Königlichen Oberamt gemachten Vorschlag die Anordnung des Ganzen überlassen. Um ihn nun mit Blumen bekränzen zu können, forderte ich die Schul-Jugend auf, mir hiezu Blumen des Feldes zu holen, und es ist kaum zu glauben, mit welcher Tätigkeit die Kinder hierinnen miteinander wetteiferten. — Nun ließ ich einige geschickte Jungfern in mein Haus bitten, welche mit dem Flechten der Blumen-Kränze umgehen können, welche 1½ Tage damit beschäftigt waren, bis wir das Nötige fertig hatten. Es wurde hiezu eine große Krone unten von Eichenlaub und die Umwölbung mit himmelblauen Blumen sehr niedlich geflochten; oben ein Drei-Angel mit Vergißmeinnicht. Dann hatte ich folgende Innschrift in einer ovalen Tafel mit großen Buchstaben geschrieben: »Lasset uns doch den Herrn unsern Gott fürchten, der uns Früh-Regen, und Spat-Regen zu rechter Zeit gibt, und uns die Ernte treulich und jährlich behütet«. – Diese Tafel wurde vornen an den Wagen, mit Blumen umkränzt, angebracht, die Krone aber oben auf dem Wagen an eine Maschine befestigt.

Auf einer Seite des Wagens war eine Sichel, an einem Stiel mit Blumen umwunden, und auf der andern Seite ein Rechen, eben so geziert, als Acker-Werkzeug schräg in den Wagen eingesteckt.

Am hintern Teil des Wagens war ein großer Blumen-Kranz aufgesteckt. Nun holten wir diesen Wagen, mit 60 Knaben und

40 singenden Mädchen am 23. Juli ein. Die ganze Gemeinde war vor dem Tor versammelt; alle übrigen Kinder kamen herzu.
Als der Wagen so festlich bekränzt und geschmückt war, ließ ich auf ein gegebenes Zeichen mit allen Glocken läuten; und nun setzte sich der Zug langsam, unter Gesang und Vergießung vieler tausend Freuden- und Dankes-Tränen bis vor das Wirtshaus zur Krone, in Bewegung, vor welchem das alte herzliche Lied: Nun danket alle Gott! gesungen wurde. Indessen wurden 8 Garben von dem Wagen auf den Altar gestellt, und Herr Diakonus Honold hielt eine passende Rede in der Kirche, welche ich noch nie so voll gesehen hatte.

Brief von Bürgermeister Fischer, Geislingen, an Thierer, Eybach, über den Einzug des ersten Garben-Wagens in Geislingen, am 23. Juli 1818, in: Unterhaltungsblatt für alle Stände, Stuttgart, Nr. 107, S. 426, vom 5. 9. 1818

8 *Scheibenschießen des Bayerischen Bürgermilitärs auf der Steingrube, dem heutigen Stadtpark, in Geislingen. Altkolorierter Kupferstich von J. Oberländer nach Jacob Früholz, 1809*

9 Einbringung des ersten Erntewagens in der Geislinger Hauptstraße nach zwei Teuerungsjahren am 23. Juli 1817. Aquarell von Jacob Früholz, 1817
10 Geislinger Spitaltor mit einem Teil des Spitals und dem Rest der Spitalkirche St. Leonhard an der heutigen Karlstraße. Aquarell von Jacob Früholz, 1810

Geislingen. Außer dieser Kirche ist noch die Spitalkirche, neben dem Spitale, diese ist St. Leonharden geweihet, dessen Bildnis innwendig über der Türe steht. Die Kirche hat keinen eigenen Pfarrer, sondern der Helfer an der Hauptkirche besorget den Gottesdienst. Sie ist 1615 erbauet worden. Die von Walliser und Roth darinnen befindlichen Verse lehren die Geschichte der Erbauung. Von Gemälden ist darinnen das jüngste Gericht und die Apostel. Der Spital, zu welcher diese Kirche gehöret, hatte vormals großen Reichtum und ist auch noch wohlhabend. Es gehören ihm beträchtliche Güter zu, Feldgüter, Hölzer, Zehenten und andere Gefälle. Darinnen werden arme Bürgerkinder gespeist und gekleidet, bis sie zu einem Handwerke kommen oder sonst in Dienste treten. Auch Waisen haben darinnen ihren Aufenthalt. Gegenwärtig werden bei 50 solcher Speislinge gezählt. Auch leben teils reiche, teils arme Pfründer in demselben. Er steht am Tore gegen Nordwesten.

Johann Herkules Haid, Ulm mit seinem Gebiete, Ulm 1786, S. 647

J. Truchelz fecit. — d. 15. Apr. 1810.

Dortl. Stiftungs-Gebäude mit Spital u. Turm u. Kirche!

Geislingen. Ja, dieser Garten mit seinen Apfel- und Birnbäumen, seiner Unmasse von Johannis- und Stachelbeeren, seinen Rosen und vielen Blumen sowie einem großen Rasenstück, war unsere Lust und unsere Freude. Damals stand noch in der vordern Ecke an der Straße ein schönes Gartenhaus, in welchem wir bei schlechtem Wetter spielten; es war ohnehin immer sehr unterhaltend, da der große daneben stehende Brunnen alle Mägde versammelte und die lebhafte Hauptstraße auch viele Leute uns vor die Augen brachte.

Erinnerungen von Dr. Adae, geb. 1814 in der Oberen Apotheke in Geislingen, in Familienbesitz Stuttgart

11 (links)
Hansengasse in Geislingen mit Blick auf die Stadtkirche.
Lavierte Federzeichnung von Karl Weysser, 1879
12 (oben)
Ehemalige Obere Apotheke in der Geislinger Hauptstraße mit Dekanat und Kohn'schem Haus.
Aquarell von Jacob Früholz, um 1810
13
Ehemalige Thurn- und Taxis'sche Post in der Langen Gasse in Geislingen von Westen mit der Rohrach im Vordergrund.
Federzeichnung von Georg Herbert, um 1860

14
Schubartstraße in Geislingen mit Blick auf das Alte Rathaus und den Alten Zoll.
Lavierte Federzeichnung von Karl Weysser, 1879

15
Lange Gasse in Geislingen mit Blick zur Stadtkirche.
Lavierte Federzeichnung von Karl Weysser, 1879

16 *Kapellmühle in Geislingen, links die sog. Klause, das heutige ev. Stadtpfarramt. Ölbild von Albert Kappis, um 1862*

Geislingen. Die industrielle Tätigkeit im Geislinger Tale hat in wenigen Jahren einen Aufschwung genommen, der die Segnungen der Schienenwege recht augenfällig macht. Gewerbliche, durch Wasser betriebene Etablissements finden sich dermalen im Geislinger Tale auf die 3¾stündige Entfernung von der Rohrachquelle bis zur Oberamtsgrenze unterhalb Süßen nicht weniger als 53; nämlich: eine mechanische Baumwollspinnerei von Staub und Söhnen in Altenstadt mit

17 Metallwarenfabrik von Straub und Schweizer (WMF) in Geislingen. Ölbild von Albert Kappis, 1862

17 000–18 000 Spindeln und 250–300 Arbeitern; eine demnächst vollständig in Gang kommende Baumwollweberei von Staub und Comp. in Kuchen, zu 450 Webstühlen berechnet, welche samt Schlicht- und Zettelmaschinen mindestens 300 Arbeiter erfordern; eine Plaquéfabrik mit Metalldrückerei, Gießerei und Walzwerk von Straub und Schweizer in Geislingen und eine Maschinenwerkstätte daselbst, zwei Wollspinnereien zu Kuchen und Groß-Süßen, ein Hammerwerk zu Geis-

18 Geislingen von Süden mit Rorgensteig, seinen Mühlen und Hammerwerken und dem Rötelbad. Lithographie von Fr. Biberstein, 1842

lingen, 3 Kunst-, 13 Mahl-, 4 Säg-, 9 Öl-, 13 Gips-, 2 Walk-, 1 Schleif- und 1 Lohmühle. Die 3 Kunstmühlen haben einen bedeutenden Absatz ins In- und Ausland und wirken auf den Verkehr der Geislinger Schranne so namhaft ein, daß sich die letztere unter den 69 vaterländischen Schrannenplätzen in Beziehung auf den jährlichen Umsatz auf die neunte Stufe emporgeschwungen hat und z. B. im abgelaufenen Jahre 33 511 Scheffel Früchte aller Art mit 433 679 fl. Erlös in Umsatz brachte. Die 13 Gipsmühlen setzen ihr Fabrikat bis nach Ober- und bayrisch Schwaben ab.

Die Eisenerzlager bei Kuchen zeigen sehr günstige Resultate. Die Probestollen sind bereits einige 100 Fuß tief in den Berg getrieben, der Flöz ist 4 Fuß mächtig und enthält 32 bis 34 p. Centner Eisen. Die Schürfversuche nach Bohnerz im Stubersheimer Revier stellen erfreuliche Ergebnisse dar, und so möchten in vielleicht nicht zu ferner Zeit die bestehenden Etablissements noch um ein Eisenwerk vermehrt werden.

Die Geislinger Steinbrüche mit ihren unerschöpflichen Tuffsteinlagern beschäftigten je nach der Jahreszeit täglich 50–60 Arbeiter. Die Steine finden um ihrer mit leichter Bearbeitung verbundenen Dauerhaftigkeit willen immer guten Absatz, und dies bis ins Bayrische hinein. Die Beinwarenfabrikation in Geislingen hat neuerdings durch die Verbindung mit Gravierarbeiten einen großen Aufschwung genommen. Mit Einschluß der Lehrlinge und Frauenzimmer werden dermalen gegen 150 Personen durch 28 Firmen beschäftigt, deren namhafteste Gebrüder Kauzmann, Fr. Schmitt, Kemmel und Comp. und Lenz sind.

Schwäbische Chronik, 27. 6. 1858, S. 1131, Von der Geislinger Alb 22. 6. 1858.

Geislingen. Sehenswert ist noch die neue hohe Geislingersteige, über welche die Straße nach Ulm führt, zumal wenn unsre Reisenden die Seeburger Bergstraße versäumt haben sollten. Auf dem Wege dahin treffen sie, unmittelbar vor dem Ulmertor, die Verfassungseiche, welche die patriotisch gesinnten Geislinger zum Andenken an den glücklich geschlossenen Verfassungsvertrag 1819 gepflanzt und mit einer schützenden Verzäunung umgeben haben. Weiter draußen ist das sogenannte Rötelbad, nur von Geislingern besucht, mit guter Bierwirtschaft, sehenswert um der schönen Fälle willen, die der Bach Rohrach bildet. Aus dem Waldgebirge links ragt ein unscheinbarer Fels, der Geiselstein hervor, an den sich eine Volkssage knüpft.

Gustav Schwab, Die Neckarseite der Schwäbischen Alb, Stuttgart 1823, Nachdruck Tübingen 1960, S. 190

19
Südliche Vorhalle an der Geislinger Stadtkirche mit Schubartschulhaus. Aquarell von G. G. Lechner, 1859
20
Das Rötelbad in Rorgensteig bei Geislingen mit dem Wasserfall der Rohrach. Aquarell von Leonhard Allgöwer, 1820
21
Geburtshaus von Jacob Früholz, daneben die spätere Lateinschule in der heutigen Schillerstraße. Am rechten Bildrand das »Steinhaus«, Aquarell von Jacob Früholz, um 1802

22 *Die Schimmelmühle an der Geislinger Steige. Aquarell von Jacob Früholz, 1818*
Rechte Seite
23 *Die Obere Steigmühle an der Geislinger Steige. Aquarell von Johann Sigmund Köhler, 1821*
24 *Die Geislinger Steige bei der Oberen Steigmühle. Federzeichnung von Louis Kolb, 1828*

Geislinger Steige. Ich kam an die Geislinger Steige, und hatte von den nahen Gebirgen zu beiden Seiten vollen Schutz. Zur Linken durchrauschte der Wind die Gesträuche und Bäume, zur Rechten steht eine Felsenmauer, auf deren Haupte hohe Eichen emporsteigen. An der steinigen Wand herunter schlinget sich manche Wurzel und flicht sich in die Steinritzen, um Nahrung darin zu suchen. Beim Antritt der Steig macht die plötzliche Veränderung des Tales schon einen überraschenden Eindruck. Das vorher ziemlich breite Tal schließt sich in einen kaum dreirutigen Raum ein. Das Absehen in die immer absteigende Tiefe, das nahe Dunkel der hohen Waldungen und die schwarze Felsenmauer, die schichtenweis sich gerade auftürmt, nur manchmal einen hervorragenden Felsen zeigt, gibt einen majestätischen Anblick. Mühselig gebückt steigt der Wanderer diese Steig herauf, und vorsichtig am Stabe geht er hinab, bis sich das Tal erweitert, und ein kleiner Bach aus dem Fuße des links liegenden Gebirges die Wiesen wässert. Mitten im Tale erheben sich die Türme des Städtchens Geislingen. Rechts zeigen sich scheinbare Felsenstücke hoch auf dem Berge, Überbleibsel des uralten und nun zerstörten Schlosses Helfenstein. Links stehen über den Bergwaldungen andere Felsen, auf denen das alte Schloß Geiselstein ruhte. Menschenwerke, welche die mühsamste Kunst aus eben den harten Felsenstücken baute, die das Gebirg hat, sind dahin. Aber Gottes Naturberge stehen, schon von tausend Donnerwettern durchbebt, unerschüttert fest. Man bemerkt in der Bewunderung dieser großen Szenen die einzelnen Menschenwohnungen an der Seite des Tales kaum, ob es schon Korn- und Papiermühlen sind, die sonst der Aufmerksamkeit nicht entgingen. Nach dreiviertel Stunden vom Antritt der Steige kommt man in das nahrhafte Städtchen Geislingen, unter Helfenstein.

Johann Herkules Haid, Eine Reise über die schwäbische Vorderalp, vom 1. 7. 1780, in: Deutsches Museum, 1781, Teil II, S. 455/456

Geislinger Steige. Auf dem schon hochgelegenen Bahnhofe Geislingens wird ein Halt von fünf Minuten gemacht, um neben oder an der Stelle der leichtern Lokomotive, die uns bis hieher gebracht hat, die schwerere Alblokomotive vorzuspannen, welche den Bahnzug den eine Steigung von 1:45 darbietenden Albübergang hinaufzuschleppen hat... Mit gewaltigem Schnauben und Brausen führt uns die schwere Alblokomotive aus dem Geislinger Bahnhofe. Schon haben wir das Städtchen Geislingen unter uns und langsam steigt die Bahn zum Teil in kühnen Kurven an der steilen Bergwand aufwärts. Nicht ohne gewisses Mißbehagen schaut der Reisende in das enge Wiesental hinunter, das immer tiefer und tiefer unter seinen Blicken hinabzusinken scheint. Tief unten im Grunde rauscht der Bach an den zahlreichen Mühlen vorüber, auf welche wir hoch herabschauen. Die oft kühn auf den Rand des Bahnkörpers hingestellten Wärterhäuschen erfreuen uns durch ihren romantischen Anblick und düster winken aus den grünen Waldungen der gegenüberliegenden Talwand die grauen Felsenhäupter herüber, in welche eine rege Einbildungskraft allerlei phantastische Gestalten hineinzulegen vermag. Eines dieser Felsenhäupter bezeichnet die Volkssage als das versteinerte Haupt der alten Grafen von Geiselstein.

Endlich hat der Zug die Höhe der Alb und die Station Amstetten erreicht, welche zu dem hinter einem Hügel rechts verborgenen Dorfe gleichen Namens gehört; die schwere Alblokomotive wird wieder abgespannt, auf der Drehscheibe umgekehrt und eilt nun, ohne Dampf anzuwenden, die Bahn wieder hinab zum Geislinger Bahnhof, um dem nächsten Zug den gleichen Dienst, wie uns, zu leisten.

G. Kuttler, Die Schwäbische Eisenbahn, Heilbronn 1859, S. 68, 71, 73

Linke Seite
25 *Die noch eingleisige Bahnstrecke der Geislinger Steige bei der Ziegelhütte. Aquarell von Caspar Obach, 1851*
26 *Ausschnitt aus einer Stadtansicht von Osten über den Bahnhof filstalabwärts. Farblithographie, 1872*
27 *Blick von der Ziegelhütte die Geislinger Steige abwärts. Bleistiftzeichnung von Johannes Woelffle, um 1862*

Ödenturm. Den Ödenturm aber, das Vorwerk des Schlosses Helfenstein, ließen sie stehen, als eine Warte, damit der Türmer oben vor jedem herannahenden Feinde sein Warnungszeichen erschallen lassen, sowie von jeder Feuersbrunst auf vielen Meilen weit und breit den Geislingern Nachricht geben könne. Der Turm ist mächtig hoch und man übersieht von ihm aus nicht bloß das Tal bis tief hinab an den Neckar, sondern auch über die Albkette sieht man hinweg bis weithin über den Aalbuch (Albuch) ins Bayrische hinein. Seine Bauart ist eine merkwürdige, denn von unten an bis auf eine Höhe von 40 Fuß viereckig gestaltet, wird er nach und nach durch Abschrägung rund und endigt in einer Wohnung für den Wärter, der bisher hier oben residierte und mit einer kleinen Kartaune (einem sogenannten Doppelhaken) und einem Sprachrohre versehen war, um Lärm machen zu können. Die Steine, aus denen der Turm gebaut ist, sind mächtige Tuffsteinquader, welche sich der Luft ausgesetzt, mit jedem Jahre mehr verhärten und nun so sehr gleichsam in einander verwachsen sind, daß man die alte Veste mit Pulver in die Luft sprengen müßte, wollte man sie vernichten, denn von »Abbrechen« kann keine Rede mehr sein.

Schertelshöhle und Reissenstein mit Bad Dizenbach und ihren Umgebungen, von einem Touristen, Wiesensteig 1863, S. 8

28 *Der Ödenturm mit der alten Weiler Steige im Vordergrund. Farblithographie, um 1850*
29 *Blick über Weiler o. H. und den Ödenturm filstalabwärts. Federzeichnung von Louis Kolb, 1828*
Rechte Seite
30 *Blick auf Geislingen von Norden mit dem Bahnhof und den ersten Häusern von Altenstadt im Vordergrund. Sepiazeichnung von Johannes Woelffle, um 1865*

Weiler. Die Anzahl der Ortsangehörigen war am 1. November 1827 145, lauter Evangelische. Der Pfarrort ist klein und bergig, hat 25 Wohnhäuser, 12 Ökonomiegebäude, liegt gerade ob Geislingen, von welchem man auf einer sehr beschwerlichen Steige in den Ort kommt, nicht weit von dem Platze, wo ehemals die Burg Helfenstein stand. Die Gegend ist eben. Der Ort hat kein Quell- sondern nur Zisternenwasser. In besonders kaltem Winter und sehr heißem Sommer entstehet Wassermangel, wo das Wasser in Geislingen geholt werden muß. Der Ort ist sehr gesund, wegen der reinen Luft, fruchtbar besonders an Flachs, Haber, Roggen, Gerste, Klee, Rüben und Erdbirnen.

Pfarrbeschreibung Weiler, 1828, S. 4. Ev. Dekanatsarchiv Geislingen

Altenstadt. Altenstadt, eine halbe Stunde von Geislingen an der Landstraße, links an der Fils, ist ein Pfarrdorf von 686 Seelen, die sich auf ihrer kleinen Markung mit vielem Fleiß nähren. Der Futterbau und Wieswachs sind so ergiebig, daß sie hinreichen, das Rindvieh im Stall zu erhalten; auch andere Feldfrüchte gedeihen hier sehr wohl. Gärten und Wiesen sind häufig mit Obstbäumen, vorzüglich vom Steinobst, besetzt, und gewähren in manchen Jahren einen beträchtlichen Ertrag. Die Bienenzucht wird nur im Kleinen getrieben. Handwerker sind Weber, Schmiede, Wagner, Schneider, Bäcker, Maurer, Zimmerleute, Spindeldreher usw. – Die Tauchsteine werden hier zum Bauen mit leichter Mühe gebrochen und viele hundert Wägen derselben auswärts verkauft. Neben den Wirtshäusern zum Adler und noch andern vieren befindet sich hier auch ein Weinhändler.

In der Fils fischt man Forellen, Aschen und Weißfische. Die Eyb vereinigt sich unterhalb des Dorfes mit ihr. Sie treibt, ehe sie an dem Dorfe vorbeifließt, auf einem Seitenwege nach Eybach die Altenstädter Mühle, die auch mit einer Gipsmühle verbunden ist und dann die eigentliche Altenstadter Gipsmühle mit einer Ölmühle. Die Gipssteine werden aus dem Unterlande herbeigeführt.

Joseph Alois Rink, Beschreibung des Königl. Württembergischen Oberamts Geislingen an der Steige, Ulm 1823, S. 35/36

Altenstadt. Auch ein Nonnenklösterlein von etwa sechs Minoritinnen stand hier, das 1532 aufgehoben und ihre Wohnung dem jeweiligen Pfarrer eingeräumt wurde. Sie liegt auf einer Anhöhe jenseits der Fils, abgesondert vom Dorfe und gewährt eine sehr angenehme Aussicht über das Dorf und einen großen Teil des Filstales.

Joseph Alois Rink, Beschreibung des Königl. Württembergischen Oberamts Geislingen an der Steige, Ulm 1823, S. 37

Linke Seite

31 *Ortseingang von Altenstadt mit der ev. Martinskirche. Lavierte Bleistiftzeichnung von Pieter Francis Peters, um 1860*

32 *Blick zum Forsthaus auf dem Lindenhof in Altenstadt. Lavierte Bleistiftzeichnung von Pieter Francis Peters, um 1860*

Folgende Seiten

33 *Die Kirche und das Pfarrhaus in Stötten, im Vordergrund strohgedeckte Häuser. Aquarell von A. W., um 1850*

34 *Das Schloß Hoheneybach auf dem Himmelsfelsen, Ausschnitt aus einer Supraporte im Schloß Eybach. Ölbild von Adolf Friedrich Harper, um 1770*

Stötten. Die Anzahl der Ortsangehörigen war am 1. November 1827 179. Der Pfarrort Stötten ist sehr klein, er hat nur 31 Wohnhäuser und 32 Ökonomiegebäude. Die Gegend, in der Stötten liegt, ist gegen Osten, Süden und Westen ziemlich eben; gegen Norden aber bergig. Quellwasser fehlt gänzlich und Zisternenwasser muß dieses ersetzen. In besonders kalten Wintern oder besonders heißen Sommern entstehet Wassermangel, wo das nötige Wasser aus dem Filstale heraufgeführt werden muß.

Die Gegend ist gesund, besonders wegen der reinen Bergluft und auch fruchtbar, besonders an Dinkel, Gerste und Haber. Klee, Esper, Hanf und Flachs werden mit gutem Erfolge gebaut. Auch die Obstbaumzucht gedeihet...

Pfarrbeschreibung Stötten, 1828, S. 3. Ev. Dekanatsarchiv Geislingen

Das Schloß Eybach bey Geislingen

35 *Eybach mit dem Schloß der Grafen von Degenfeld. Bleistiftzeichnung von Johann Michael Frey, um 1800*

Eybach. Näher zeigen sich diese Berge, wenn man, noch eine Stunde von Geislingen, hinter Altenstadt, von der Chaussee abgeht, und den Weg nach Eybach, einem der vormals freiherrlichen jetzt gräflichen Familie von Degenfeld seit Jahrhunderten zugehörendem reichsritterschaftlichen Dorfe, und dem Sommeraufenthalt des gegenwärtigen Grafen, einschlägt.
Hier bleibt die dem Wanderer bis hieher mit Gesang begleitende Lerche zurück: teils weil die Fruchtfelder seltener zu werden anfangen, teils weil sie sich in dem enger werdenden Tale vor dem in Felsen nistenden Raubvogel scheuet. Auf einem von Natur festen Boden tritt man jetzt gleichsam auf eine ländliche Schaubühne, deren Kulissen die vorgedachten Berge sind. Dieser Ausdruck ist nicht zu gesucht. Ein mit immer frischem Grün prangendes Wiesental hat diese Berge zu schrägen Seitenwänden so daß, wo sie auf der einen Seite eine Bucht bilden, auf der anderen ein Vorgebirge hervorspringt und man zu gewissen Zeiten des Jahres die Sonne an dem nämlichen Abend mehrmals kann untergehen sehen, je nachdem man im Fortschreiten einen neuen Einschnitt des Berges neben sich bekommt...
Das Schloß, zu welchem im Jahre 1766 der Grundstein gelegt worden, hat seine Fassade gegen den Garten und diese eine Länge von 120 Schuhen. An der Seite des Baches zieht sich ein längerer Flügel, von gleicher Höhe mit dem Hauptgebäude, rückwärts und hier ist das Tor zur Einfahrt in den gedoppelten Schloßhof angebracht, deren zweiter sich mit den Stallungen, Wagenhäusern und dergl. schließt.
Das Ganze ist durchaus massiv, von den gehauenen Steinen gebaut, und nimmt sich gut aus. Nur bedauert man, daß der Flügelbau zu sichtbar gegen den ersten Plan verlängert und dadurch die Symmetrie gestört wurde. Auch hätte der Baumeister unstreitig mit den nämlichen Unkosten mehr Verzierungen anbringen können.
Das Innere ist wohl, und mit ausnehmender Ökonomie des Raums, geordnet, auch sind die Zimmer des Erdgeschosses und der Haupt-Etage mit Geschmack möbliert. Ersteres steht, um Feuchtigkeit zu verhüten, ganz auf Gewölben, welche zur Hälfte beinahe über den Boden erhoben sind und nebst dem gewöhnlichen ökonomischen Gebrauch, im Winter zu einem so schön geordneten und geräumigen Gemüsgarten dienen, daß man sich dessen zum Spaziergange bedienen möchte.
Das dritte Stockwerk besteht aus Mansarden, welche zwar viel Gelaß zur Wohnung, aber mit allen Unbequemlichkeiten dieser französischen Erfindungen verknüpft, darbieten.
Aus dem untern Saal der Fassade des Schlosses, tritt man durch drei Flügeltüren auf eine 140 Schuh lange, mit einer steinernen Balustrade umgebene Terrasse. Dieses Geländer wird im Sommer mit Blumenscherben geziert, und von dieser in der Mitte geöffneten Terrasse steigt man auf einigen breiten Stufen in den Garten herab.
Dieser hat hier, wo er gerade vor dem Schlosse liegt, eine Länge von ungefähr 500 und eine Breite von 200 Schuhen. Ein anderer Teil des Gartens geht unten zwischen der Landstraße und dem Berg hin, wird jährlich vergrößert, kann aber, wegen des sich wendenden Tales, von dem Schloß aus nicht gesehen werden. Er ist in Holländischem Geschmack angelegt, und man muß dem Gärtner zum Ruhm nachsagen, daß er die irreguläre Figur des Platzes fein zu verstecken wußte. Auch gereicht es dem Geschmacke des Eigentümers zum Ruhm, daß er, ungeachtet er England selbst gesehen, keine sogenannte englische Anlage haben wollte. Da, wo man nur aus der Gartentüre gehen darf, um alles in der Natur zu haben, was der Engländer durch Kunst zu gewinnen sucht, ist ein regelmäßiger Garten grad an seinem rechten Platze.

Schilderung eines Reisenden von dem Schloß und Dorf Eybach, bey Geißlingen in Schwaben, 1788. Vermutlich verfaßt von dem seit 1788 in Eybach amtierenden evangelischen Pfarrer Johann Wolfgang Friedrich Boennecken, in: Journal von und für Deutschland, 1791, Stück 6, S. 494–496

Eybach. Dieses besteht, außer der Straße, aus hin und her an dem Fuß der Berge zerstreuten Häusern, deren Anzahl zusammengenommen ungefähr 60 sein mögen. Da sie mit roten Ziegeln gedeckt sind und die Einwohner die Gewohnheit haben, jährlich auf ihr Kirchweihfest ihre Häuser von innen und außen selbst frisch zu übertünchen, so gibt eine solche Reinlichkeit diesen, aus einem Walde von Zwetschgenbäumen, welche von den hiesigen Einwohnern häufig in ihren Gärten gepflanzt werden, herausblickenden Wohnungen, einen nicht nur dem Auge, sondern, wegen der dadurch erweckten Idee von Wohlstand, auch dem Herzen höchst lieblichen Anblick.
Die Einwohnerschaft kann also gegen 600 Seelen gerechnet werden. Ihre Gestalt gehört nicht unter die schönsten der schwäbischen Bauern, welches sie aber durch angeborene Freundlichkeit ersetzen: und ihr in einem singenden Ton gewünschter guter Abend, mit einem Knix verbunden, oder ein trauliches: »Gottgrüß Ihr« oder ein angebotener Handschlag ihrer gesunden Kinder war mir herzrührender, als die gezwungene kalte Höflichkeit der Stadtleute. Zwar erzählte man mir

36 Eybach mit dem Schloß der Grafen von Degenfeld, Ausschnitt. Ölbild von Johann Michael Frey, um 1800

von einigen tragischen Auftritten die sich hier in den Schenken ereignet haben sollten. Allein eben dieses scheint mir mehr zu beweisen, daß sie selten Schlägereien unter sich haben: sonst würden Sie ihre Streiche besser zu mäßigen wissen. Schon die ununterbrochene Verträglichkeit der in zwei beinahe gleiche Teile von Häusern und Gütern geteilten Genossen von zweierlei Religionen, der Katholiken und Lutheraner, welche ihren Gottesdienst in der nämlichen Kirche verrichten, zeugt von ihrem guten Charakter, und macht ihren beiden Geistlichen sowohl, als ihrer der reformierten Religion zugetanen Herrschaft Ehre. Ihre Kleidung, wobei schwarz, rot und grün die Leibfarben sind, ist eine Mischung zwischen der ehemaligen Ulmischen Nationaltracht und der Kleidungsart der württembergischen Bauern und, im Ganzen genommen, so wenig vorteilhaft, als ihre Bildung. Aber ich habe sie wenigstens reinlich und wohlanständig gefunden. Selbst die Bettler dieser Gegend würden sich schämen, durch ein zerrissenes oder mit Lappen von verschiedenen Zeugen und farben ausgebessertes Mitleiden erregen zu wollen; eine ekelhafte Nachlässigkeit, die man anderswo, insbesondere in den rheinischen Provinzen Deutschlands, selbst an wohlhabenden Leuten bemerkt.
Ihre Nahrungsquelle kann, wegen des engen Tals, und der Bergart, diejenige nicht sein, welche in andern Gegenden dem Bewohner des Landes von der Natur geschenkt ist. Ihr Ackerbau ist unbedeutend und ich zweifele beinahe, ob sie von eigenen Gütern so viel Früchten erzielen, als sie zu ihrem Unterhalte, fruchtbare und unfruchtbare Jahre zusammengerechnet, von einer Ernte zur andern nötig haben. Gegen diesen Mangel kommt ihnen die Fruchtbarkeit ihrer Wiesen und einige Viehzucht zu Hilfe. Auch die Zwetschgenbäume tragen hiezu das ihrige bei. Da sie also die Land-Ökonomie nur eine kurze Zeit beschäftigt, so legen sie sich auf verschiedene Handwerker, worunter die Drechslerei vorzüglich genannt zu werden verdient. Manche von den bekannten Geislinger Beinwaren werden hier verfertigt. Hauptsächlich aber arbeiten sie in Holz und einige besuchen mit ihren Tabakspfeifen die Frankfurter Messen. Die meisten finden für diese Kunstprodukte, wozu ihnen die in den sie umgebenden Buchen- und Birkenwäldern wachsenden Maasholder und die Ahorn, Eiben, wilden Kirschbäume und dergleichen schönes Holz liefern, ihre Abnehmer an benachbarten Handelsleuten und einige dieser Drechsler verdienen, wegen ihrer Geschicklichkeit, zierliche Figuren, ja selbst Wappen mit der heraldischen Schraffierung, auf die Pfeifenköpfe zu schneiden, ländliche Künstler genannt zu werden. Armen Kindern und Weibsleuten bietet die Menge von Apothekerkräutern oder die schmackhafte Erdbeere, die man beinahe den ganzen Sommer hindurch in diesen Bergen findet, eine Gelegenheit an, sich durch ihr Einsammeln einen kleinen Verdienst, ohne Auslage, zu machen. Ein botanischer Freund gab mir ein Verzeichnis der Gerüche von sich hauchenden Pflanzen, welche ich hier in der Anmerkung beifüge. Kurz, wenn Eybachs Einwohner keine reiche Bauern unter sich zählen, so sind sie doch ein zufriedenes Völkchen und ihr Wohlstand übertrifft bei weitem den von manchen Dörfern ähnlicher Lagen.

Schilderung eines Reisenden von dem Schloß und Dorf Eybach, bei Geißlingen in Schwaben, 1788. Vermutlich verfaßt von dem seit 1788 in Eybach amtierenden evangelischen Pfarrer Johann Wolfgang Friedrich Boennecken in: Journal von und für Deutschland, 1791, Stück 6, S. 498–500

Eybach. Die christliche Liebe ist ein Genie. Dies Wort ist mir beigefallen, als ich die lithographische Ansicht von Eybach bekam. So freundlich und romantisch unser von Fremden im Sommer häufig besuchtes Tal ist, so beschränkt ist seine größtenteils aus Wald, Felsen und Wiesen bestehende Markung, welche um so weniger zur Ernährung der Ortseinwohner hinreicht, als der weitaus größte Teil der Markung an Wald und Wiesen der gräflich Degenfeldischen Herrschaft oder Bauern der benachbarten Alborte gehört, und wenn auch meine Eybacher mit wenigen Ausnahmen ein regsames und fleißiges Völkchen sind, so fällt doch namentlich bei so harter Zeit auch den fleißigsten Familienvätern, die ohne Grundbesitz eben nur auf ihrer Hände Erwerb angewiesen sind, sehr schwer, nur das tägliche Brot zu verdienen; der Alten, Schwachen und Kranken, Witwen und sonstigen Verlassenen gar nicht zu gedenken, für welche die ganz vermögenslose Gemeinde nicht viel tun kann, deren Mittel durch andere gleich nötige Ausgaben schon fast über ihre Kräfte in Anspruch genommen sind. – Dies ging unserm warmen Armenfreund zu Herzen, und so kam das Genie der Liebe auf den Gedanken, teils zum Besten der Armen, teils auch durch freundliche Erinnerung an die Menschenfreunde, welche den Eybachern schon ihre gütige Teilnahme zugewendet haben, eine lithographische Ansicht von Eybach fertigen zu lassen. Es gewährt einen freundlichen Blick und kann wohl auch für Albums gebraucht werden. Wir wünschen demselben eine weite Verbreitung und können diejenigen, welche es sich von dem evangelischen Pfarramt in Eybach verschaffen wollen, versichern, daß sie mit 24 Kreuzern einen sehr guten Zweck unterstützen und für sich eine liebliche Erinnerung gewinnen.

Anzeige des evangelischen Pfarramtsverwesers Kuttler, Eybach, von 1855, in: Rathmann, Eine Lithographie von Eybach vom Jahre 1855, Geschichtliche Mitteilungen von Geislingen und Umgebung, Heft 15, Geislingen 1957, S. 156/157

37 *Blick auf Eybach, im Vordergrund die Schloßgärtnerei. Altkolorierte Lithographie von Adam Gatternicht, 1855*

Eybacher Schießhaus. Dem Schlosse schief gegenüber und von demselben durch die nach Heidenheim führende Straße und den Bach getrennt, liegt neben dem Gasthaus zum Adler das Eybacher Schießhaus, ein im Sommer von Nah und Fern viel besuchter Vergnügungsort, wo unter den grünen Linden des Schießplatzes das in dem nahen gräflichen Bräuhaus gebraute köstliche und weitbekannte Bier trefflich mundet; gute Forellen dazu liefert die Eyb. Das Schießhaus selbst enthält neben Ridinger'schen Jagdstücken eine schöne Sammlung ausgestopfter Vögel und Siegestrophäen der Degenfelder Grafen als ausgezeichneten Schützen, bestehend in Bildern, Urkunden, besonders aber schönen Geweihen von Rehen, Hirschen und Steinböcken.

Hermann Frölich, Die Schwäbische Alb, Stuttgart 1872, S. 57/58

Linke Seite
38 *Das Schießhaus der Schützengesellschaft in Eybach. Lithographie von F. Fleischhauer, 1843*
39 *Die untere Roggenmühle mit Gabel- und Albanusfelsen (rechts) im Roggental bei Eybach. Ölbild von Felix Bockhorni, um 1826*

Roggental. Die Eyb, ein kleines Wässerchen, das hinten im Tale bei Treffelhausen entspringt, schleicht langsam in einem engen Graben daher, und treibt einige Mühlen. Das Tal ist sehr schmal, ein schöner Tobel, längshin von gesunden Wiesen grün, die von der Eyb Wässerung bekommen. Zu beiden Seiten sind hohe Waldungen, voll gesunder großer Eichen und Buchen, unter denen sich hier und da mitten im Walde alte graue Felsen hoch erheben, und durch ihren Hang einen schrecklichen Fall drohen. Furchtbar schön ist diese Gegend; schauervolles, schwarzes Dunkel, vom Schatten der Felsen und der benachbarten Berge erhöht, deckt die Mitte des Gebirges. Auf den obersten Bäumen spielten die Sonnenstrahlen und brachen sich oft an den Felsentürmen. Und unten am Fuße des Berges liegen die schmalen aber bunten Wiesen. Wenn der Mensch aus dieser Tiefe die Bergwaldungen und Felsen hinauf ansieht, wie verächtlich klein ist er gegen diese Naturriesen!
An der hintern Mühle, bei welcher man aus dem Bergwalde herabkommt, gehen 2 Wege, den Berg hinauf durch dicke Wälder nach Steinenkirch, der eine hinten bei dem alten Schlosse Ravenstein, der andre gleich bei der Mühle vorwärts. Den letzten wählt' ich, weil er gangbarer ist, und einem eher jemand begegnet, der vor Irrgehen bewahrt.

Johann Herkules Haid, Eine Reise über die schwäbische Vorderalp, vom 1. 7. 1780, in: Deutsches Museum, 1781, Teil II, S. 535

Roggental. Von Eybach eine halbe Stunde entfernt im Tale aufwärts liegen die untere und eine weitere Viertelstunde entfernt die obere Roggenmühle mit sehenswerten Felspartien. Die untere Mühle liegt zwischen dem Albans- und dem Lochfelsen. Links erhebt sich der Albansfelsen, wie eine kleine Burg gestaltet, mit Pfeilern und Spitzen geziert, zwischen welchen junges Buchengebüsch malerisch die Räume ausfüllt. Auf der rechten Seite des sich verzweigenden und verengenden Tales zeigt sich der Lochfelsen, eine hohe Felsenwand mit einer Öffnung in der Höhe, durch welche man wie durch ein Fenster herabblicken kann und welche gegen die Abendzeit um so dunkler erscheint, je greller die äußere Felswand beleuchtet ist. Man kommt an dem Magentälchen vorüber, welches rechts seine Schlucht öffnet, tief mit Geröll und Schutt überdeckt und daher schwer zugänglich ist. In demselben erhebt sich mächtig der Roggenfelsen, von dem das obere Eybacher Tal auch den Namen Roggental hat, wonach die Mühlen benannt sind. Zwischen beiden Tälern, dem Roggen- und Magentälchen, starrt der Gabelfelsen hervor, der zwei Gabeln in die Höhe streckt. Er heißt noch jetzt beim Volke der »dreizinket«, weil er früher drei Zinken hatte. Ein Gewitter soll ihn um eine dieser Zinken gebracht haben. Nicht weit oberhalb der oberen Roggenmühle, etwa eine Viertelstunde entfernt, ist links am Fuße des Nägelesfelsen das Mordloch, eine Quelle in einem Bassin mit kristallhellem Bach, welcher die Eyb verstärkt. Dasselbe ist sehr tief und man hört im Innern des Felsen Wasserfälle rauschen. Man weiß übrigens nichts von einem Morde, der dort vorgefallen wäre. Der Name ist also wohl in dem unschuldigen volkstümlichen Sinn des Wortes zu nehmen, wo mordmäßig und ungeheuer so viel als groß ist.

Friedrich Vogt, Die Schwäbische Alp, Stuttgart 1854, S. 130/131

Schloßruine Ravenstein. Eine Viertelstunde von Steinenkirch kommt man nach Ravenstein, den Trümmern eines ehemaligen berühmten Schlosses, das an der äußersten Spitze des steilsten Felsens erbaut war und den schaudervollsten Anblick ins Roggental gewährt. Stelle Dir vor, einer unserer Geislinger Berge steige in gerader Linie empor, sei an der Seite mit wenigem und oben mit gar keinem Holze bewachsen, ganz steil, kahl, und endige sich in zwei der schönsten kegelförmigen Spitzen, die sich in mehreren kleinern und größern Felsen und Spitzen verlieren, und zwischen welchen drei Gebäude und ein Turm angebracht sind, so hast du von diesem Schlosse einigen Begriff. Man findet noch Mauren, 40 Fuß in die Länge, 6–8 Fuß in die Dicke und 25 Fuß in die Höhe, die einen rechten Winkel ausmachen und das Hauptschloß gebildet haben mögen. In diesem sieht man noch die Schußlöcher und fünf Fensteröffnungen. Neben diesem stand zwischen den oben beschriebenen Felsenspitzen ein anderes, dessen Gemäuer aber ganz ausgebrochen ist. Hier und im vorigen findet man einen Keller, in den man noch steigen kann; in dem Keller des Hauptgebäudes hat man den schaudervollsten Anblick ins Tal. Gegen Norden stund ein drittes Gebäude, an dessen äußerster Seite ein Turm war. Mitten im Hof sieht man noch den Brunnen, der ein, vielleicht vom Regen gesammeltes Wasser in sich faßte; geräumig ist der Hof nicht. Der Eingang wurde von der einen Seite durch die Natur, von der andern aber durch zwei tiefe Laufgräben gehemmt, die noch zu sehen sind.

Michael Dietrich, nach einer Albwanderung aus Ulm in einem Brief an seinen Bruder vom 21. 9. 1789. StA Ulm, Handschriften, Nachlaß Michael Dietrich, II. Briefbuch

40 Schloß Ravenstein im Roggental bei Steinenkirch vor dem Abbruch. Kupferstich nach Antoine du Chaffat, um 1740

41 *Die Ravensteiner Felsen im Roggental bei Steinenkirch. Ölbild von Felix Bockhorni, um 1826*

Treffelhausen. Geislingen, 15. Juli. Über das etwa 650 Einwohner zählende Pfarrdorf Treffelhausen ist ein schauerliches Brandunglück hereingebrochen. Gestern Abend nach der Gebetglocke kam ein Feuerreiter in der Oberamtsstadt an und brachte die traurige Nachricht, daß es in Treffelhausen und zwar, wie sich der Feuerbote ausdrückte, das ganze Dorf brenne! und in der Tat muß die Feuersbrunst eine schreckliche sein, denn heute früh gleich nach 4 Uhr mußte eine zweite Löschmannschaft aufgeboten werden und auf die Stätte des Unglücks eilen; es brannte die ganze Nacht hindurch. Bei der herrschenden großen Dürre, dem Wassermangel und zum Teil noch vorhandenen Strohdächern fand das verheerende Element reichliche Nahrung und verbreitete sich mit Blitzesschnelle. Während die Einwohner mit Löschen im oberen Dorf beschäftigt waren, brannte schon ihr eigenes Haus im untern Dorf. Diejenigen, welche so glücklich waren, von ihrem beweglichen Eigentum noch etwas zu retten, flüchteten es in die Kirche, aber auch diese blieb nicht verschont und stand in einem Augenblicke in lichterlohen Flammen und die schmelzenden Glocken auf dem Kirchenturme rieselten wie Regentropfen herab. Trotz der von allen Seiten herbeieilenden Hilfe war man nicht im Stande, bis heute früh dem Feuer Einhalt zu tun, so daß bereits das ganze Dorf samt der Kirche bis auf wenige Gebäude in einen Aschenhaufen verwandelt wurde. Jammervoll soll es anzusehen sein, wie sich die unglücklichen Leute außerhalb des Ortes, größtenteils ihrer Habe und Obdachs beraubt, lagern und ihr Unglück bejammern und beklagen. Leider soll auch ein Mann so schwer verletzt sein, daß an seinem Aufkommen zu zweifeln ist und mehrere Stücke Rindvieh und Geflügel den Tod in den Flammen gefunden haben.

Alp- und Filsthalbote. Amts- und Intelligenzblatt für die Oberamtsstadt und den Bezirk Geislingen, S. 231, vom 16. 7. 1859

42 *Ansicht des am 14. Juli 1859 größtenteils abgebrannten Dorfes Treffelhausen. Farblithographie, vermutlich von Johannes Evangelist Ling*

Eybquelle. Das Roggental und in der Folge das Eybacher Tal wird von der Eyb durchströmt. Sie entspringt gerade unter dem Pfarrhaus zu Treffelhausen aus einem großen Felsen, geht von da das enge Roggental hinunter, wo sie zwei Mühlen treibt, kommt nach Eybach und vereiniget sich unter Altenstadt mit der Fils. Sie hat ebenfalls schöne Forellen und ist ein kleiner Bach, der aber wegen der vielen von den Bergen herunter laufenden Wasser zur Regenzeit, sehr reißend und zerstörend wird.

Joseph Alois Rink, Beschreibung des Königl. Württembergischen Oberamts Geislingen an der Steige, Ulm 1823, S. 7f.

Rötenbach und Kolmanskapelle. Der Weg führte uns über Böhmenkirch, einen Flecken des Barons Rechberg, auf das rauhe Ried nach Rötenbach, dem letzten Ulmischen Orte gegen Mitternacht. Das Ried ist freilich etwas sumpfig und öde; doch sieht man nach und nach solches zu verbessern und in Acker zu verwandeln. Die Erde ist etwas zäh und an vielen Plätzen mit Torf vermengt. Ehe man nach Rötenbach kommt, geht man durch den Ulmischen großen Forst, den Kolmanswald genannt, der dicht mit Eichen, Buchen, Ahorn und Birken bewachsen ist, und vor ein paar Jahren gemessen wurde, da er 737 Jauchert betrug. Eine Menge Holz geht da zu Grunde, weil keine armen Leute da sind, die, wie in unserer Gegend, sammeln. Statt daß man Holz nach Ulm führt, werden jährlich 250–300 Klaftern zu Kohl (Holzkohle) verbrannt und dann nach Ulm gebracht. Holz zu führen, wäre der Weg zu weit. Da alle Arten von Holz in unserm glücklichen Vaterlande in Menge vorhanden sind, das Nadelholz allein ausgenommen, so hat der jetzige Oberforstamtsverweser als Forstmeister zu Rötenbach schon vor sieben Jahren den Versuch gemacht, unbeholzte Plätze im Walde mit Tannen und Farren, auch Lerchenbäumen zu besäen, so wie er es vor seinem Garten mit drei Jaucherten versuchte, und war damit so glücklich, daß diese Holzarten hier vortrefflich gedeihen und man jetzt Bäume von 8–12 Fuß findet. Eine Viertelstunde von Rötenbach im Walde kommt man zu einer Einsiedelei, die ein junger Tagedieb von 26 Jahren benutzt. Er bewohnt ein artiges Häuschen von zwei Stockwerken; in jeder Stube hat er einen Ofen. Gewöhnlich hält er sich in der untern auf, da die obere am Pfingstmontag zum Aufenthalte des Ulmischen Beamten von Stubersheim und des Forstmeisters zu Rötenbach bestimmt ist, welche bei jeder Prozession als Executars der hohen Jurisdiktion zugegen sein müssen. Gleich dabei ist eine kleine Kirche und um dieselbe herum ein großer Platz, auf welchem jährlich um diese Zeit Markt gehalten wird. Der junge Kerl, Bruder Paul, ist aus Koblenz gebürtig, wo sein Vater Fechtmeister und Leutnant ist, und wo er bis in

43
Die Eybquelle bei Treffelhausen, im Hintergrund das kath. Pfarrhaus. Aquarell von Johann Sebald Baumeister, um 1805

44
Das Forsthaus Rötenbach im Kolmanswald zwischen Böhmenkirch und Bartholomä. Aquarell von Z. J. R. B., 1805

sein 20. Jahr als Schreiber stund. Erst in diesem 20. Jahr erwachte in ihm sein Gewissen, daß er glaubte, durch Faulenzen und Blärren einiger Gebete und durch Betteln vor anderer Leute Häusern und Scheinheiligkeit Gott wohlgefälliger zu werden. Vielleicht mag er die Süßigkeit der Welt schon in reichem Maße genossen haben, daß er auf solche Art sie zu büßen hofft.

Mit Fleiß lenkten wir das Gespräch auf den Ehestand; hier aber geriet er anfangs in sichtliche Verlegenheit, sodann in eine Art von Wut, daß er mit den Füßen stampfte und mit seinem Buche Bewegungen machte, die uns befürchten ließe, der heilige Eifer möchte ihn so weit treiben, daß er uns das Buch an den Kopf würfe. Wir lenkten unser Gespräch auf die französische Sprache, und er hatte die Gefälligkeit, ein französisch und deutsches Gebetbuch, als den einzigen Schatz von Schriften dieser Sprache vorzuzeigen. Er sprach auch einiges mit uns; wir merkten aber, daß er sich selber nicht mehr getraute, sie zu sprechen, da er seit der Zeit seines hiesigen Aufenthalts ein einzigesmal Gelegenheit hatte sie zu sprechen. – Rötenbach selber besteht nur aus dem Jäger- oder Forsthaus, das erst vor etlichen 20 Jahren erbaut worden, und aus zwei Bauernhöfen, die sehr viel, freilich nicht so gar gute Felder haben. Doch durch das Beispiel des vorigen Forstmeisters verbesserten sie solche durch Mergel und gewannen neues Land an den Felsen, das nun bessere Frucht liefert, als das auf ebenem Boden. Das Jägerhaus ist gut gebaut, ganz massiv. Am Hause sind zwei schöne Gärten, deren einer mit vielen fremden Bäumen besetzt ist. Auf dem rauhen Ried fand ich auch die Veitsblume in Menge. Die Familie der Vötter, welche aus Braunschweig stammt, ist schon seit 1501 auf diesem Forstdienst; die Stelle ist immer von Vater auf Sohn oder Neffen fortgeerbt worden; gegenwärtig ist der 7. und schon 42 Jahre Forstmeister; sein Sohn der 8., ist seit einem Jahr als Adjunkt hier.

Michael Dietrich, nach einer Albwanderung aus Ulm in einem Brief an seinen Bruder vom 21. 9. 1789. StA Ulm, Handschriften, Nachlaß Michael Dietrich, II. Briefbuch

Rötenbach. Rötenbach mit dem Kolmanswald. Jenes ist ein erst 1764 neu erbautes Forsthaus, und wird vom ulmischen Forstmeister bewohnt; dabei liegt ein Baurenhof und ein Wirtshaus. Es gehören aber beträchtliche Feldgüter dahin, welche 1775 in drei Höfe zerteilt und seitdem von Jahr zu Jahr gebessert wurden. Besonders wendet der Forstmeister den möglichsten Fleiß an, von dem an sich kalten und nassen Erdreiche immer mehr Nutzen zu ziehen. Er hat seit einiger Zeit auch die Walze zum Feldbau zu gebrauchen angefangen.

Auf dem Wege nach Steinenkirch, wohin beinahe 2 Stunden sind, kommt man über das rauhe Ried, eine Ebene, welche ganz diesen Namen verdient; dürres Gras ohne Blumen, die Rainen ausgenommen, große Erdfälle, gegen Rötenbach tiefes Sumpfland, erschreckt jeden Wanderer.

Hingegen ist der beträchtliche Kolmanswald reich an Gewild und Holz. Er besteht aus etwa 1100 Jauchert gesundem Holzlande und 200 Jauchert Mahd. Den Namen Kolmanswald hat der Forst von der Kapelle St. Kolman, welche auf einer Anhöhe im Walde steht, und die man auf dem rauhen Riede eine Stunde weit siehet. Es ist bei derselben eine Wohnung, welche noch immer von einem Einsiedler bewohnt wird.

Von den benachbarten Katholiken werden alle Jahre am Pfingstmontag 4–500 Pferde dahin gebracht, und dreimal um die Kapelle geritten. Vorzüglich aber wird alle Jahre an gedachtem Pfingstmontage von 7–10 Gemeinden mit fliegenden Fahnen eine große Wallfahrt dahin gemacht, sodann von einem Prediger zu Böhmenkirch eine Predikt und ein Hochamt gehalten und das Haupt des Hl. Kolmans vor der Kirchtüre auf einen Tisch gestellt, an welchem alle, die dem Gottesdienste beiwohnen, vorbeigehen und opfern. Dabei wird auch Markt gehalten, auf welchem sich viele Krämer, Gerber, Wirte usw. einfinden. Außer dieser Zeit aber wird diese Kapelle nur selten zum Meßlesen, wenn solches von Fremden verlangt wird, gebraucht.

Johann Herkules Haid, Ulm mit seinem Gebiete, Ulm 1786, S. 609/610

Oberes Filstal

Das Land am Oberlauf der Fils, zwischen Geislingen an der Steige und Wiesensteig, bezeichnet man als Oberes Filstal. Im Volksmund heißt dieses Talstück aber auch Geißentäle. In dem engen Tal wurden vor 140 Jahren noch etwa 600 Geißen gehalten. Kühe konnten sich hier nur die Reicheren halten; die Geiße war die Kuh des armen Mannes. Der Reiseschriftsteller Theodor Griesinger vergleicht 1866 das Tal mit einem Tal in den Schweizer Alpen und führt aus: »Die himmelanstrebenden Berge nämlich, welche das Tal hier immer enger und enger einschließen – oft haben unten nur noch das Flüßchen und der schmale neben ihm hinführende Weg Platz –, fallen meist so steil und schroff ab, daß es jedem anderen zahmen Tier, die gemsenartige Geiße allein ausgenommen, unmöglich wäre, ohne den Hals zu brechen, zwischen diesen Felsabstürzen zu weiden. Deswegen halten sich die Bewohner des oberen Filstals ganze Herden solcher Springinsfelde, welche mit Leichtigkeit von Stein zu Stein über die tiefsten Klüfte hinweghüpfend die saftige Bergflora von den schwierigsten Höhen herabholen«.

Überkingen, das jahrhundertelang zum Gebiet der Freien Reichsstadt Ulm gehörte, war deren bevorzugtestes Bad. Stattlich ist die Reihe der erlauchten Kurgäste, auch aus der benachbarten Reichsstadt Augsburg, die sich aus allen Jahrhunderten nachweisen läßt. Unser Reiseschriftsteller aus dem Jahre 1866 geht hierauf kurz ein, ehe er feststellt: »Für Hypochonder aber dürfte sich Überkingen gar wohl empfehlen, denn die ganze Umgebung hat einen wunderbaren Reiz, und verfolgt man das Geißtal weiter hinauf, so finden sich Partien, die man sich wildromantischer gar nicht denken kann«.

Als alter Badeort wurde Überkingen naturgemäß früher und öfter im Bild festgehalten als die anderen Orte im »Täle«. Dies geschah vor allem in Badbeschreibungen und vereinzelt auch in Einblattdrucken, wie z. B. der Ansicht von Antoine du Chaffat aus der Zeit um 1740 (Abb. 45). Aus der Badbeschreibung von 1750 stammen die Abbildungen 46 und XIII. Diese Beschreibung war im Auftrag der Reichsstadt Ulm als eine Art »Werbeschrift« herausgegeben worden. Da sich der hierüber geführte Schriftwechsel erhalten hat, soll auf ihre Entstehung näher eingegangen werden.

Im Jahre 1710 war von Johann Franck letztmals eine Beschreibung des Überkinger Sauerbrunnen-Bades verfaßt worden. Diese enthielt aber keine Stiche. In der Zwischenzeit hatte sich in dem Badeort einiges verändert. Bereits 1710 war eine Brauerei-

Neue
Beschreibung
Des berühmten
Uberkinger
Sauer-Brunnens/
Worinn
Desselbigen eigentliche Beschaffenheit, wahrer Ursprung, mineralischer Gehalt, sonderbare Kräffte und Würckungen,
Nebst
Deutlichen Unterricht,
Wie selbiger mit Nutzen zu gebrauchen, enthalten;
Auf Verlangen, aus dem schon in Händen gehabten Manuscript des seel. Herrn Doctor Frauendieners, weyland gewesenen Stadt- und Land-Physici in Geißlingen, Ulmischer Herrschafft,
Zusammen getragen, vermehrt und zum Druck befördert
von
D. Johann Georg Haßfurth/
Des Heil. Röm. Reichs-Freyen Stadt Ulm bestellten Stadt- und Land-Physico.

ULM, gedruckt bey Johann Georg Vogel, Stadt-Buchdruckern, 1750.

XIII
Titelblatt der Überkinger Badbeschreibung von Johann Georg Haßfurth, 1750

XIV (rechts)
Kupferplatte zum Stich des Überkinger Bades in der Beschreibung von 1750. Nach Johann Georg Schneider gestochen von Martin Gottfried Crophius in Augsburg

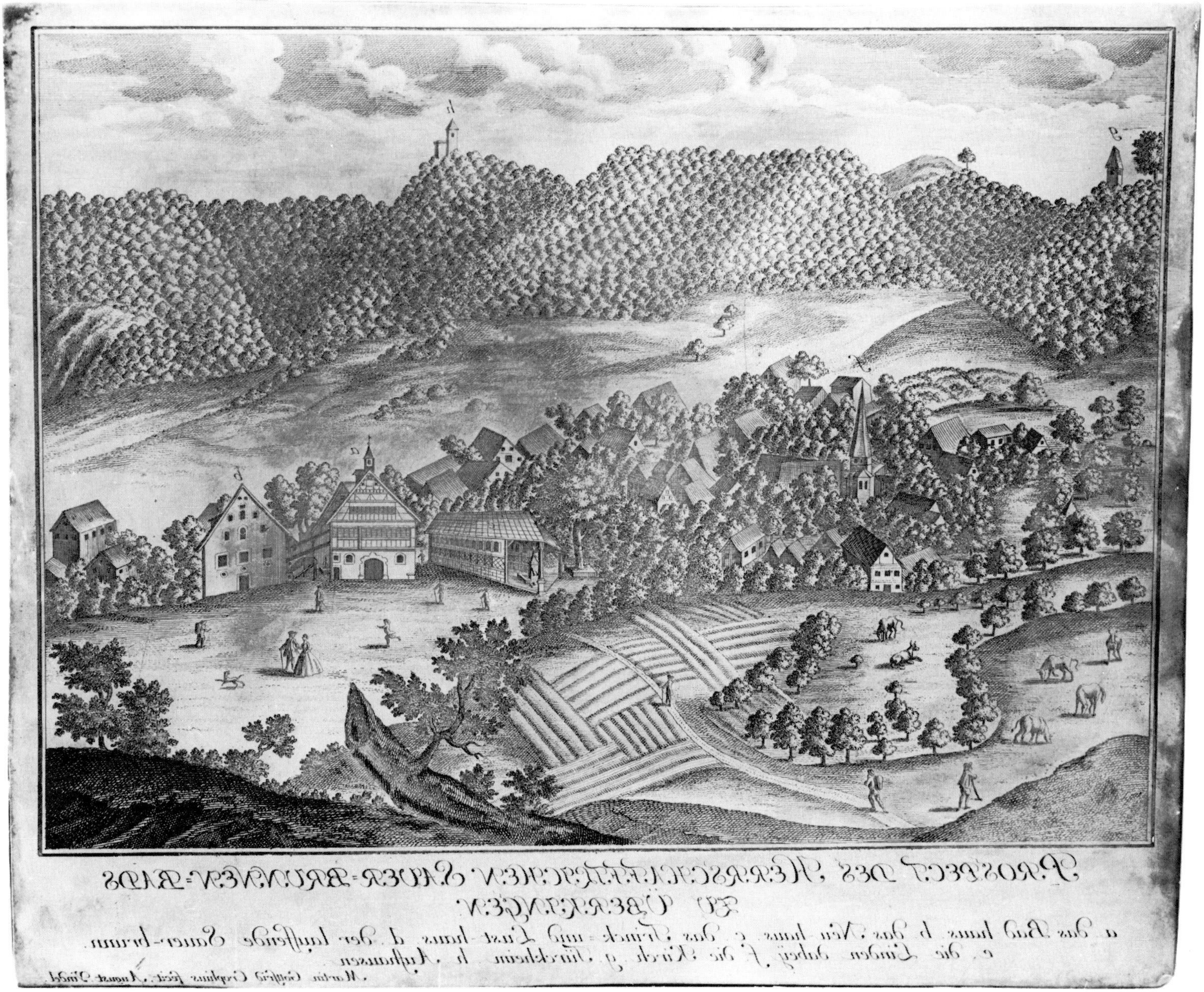

und Brennerei-Einrichtung, 1718 ein Trinkhaus und 1719 ein vergrößertes Amtshaus entstanden. Außerdem war von dem Ulmer Badgast Johann Albrecht Kramer 1724 eine Lindenallee gestiftet und 1732 ein bedeckter Übergang vom Sauerbrunnen zum Trinkhaus erstellt worden.

Es kam dem Ulmer Rat als Eigentümer des Bades gelegen, daß der Geislinger Stadt- und Landphysicus, das ist der ulmische Amtsarzt, Dr. Johann Frauendiener, der gleichzeitig auch Inspektor des Bades war, ein umfangreiches Manuskript zusammengestellt hatte. Bereits 1729 war von ihm eine Beschreibung des Rötelbads bei Geislingen erschienen. Noch vor der Drucklegung des Werkes starb jedoch Dr. Johann Frauendiener. Sein Ehenachfolger, Dr. Johann Georg Haßfurth, der zu jener Zeit Stadt- und Landarzt in Ulm war, nahm sich der Unterlagen an. Im Auftrag der Reichsstadt gab er nun das von ihm durchgesehene und vermehrte Manuskript zum Druck.

Unterm 20. März 1750 ging das Manuskript, nachdem es zuvor von den beiden sog. »älteren Medicis« der Reichsstadt durchgesehen worden war, an die Druckerei des Stadtdruckers Johann Georg Vogel. Zur Ausschmückung und Illustration fertigte der Geislinger Maler Johann Georg Schneider einen »Prospect«, d. h. die Ansicht von Überkingen und auch die Ansicht der auf der Badwiese angelegten und mit einer offenen Kegelanlage versehenen Lindenallee. Der Geometer Johann Georg Rösle steuerte einen Lageplan der Gebäude bei. Nach den beiden Ansichten von Schneider und dem Lageplan stach der Augsburger Kupferstecher Martin Gottfried Grophius die Kupferplatten. Bereits im Mai 1750 lag die 48 Seiten umfassende, 20 x 16 cm große Beschreibung vor. Sie war auf Beschluß des Ulmer Rates in einer Auflage von 500 Exemplaren erschienen. Eine höhere Auflage hätten wohl die Kupferplatten ohne weitere Nachbearbeitung nicht zugelassen. Aus dem noch erhaltenen Schriftwechsel wissen wir, daß 41 Hefte für den Ulmer Rat bestimmt waren und der Rest den Buchhandlungen zur Verfügung gestellt wurde. Diese vertrieben die Beschreibung zu einem festgesetzten Stückpreis von 20 Kreuzer. Zur Verdeutlichung des Verkaufspreises sei angemerkt, daß damals in Überkingen ein Fleischgericht 10 bis 12 Kreuzer und ein Kirschkuchen 10 Kreuzer kosteten.

Ist es schon ein Glücksfall, daß sich der Schriftwechsel über die Herausgabe dieser Badbeschreibung erhalten hat (HStA Stuttgart, H 27 Bü 48), so ist noch bemerkenswerter, daß auch alle drei Kupferplatten im Ulmer Museum auf uns gekommen sind (Abb. XIV). Von diesen Platten wurden vor einigen Jahren sogar noch Originalabzüge angefertigt und vertrieben.

Von dem Badeort Überkingen fertigt der Augsburger Landschaftsmaler Johann Michael Frey um 1800 drei Bleistiftzeichnungen von Abend, von Mittag und von Mitternacht (Abb. 49). Nach diesen Zeichnungen entstanden wohl Auftragsarbeiten in Öl für Augsburger Badegäste. Während sich diese Ölbilder heute nicht mehr nachweisen lassen, haben sich die drei Bleistiftzeichnungen im Nachlaß von Johann Michael Frey, in den Sammlungen von Fürst Fugger in Babenhausen, erhalten. Wenig später, um 1805, entsteht die kolorierte Umrißradierung der Badgebäude von J. F. Hauer (Abb. 47). Diese Ansicht zeigt deren letzte Veränderung, den 1794 auf der Nordseite mit finanzieller Hilfe augsburgischer Badegäste errichteten Speisesaal. Die letzte Badebeschreibung im althergebrachten Stil verfaßt 1839 der Ulmer Hospitalarzt Dr.Anton Ruesz. Die drei Ansichten dieses Büchleins lithographierte der Ulmer A. F. Farr. Die Ansicht der Heilquelle zeigt diese in ihrer nach Abbruch des alten Trinkhauses (1808) veränderten Anlage (Abb. 48). Der Maler und Lithograph Friedrich Wagner malt 1852 ein reizvolles Aquarell der Badgebäude mit der Fils im Vordergrund und den bizarren Felsgebilden des Kahlensteins im Hintergrund (Abb. 50). Mit ihm endet die künstlerische Erschließung des Bades, dessen Niedergang gleichzeitig einsetzt.

Pieter Francis Peters, der um 1860 Ansichten von Altenstadt zeichnete, fertigt etwa zur gleichen Zeit das reizvolle Aquarell des Dorfes Hausen bei Bad Überkingen (Abb. 51). Er ist ein Maler, der gerne die kleine, heile Welt abseitsliegender Dörfer festhält. Einer weiteren Badbeschreibung, der Beschreibung der nahen Ditzenbacher Heilquelle von Dr. Karl August Abele aus dem Jahre 1838, verdankt die barocke Wallfahrtskirche Ave Maria bei Deggingen mit ihrem Mesnerhäuschen eine schlichte lithographische Darstellung (Abb. 53). Der Einheimische J. G. Schweizer liefert die Vorlage zu der von C. Gersbach 1837 geschaffenen Lithographie des Marktortes Deggingen. Die künstlerisch zwar bescheidene Ansicht, die den Ort mit der Wallfahrtskirche vom Fuße der Nordalb zeigt, ist jedoch topographisch von höchster Genauigkeit. Ihren Kopf schmücken das württembergische Wappen und der Elefant, das Wappentier des Dorfes (Abb. 52). In einer Neuauflage hat die Ansicht auch als Schmuck von Gesellenbriefen Verwendung gefunden. Der unermüdliche Albwanderer und Zeichner Louis Kolb, über den in einem besonderen Lebensabriß die entsprechenden Angaben schon gebracht wurden, hält 1828 in seinem Skizzenbuch das Filstal bei Deggingen vor dem kegelförmig aufragenden Bergstumpf der Hiltenburg in einer Federzeichnung fest (Abb. 54). Bereits im Jahr zuvor hat er die Mauerreste der 1516 zerstörten Hiltenburg aufgenommen (Abb. 58). Auch das im Harttal, einem Seitental der oberen Fils, gelegene Ganslosen fängt er in einem Skizzenbuch ein (Abb. 57). Darauf hingewiesen sei, daß zu jener Zeit die Glockenstube des Turms noch Sichtfachwerk zeigte. Als »Schwäbisches Schilda« verrufen, ließ der Ort 1849 seinen Namen in Auendorf abändern.

Der Begründer des Mineralbades Ditzenbach war Hauptmann Anton von Schweizer, der aus Deggingen stammte. Er hatte 1825 die Quelle erworben und ein Badhaus errichten lassen. Die erste umfassende Beschreibung des neuen Bades schreibt 1838 der Kirchheimer Oberamtsarzt Dr. Karl August Abele. Seiner Badbeschreibung sind drei Lithographien beigegeben, eine Ansicht des Bades (Abb. 55) und Ansichten von Drackenstein sowie Ave Maria bei Deggingen (Abb. 53). Carl Philipp Heinrich Bach, der ebenfalls in einem ausführlichen Lebensabriß schon gewürdigt wurde, nimmt in sein »Album Schwäbischer Dorfkirchen« ein Aquarell der Ditzenbacher Dorfkirche aus der Zeit um 1860 auf. Sie ist in ihrer Lage neben der Fils vor dem Hintergrund des Oberbergfelsens dargestellt (Abb. 56). Von Bach stammt auch die Ansicht der Stadt Wiesensteig, welche in dem zur gleichen Zeit angelegten Familienbuch enthalten ist (Abb. 61).

Lebhaften Anteil an der Erschließung der Alb hat Gustav Schwab mit seinem 1823 erschienenen Band »Die Neckarseite der Schwäbischen Alb«. Ausführlich beschreibt er das in dem Seitental der Gos versteckte Drackenstein mit seinem Wasserfall. Von nun an häufen sich die Darstellungen dieses Idylls. In keiner Reisebeschreibung fehlt es. Sein Bekanntheitsgrad steigt und als erste »Fremdenverkehrsmaßnahme« wird gar eine Stauvorrichtung oberhalb des Wasserfalls angelegt, um Fremden gegen ein »Douceur« den Strahl in voller Wasserstärke vorführen zu können. Maler und Lithographen wie Caspar Obach (Abb. 60) und auch Carl Philipp Heinrich Bach (Abb. 59), um nur einige anzuführen, haben diese Naturschönheit im Bild festgehalten.

Die von dem Ulmer Zeichner Eduard Mauch geschaffene Ansicht des Ortes erschien 1841 zusammen mit einer ebenfalls von ihm gefertigten Ansicht der Stadt Geislingen als Stahlstich in dem Werk »Das Königreich Württemberg« von Philipp Ludwig Adam. Beide Ansichten werden wenig später als Umdrucke zur Ausschmückung von Steingut verwendet. Die Ansichten finden wir auf zylindrischen Kannen des in Schramberg hergestellten Bildergeschirrs (Abb. XV).

Nach dem Tode des letzten Grafen von Helfenstein in Wiesensteig 1627 war die katholische Herrschaft im Oberen Filstal an die Fürsten von Fürstenberg und an Kurbayern gefallen. 1752 gelang es Kurbayern, die Herrschaft zu vereinigen. Aus der ehemals helfensteinischen Reichsgrafschaft war nun ein kurfürstlich-bayerisches Territorium geworden, das als Exklave weitab von Kurbayern lag. 1806, mit dem Übergang der Herrschaft an das Königreich Württemberg, fand die weiß-blaue Herrlichkeit ihr Ende. Bereits wenige Jahre zuvor war das Wiesensteiger Chorherrenstift aufgelöst worden. Auch für die Wallfahrtskirche Maria Dotzburg, zwischen Mühlhausen und Wiesensteig, war damit das Ende gekommen. Sie wurde aufgehoben und abgebrochen. Die Wallfahrtskirche Ave Maria beim nahen Deggingen hingegen blieb erhalten, da sie personell und verwaltungsmäßig nicht mit dem Chorherrenstift zusammenhing.

Aus dem 18. Jahrhundert haben sich eine Reihe von Druckwerken des Stifts und der beiden Wallfahrtskirchen erhalten. Relativ spät gab das Chorherrenstift Wiesensteig 1740 einen Wappenkalender heraus (Abb. XVI). Dieser wurde in Augsburg, dem damaligen Zentrum der Gebrauchsgraphik, und vor allem des Andachtsbildes, hergestellt. Die Zeichnung lieferte nach einem Entwurf des Stifts der Künstler Gottfried Bernhard Göz. Er war die stärkste künstlerische Persönlichkeit des Andachtsbildstiches des 18. Jahrhunderts. In seinem Schaffen entfaltete

XV
Ansicht von Unterdrackenstein auf einer Steingutkanne des sog. Schramberger Bildergeschirrs, um 1850. Nach einer von Eduard Mauch gezeichneten und von E. Willmann 1841 in Stahl gestochenen Vorlage

sich das reinste, formenvollste Spiel des Rokoko. In der Kunstverlegergemeinschaft mit den Brüdern Josef und Johann Klauber entstand der Wiesensteiger Wappenkalender. Obwohl in relativ hohen Auflagen von je bis zu 400 Exemplaren gedruckt, hat sich nur ein Unikat in der Sakristei der ehemaligen Wiesensteiger Stiftskirche erhalten. Erwähnt sei, daß sich die Ausführungszeichnung zu diesem Wappenkalender von Gottfried Bernhard Göz im Kupferstichkabinett des Kunstmuseums Basel befindet.

Der Kopfteil des Frontispizes zeigt, von zwei Putten getragen, das Dotzburger Gnadenbild der »Maria vom guten Tod«, das seit seiner Übertragung von der aufgelösten und abgebrochenen Wallfahrtskirche bei Mühlhausen 1805 auf dem nördlichen Seitenaltar vor dem Chorbogen der Wiesensteiger Stiftskirche steht. Darunter ist der hl. Cyriakus, der Patron der Stiftskirche, dargestellt, umgeben vom Stiftspatron St. Benedikt (links) und St. Ulrich, dem Patron des Bistums Augsburg, das für das Stift bestimmend war, obwohl es im Gebiet des Bistums Konstanz lag. Dahinter sind die hll. Bartholomäus und Christophorus zu sehen. Rechts vom Titelheiligen erkennen wir den hl. Sebastian und kniend die hl. Barbara, dahinter die hll. Leonhard (stehend) und Konrad (sitzend), den Patron des Bistums Konstanz.

Im Mittelteil des Stiftskalenders finden sich die Wappen der geistlichen und weltlichen Herrschaften Kurbayern, Konstanz und Helfenstein-Gundelfingen sowie unter dem fürstbischöflich-konstanzischen Wappen das des Wiesensteiger Propstes. Auf den Pilastern des Mittelteils begleiten die Wappen der Chorherren das Kalendarium von 1802. Das Kalendarium wurde jährlich ausgewechselt wie auch die Wappen je nach entsprechender territorialer Veränderung und Besetzung der Kanonikate von neuen ersetzt wurden.

Im Fußteil des Frontispizes (s. a. Abb. auf dem Vorsatz dieses Bandes) folgt wie üblich die Ansicht des Stiftes und der Stadt Wiesensteig. Der Stadtansicht liegt der Kupferstich von Matthäus Merian aus dem Jahre 1643 zugrunde, der die Stadt vor ihrer Zerstörung 1648 zeigt. Verändert wurden an der Merianschen Vorlage lediglich die Turmabdeckungen der Stiftskirche

XVI
Wappenkalender des Chorherrenstifts Wiesensteig von 1740 mit Kalendarium von 1802. Nach Gottfried Bernhard Göz in Kupfer gestochen im Verlag der Gebrüder Klauber in Augsburg

XVII (rechts)
Bruderschaftsbrief der Marienbruderschaft an der Wallfahrtskirche Mariä Dotzburg bei Mühlhausen mit dem eingelassenen Andachtsbild der Wallfahrtskirche von Göz und Klauber. Gedruckt von der Witwe des Buchdruckers Joseph Anton Labhart in Augsburg, 1762

MARIA ein Zuflucht der Sünder.

Das ist:

Die unter dem Schutz der wunderthätigen Jungfräulichen Mutter GOttes zu Dozburg nächst Wissenstaig aufgerichte Bruderschafft umb Erlangung wahrer Reu und Buß.

Verbündnuß-Gebett

So bey erstem Eintritt in dise Bruderschafft andächtig zu sprechen.

HEil. Maria! du Zuflucht aller mit wahren Eyffer nach ihrer Bekehrung seuffzenden Sündern, ich N. N. armer sündhaffter meiner eignen Gewüsten bißhero gewester Leibeigner komme zu dir als einer in meinem allzeit mehr und mehr dem Untergang zunahenden Sünden-Stand eintzig und allein noch anscheinende Hoffnung; Ich erwähle dich anheut als mein gebiethende Frau über alle meine fünff Sinn des Leibs und Kräfften der Seelen, ich erwähle dich als ein Fürsprecherin in dem Werck meiner Bekehrung; ich erwähle dich als ein Mittlerin zwischen deinem gerechtigst erzürneten göttlichen Sohn, und zwischen mir armen Sünder; Ich verspriche auch kräfftiglich all mein Thun und Lassen nit nach den betrüglichen Satzungen meines verkehrten Willens, sondern nach der Anordnung deines Mütterlichen Wohlgefallen einzurichten, bin auch bereit lieber den Tod zu erwählen, als die, vermittelst deiner Fürbitt, durch göttliche Gnad angefangene Buß und Bekehrung auch nur mit einer eintzigen Sünd zu unterbrechen. Derowegen dan bitte ich dich, nimme mich auf in die Zahl deiner büssenden Pfleg-

Seye mir ein Hauß der Zuflucht, daß du mir helffest. *Psal. 30. v. 3.*

MARIA von Dozbürg, ein Zuflucht der Sünder

Göz et Klauber Cath. Sculp. Aug. Vind.

Den 22. Mai 1785. ist einverleibet worden [illegible]

Pfleg-Kinder, leite allzeit nach dem Guten alle meine Gedancken, Wort, und Werck, stehe mir bey dorten, da ich das leztemahl, wo nit mit Worten aus Schwachheit meiner Kräfften, wenigist in Gedancken, nach Vermögen meines Hertzens, dich als ein Zuflucht der Sünder anruffen werde, nemlich in der Stund meines Absterbens, Amen.

Satzungen.

1. Alle Brüder und Schwester sollen an dem Tag ihrer Einschreibung ihre Sünden beichten, und das hochwürdigste Sacrament des Altars empfangen, umb Erlangung eigner, auch anderer Sünder Bekehrung.
2. Sollen täglich 3. Ave Maria gesprochen, und nach jedem beygesetzt werden: Gelobt seye die seeligste Jungfrau Maria ein Zuflucht der Sünder.
3. An dem Titular-Fest der Verkündigung Mariä den 25. Mertzen sollen alle Brüder und Schwester sich befleissen die HH. Sacramenten zu empfangen, hierdurch die Gnad wahrer Bekehrung vor sich und andere Sünder zu erlangen.
4. Weilen das Zihl und End diser Bruderschafft ist die Bekehrung der Sünder, als solle jedem Einverleibten obligen zu Bekehrung derselben, und zu Verhinderung der Sünden alles mögliche beyzutragen.

Indul-

und neu hinzu kam am linken Bildrand die Ansicht der Wallfahrtskirche Maria Dotzburg. Gerahmt wird die Vedutenkartusche links von der Allegorie des Flusses Fils, rechts von einem flöteblasenden Pan. Auch hier zeigt sich die phantasievolle und souveräne Gestaltung des Wappenkalenders durch Gottfried Bernhard Göz. Der Wiesensteiger Wappenkalender stellt sich als beispielhaftes Dokument seiner Zeit dar, das auf ungewöhnliche Weise künstlerische, ikonographische, heraldische und ornamentgeschichtliche Aspekte ebenso aufweist wie politische und soziologische, zeit- und wirtschaftsgeschichtliche sowie ideen- und geistesgeschichtliche Bezüge.

Auch die zum Stift Wiesensteig gehörende Wallfahrtskirche Maria Dotzburg kam 1746 durch Gottfried Bernhard Göz und die Gebrüder Klauber zu einem Andachtsbild. Dieses zeigt

betende Wallfahrer bürgerlichen Standes, die das Gnadenbild anrufen, zu dessen Füßen die Wallfahrtskirche mit dem Kaplaneihaus liegt. Das Andachtsbild finden wir auch auf später entstandenen Gebetsdrucken und einem Bruderschaftsbrief von 1762 (Abb. XVII). Ebenfalls von den Gebrüdern Klauber in Augsburg verlegt wurde ein Andachtsbild der weiter filsabwärts gelegenen Wallfahrtskirche Ave Maria. Das wohl in den fünfziger Jahren des 18. Jahrhunderts entstandene Blatt zeigt das gotische Gnadenbild zu »Unserer lieben Frau« und zu dessen Füßen die in den Jahren 1716–1718 von dem bedeutenden Baumeister Christian Widenmann erbaute Wallfahrtskirche.
Der gewandte und routinierte Landschaftszeichner und Lithograph Franz Adam Schnorr, der im Lande eine hohe Produktivität an den Tag legte, lithographiert und verlegt um 1840 Wiesensteigs bedeutendste Stadtansicht des 19. Jahrhunderts (Abb. 62). Diese Gesamtansicht zeigt das Städtchen noch in seiner ursprünglichen Ummauerung von Südwesten. In der für Schnorr bezeichnenden Staffage hat er sich am rechten Bildrand selbst als Zeichner wie auch in der Person mit Zylinder in Kontrast zu den Landleuten dargestellt (s. Frontispiz). Die Gebäudegruppe um das mit einem Türmchen gezierten Rathaus vor der altehrwürdigen doppeltürmigen Wiesensteiger Stiftskirche nimmt Carl Philipp Heinrich Bachs Sohn Max um 1860 in einer feinen Federzeichnung auf (Abb. 63). Der württembergische Generalmajor Eduard von Kallee überliefert uns in seinen Skizzenbüchern eine lavierte Federzeichnung der Höhle »Steinernes Haus« beim nahen Filsursprung von 1875 (Abb. 64).

Beeindruckend ist für jeden Albwanderer heute noch ein Besuch der Burgruine Reußenstein an der südlichen Grenze des Kreises Göppingen bei Wiesensteig. Die wohl romantischste Burgruine der Alb wurde schon im frühen 19. Jahrhundert zu einem beliebten künstlerischen Darstellungsgegenstand. Unter den zahlreichen Künstlern, die den Reußenstein im Bild festhielten, finden wir Namen wie Karl Urban Keller, Friedrich August Seyffer, Eberhard Emminger, Ernst Fries, Louis Kolb, Peter Jakob Büttgen, Johannes Woelffle und Max Eyth. Die wohl eindrucksvollste Ansicht der kühn auf dem Fels über dem Neidlinger Tal aufragenden Burgruine fertigt um 1815 Friedrich August Seyffer in einer herrlichen Sepiazeichnung (Abb. 66). Er ist in jener Zeit für die Ludwigsburger Porzellanmanufaktur als Zeichner tätig. Die Wahl des Standortes beweist seinen klaren Blick und sein künstlerisches Feingefühl für die Schönheit dieser Burgruine; er hat den wirkungsvollsten Bildausschnitt gefunden. Fels und Burgruine bestimmen den Eindruck der Landschaft. Zahlreiche Ansichten von Städten, Dörfern und Klöstern wie auch Landschaften haben sich von ihm erhalten. Seine besondere Vorliebe galt jedoch den Burgen. Seyffer kommt ein hoher Anteil an der künstlerischen Erschließung der schwäbischen Landschaft zu.
Der Heidelberger Landschaftszeichner Ernst Fries, ein Schüler von Friedrich Rottmann, unternahm im Frühjahr 1822 mit dem Landschaftsmaler Christian Rist aus Stuttgart eine Reise auf die Schwäbische Alb. Beide planten die Herausgabe einer Reihe von 16 Ansichten. Diese sollten als Lithographien erscheinen. Die ersten Probeblätter des Albums, welche in der Stuttgarter Lithographischen Anstalt um 1825 erschienen, wurden mit großen Vorschußlorbeeren bedacht, sollte doch dieses Werk erstmals »in geschlossenem Zusammenhang vaterländische Gegenstände in der neuen Manier (Kreidezeichnung)« darstellen. Doch lediglich fünf Blätter mit Ansichten der Achalm, des Lichtenstein sowie des Hohenrechberg und des Reußenstein, alle von Ernst Fries geschaffen, und eine Ansicht des Hohenneuffen von Christian Rist, erschienen tatsächlich. Die abgebildete Lithographie vom Reußenstein (Abb. 67) stellt ein solches Probeblatt dar, da die entsprechende Bildunterschrift noch fehlt.
Wohl als Folge dieser künstlerischen Erschließung bildete sich 1828 eine »Gesellschaft für die Erhaltung der Ruine Reußenstein«, der einflußreiche Persönlichkeiten beitraten. Die Gesellschaft erreichte, daß die Ruine künftig nicht mehr dem Besitzer des dortigen Meierhofes als willkommener Steinbruch diente. Zu einem Zeitpunkt, wo andernorts noch Ruinen oder gar ganze Burgen, wie z. B. Staufeneck, abgebrochen wurden, zeigten sich hier erste denkmalpflegerische Ansätze.
Eine pittoreske Komposition, gesehen aus dem Düster der Höhle des gegenüberliegenden Heimenstein, gelingt dem Maler Louis Mayer in seiner Gouachezeichnung vom Reußenstein (Abb. 65). Diese Ansicht findet als Stahlstich in dem 1836 erstmals erschienenen Werk von Gustav Schwab, »Wanderungen durch Schwaben«, eine weite Verbreitung. Bemerkenswert ist noch die Erlegung des letzten Luchses in Deutschland durch Revierförster Marz aus Wiesensteig. Er hatte das seltene Raubtier, das eigentlich schon viele Jahrzehnte vorher in Württemberg ausgestorben war, nach mehreren Versuchen am 15. Februar 1846 beim Reußenstein zur Strecke gebracht. Dies war, wie in Brehms Tierleben nachzulesen ist, zugleich der letzte in Deutschland erlegte Luchs gewesen. Der Luchs gelangte an das Staatliche Naturalienkabinett in Stuttgart, wofür der Jäger eine Belohnung von 10 Gulden erhielt. Revierförster Marz hat von diesem Ereignis ein Ölbild anfertigen lassen, das der Monogrammist RE 1847 (vielleicht der berühmte Münchner Tiermaler Robert Eberle) geschaffen hat (Abb. 68).

45 Überkingen mit den Badgebäuden. Kupferstich nach Antoine du Chaffat, um 1740

Bad Überkingen. Überkingen ist der andere Pfarrort in diesem Amte. Es liegt im Filstale, eine Stunde von Geislingen gegen Wiesensteig, und fließet die Fils hart am Dorfe vorbei. Gegen Geislingen ist das Tal schön und offen, weiter hin gegen Hausen aber ist es ungleich enger. Zu beiden Seiten sind große, zum Teil waldreiche Berge, und majestätische Felsen. An dem Berge im Autale, ungefähr eine Viertelstunde hinter Überkingen, werden Tuffsteine oder Tauchsteine von sehr guter Art gebrochen. Die Talwiesen sind fruchtbar an Gras und Obst, da sie von der Fils gewässert werden. Die Wiesen an der Türkheimer Steige, auch einige Gärten, wässert Quellwasser, das zu Zeiten brausend, über die Berge herabschießt. Diese Steige ist gäh und sehr beschwerlich, daß man kaum glauben sollte, daß ein Wagen da fahren könnte. Und doch geschiehts mit schwer beladenen Heu- und Mehlwägen.

Das Dorf selbst ist von mittelmäßiger Größe, und hat bei 400

Prospect zu dem Herrschafftlichen Sauer-Brunnen Bads mit Linden besetzten Platzes zum Spatzieren gehen Kegel schieben auch anderer Ergötzlichkeiten zu gebrauchen.

Martin Gottfrid Crophius fecit, Aug. Vind.

Einwohner, von welchen in 25 Jahren 323 gestorben sind, also jährlich 13. So sterben also unter 31 Menschen nur einer. Man wird wohl im ganzen Lande keinen Ort antreffen, an welchem die Sterblichkeit geringer wäre. Hiezu kommt noch, daß die Gestorbenen nicht alle Einwohner des Ortes sind, sondern sich manche Fremde darunter befinden. Ohne Zweifel kommt diese Gesundheit der Menschen von dem Sauerbrunnen her...

Johann Herkules Haid, Ulm mit seinem Gebiete, Ulm 1786, S. 656/657

Bad Überkingen. An angenehmen Promenaden fehlt es auch nicht. Ganz in der Nähe des Badhauses hat man die sogenannte Badwiese mit der schönen Allee von beinahe hundertjährigen Lindenbäumen, die mit ihrem dichten Laube an schwülen Sommertagen erquickenden Schatten verbreiten, und mit den aromatischen Ausdünstungen ihrer Blüten äußerst wohltätig werden.

Ein liebevoller Menschenfreund, Herr Johann Albrecht Cramer, gewester Handelsmann in Ulm, hat diese anmutige Allee im Jahr 1724 auf seine Kosten, durch einen Mann aus dem Dorfe, namens Hans Wagner, anlegen lassen. Sanft ruhe seine Asche!

Hier im Schatten der dicht belaubten Lindenreihe macht man sich allerlei Vergnügungen. Man spaziert auf und ab, stiftet Freundschaften, Bekanntschaften, Liebschaften, trinkt Kaffee, schiebt Kegel, kugelt auf dem Fortunaspiele, gautscht, gibt Freischießen, spielt Feuerwerke usw.

Wilhelm Friedrich Burger, Historisch-Statistisch-Topographische Beschreibung des Dorfes Überkingen, Ulm 1809, S. 34/35

Bad Überkingen. Das große Badgebäude, welches aus zwei dicht aneinander gebaueten Häusern besteht, enthält par terre (zur ebenen Erde) eine geräumige Kutschen-, Holz- und Feuerlöschwerkzeug-Remise, den großen hölzernen Kasten mit dem zum Baden bestimmten Mineralwasser, ferner zwei große kupferne Kessel, worin dieses zum Baden heiß gemacht wird und zwei große hohe, helle gepflasterte Kammern, in welchen die armen Kurgäste um ein sehr geringes Geld baden können ... In dem ersten Stockwerke befinden sich außer den zur Wirtschaft und Ökonomie des Badwirts gehörigen zwei Stuben,

Linke Seite
46 *Die Lindenallee beim Bad zu Überkingen. Kupferstich nach Johann Georg Schneider von Martin Gottfrid Crophius, 1750*
47 *Die Badgebäude zu Überkingen. Altkolorierte Umrißradierung von J. F. Hauer, um 1805*
48 *Brunnen- und Trinkhaus in Bad Überkingen. Lith. von A. F. Farr, 1839*

Folgende Doppelseite
49 *Bad Überkingen. Bleistiftzeichnung von Johann Michael Frey, um 1800*

Überkingen gegen Mittag bey Geißling

Kammern und Küche, vier hübsche Zimmer mit Kammern für die Kurgäste.
In diesem Stockwerke sind auf beiden Seiten des langen, breiten, mit Marmorplatten belegten Laubenganges, die Wappen zu sehen, welche die Brunnengäste im XVI. und folgenden Jahrhunderten zu ihrem Andenken zurückgelassen haben.
Im zweiten Stockwerke auf dem sogenannten roten (mit Backsteinen belegten) Boden befinden sich zwei, erst vor vier Jahren renovierte Zimmer und drei alte Stuben.
Vom Badhaus kommt man über einen bedeckten Gang in das sogenannte Neue Haus, welches der Stadt Ulmische Magistrat im Jahr 1602 hat erbauen lassen. In diesem schönen massiven Gebäude befinden sich zur ebenen Erde eine Stallung, die sehr geräumig und zur Aufnahme vieler Pferde schicklich ist, auch andere Ställe, die zur Ökonomie des Bademeisters gehören. Auf dem ersten Stockwerke sind sechs hübsche Stuben mit Kammern.
Über einen andern bedeckten Gang kommt man vom Badhause in den schönen, nach dem Grundrisse des Ulmischen Bau-Inspektors Kapfer im Jahre 1794 erbauten 44 Schuh und 10 Zoll langen und 27 Schuh breiten Saal, in welchem die Kurgäste gemeinschaftlich speisen. An diesen Saal stößt ein kleines Zimmerchen, in welchem ein Spiel Trou Madame zum Zeitvertreib für die Kurgäste steht.
Nahe bei dem Ursprung der Quelle ist ein 65 Schuh langes und 21 Schuh breites und ein Stock hohes Gebäude, das Trinkhaus

genannt. In diesem haben sich vor Zeiten und ehe der schöne Saal da war, die Kurgäste beim Trinken des Sauerwassers Bewegung gemacht, wenn ihnen rauhe Luft oder Regenwetter einen Spaziergang im Freien verbot.
Jetzt bleibt dieses Haus zur Kurzeit beständig verschlossen; es wäre dann, daß Herrschaften ihren Domestiken einmal ein Tänzchen erlauben oder daß eine dürftige Schauspielergesellschaft die Erlaubnis bekäme, sich zu produzieren. Alsdann wird es ein Tanz- und Komödienhaus. Es ist im Jahr 1718 erbaut worden, wie die, über der Flügeltüre neben dem Ulmischen Stadtwappen stehende Jahreszahl besaget.

Wilhelm Friedrich Burger, Historisch-Statistisch-Topographische Beschreibung des Dorfes Überkingen, Ulm 1809, S. 26–30

50 (links)
Badgebäude zu Überkingen mit der Fils im Vorder- und dem Kahlenstein im Hintergrund. Aquarell von F. Wagner, 1852

51
Hausen im Täle.
Aquarell von Pieter Francis Peters, um 1860

Hausen. Hausen, ein Weiler an der Fils von 306 Seelen, mit einer Kirche zur heiligen Jungfrau Maria, in welcher der Pfarrer zu Böhringen zu bestimmten Zeiten Gottesdienst hält. Innerhalb 10 Jahren wurden hier 132 geboren und 96 starben, mithin blieben 36 mehr am Leben. Hier nähren sich die Einwohner besser als in Böhringen, doch trägt der Boden meistens nur Dinkel und etwas Haber. Roggen, Gerste, Wicken, Erbsen und Linsen werden wenig angebaut, weil sie nicht gedeihen. Ebenso wird wenig Lein- aber um so mehr Hanfsamen ausgesäet. Auch für Klee und Esper sind die Äcker zu naß; doch wird das Rindvieh bis auf den Herbst, im Stalle gefüttert, wo es sohin auf die Stoppeln getrieben wird. Die Wiesen und Gärten nämlich befinden sich in einem bessern Zustande, von denen also viel Heu und Öhmd gewonnen wird. Sie sind häufig mit Äpfel-, Birnen- und Zwetschgen-Bäumen besetzt.
Das Erdreich hat viel Mergelerde, die als Dünger benutzt wird.

Joseph Alois Rink, Beschreibung des Königl. Württembergischen Oberamts Geislingen an der Steige, Ulm 1823, S. 50

Deggingen. Der nächste Ort Deggingen, welcher von Überkingen etwa eine starke Stunde entfernt liegt, gehörte in alten Zeiten nicht mehr zur Herrschaft Helfenstein-Geislingen, sondern es fing vielmehr mit ihm die Wiesensteiger Herrschaft an und eben aus diesem Grunde stoßen wir nunmehr auf einmal auf durchaus katholische Gemeinden, während das ganze übrige Filstal dem Protestantismus huldigt. Übrigens nicht bloß dies fällt uns an der Einwohnerschaft Deggingens auf. Im Gegenteil, noch viel eigentümlicher ist der Umstand, daß drei Vierteile der Männer und Jünglinge den ganzen Sommer hindurch auswärts, das ist im ganzen Schwabenlande, bis tief nach Baden und Bayern hinein, als Maurer und Gipser arbeiten, während sie im Winter Körbe, Spindeln, Schröpfköpfe, Aderlaßeisen nebst andern ähnlichen Waren verfertigen und damit nebst ihren Weibern und Töchtern hausieren gehen. Auch tun sie dies nicht erst seit heute oder gestern, sondern das war schon so im vorigen und vorvorigen Jahrhundert, denn das Filstal ist hier so eng, daß die Leute sich nicht vom Ackerbau nähren können.

Theodor Griesinger, Württemberg, Stuttgart 1866, S. 283/284

Filstal zwischen Bad Überkingen und Wiesensteig. Von Überkingen an heißt das Filstal das »Gaistal«, weil an den schroffen Abhängen der Berge Gaisen in großen Herden weiden. Für jedes andere zahme Tier, für Rinder wie für Schafe oder Pferde, wären diese Abstürze gewisser Tod, die Gaisen aber, jenes schlanke Mittelglied zwischen der milchreichen Ziege und der flüchtigen Gemse, überspringen die Felsklüfte und stehen auf den Abhängen so sicher, als ob sie auf den ebenen Talwiesen weideten. Wohl ist es immer noch die Fils, die dieses Tal bewässert, dieselbe Fils, welche das Tal von Geislingen bis Plochingen so fruchtbar macht; aber das Tal wird nun immer enger und enger, die Berge erheben sich immer steiler und schroffer. Wohl sind die Wiesen zu beiden Seiten der Fils stets grün und saftig, wohl erscheinen die Tausende von Obstbäumen an den untern Talabhängen mit Früchten aller Art überladen, wohl sind Hunderte von Äkkern, die noch vor kurzem kaum kultivierbar erschienen, dem Frucht- und Kartoffelbau gewonnen; aber an vielen Stellen ist das Tal so eng, daß nur allein das schnelle Flüßchen und ein neben demselben hinführender Weg Platz haben und die Bergketten zu beiden Seiten sind einander so nahe gerückt, daß sie die Talschlucht zu erdrücken drohen.

Schertelshöhle und Reissenstein mit Bad Dizenbach und ihren Umgebungen, von einem Touristen, Wiesensteig 1863, S. 5

52 (links)
Blick auf Deggingen von Norden.
Lithographie von C. Gersbach
nach J. G. Schweizer, 1837

53
Wallfahrtskirche Ave Maria bei Deggingen.
Lithographie, 1838

54
Das Filstal bei Deggingen.
Federzeichnung von Louis Kolb, 1828

Bad Ditzenbach. Das Bade- und Gasthaus wurde erst vor wenigen Jahren von dem gegenwärtigen Eigentümer gebaut und eingerichtet. Zu ebener Erde befindet sich die zur Ökonomie gehörige Einrichtung und 6 Badkabinette: In der Beletage der Speisesaal mit einer lieblichen Aussicht auf das Dorf und 7 Gastzimmer und im obern Stock ebenfalls 7 Zimmer zur Aufnahme von Gästen. Ungefähr 30 Schritte von dem Badehaus entfernt und gegenüber von demselben erhebt sich ein mit Futterkräutern angeblümter Vorsprungshügel, der Brunnenbihl genannt, welcher sich an einen beträchtlich überragenden Berg, der sogenannten Nordalb, mit interessanten Felsenkegeln und Massen, aus welchen die lebendige Phantasie die verschiedenartigsten Bilder und Figuren schafft, anlehnt... Das über der Quelle befindliche Brunnenhaus stellt einen einfachen Säulentempel dar und enthält zwei Gemächer, wovon in dem einen das Wasser von den Kurgästen getrunken wird, das andere aber zur Wasserverfüllungs-Anstalt gehört. Das zu den Bädern nötige Wasser wird bis jetzt noch in den im Hause befindlichen Erwärmungs-Apparat und von da aus, da es vorerst noch an einer Hahneneinrichtung fehlt, in die Badkabinette getragen.

Karl August Abele, Beschreibung der Dizenbacher Heilquelle, Kirchheim 1838, S. 12–14

55
Das Badgebäude und die Quellstube zu Bad Ditzenbach.
Lithographie, um 1838

Bad Ditzenbach. Ditzenbach liegt in einem reizenden von der forellenreichen Fils bewässerten Tal, welches bei Wiesensteig, wo die hier von West nach Ost strömende Fils entspringt, anfängt und sich in der Richtung gegen Morgen bei Altenstadt und Geislingen in das, eigentlich sogenannte Filstal ausmündet. Von Wiesensteig bis Deggingen heißt das Tal das Geißentäle, wohl wegen der Menge von Ziegen so genannt, die von den Bewohnern gehalten werden und an den zunächst gelegenen Bergen eine treffliche Weide finden. Auch als Spindelntäle wird es hin und wieder bezeichnet: denn von hier aus kommt eine Masse von Spindeln in den Handel, welche die Bewohner fabrizieren, wenn ihnen der Winter ihr sonstiges einträglicheres Handwerk niederlegt. Hier wohnen nämlich die altbekannten Wiesensteiger Ipser, welche mit dem Frühjahr in die Weite und Breite ausziehen und im Herbst in das Winterquartier, zur Spindelfabrikation, zurückkehren. Das enge, zu beiden Seiten von hohen Bergen begrenzte Tal hat einen freundlichen, milden Charakter und beschäftigt mit seinem herrlichen, wasserreichen Wiesengrund, seiner grünen mit Laubwald bewachsenen Südalb, seinen lachenden Fluren und niedlichen Dörfern das Auge auf manchfach wohltuende Weise. Eine angenehme Fahrstraße führt von Wiesensteig oder Boll und Gruibingen aus über Mühlhausen und Gosbach nach Ditzenbach, oder vielmehr an das einzeln stehende Badehaus, welches hart an der schnell vorbeirauschenden Fils liegt und von dem malerisch aus dem Hintergrund hervorschauenden Dörfchen eine halbe ¼ Stunde entfernt ist.

Karl August Abele, Beschreibung der Dizenbacher Heilquelle, Kirchheim 1838, S. 11 f.

56
Die Kirche von Bad Ditzenbach. Aquarell von C. Ph. Heinrich Bach, um 1860

57
Blick auf Auendorf von Norden. Bleistiftzeichnung von Louis Kolb, 1828

58 *(rechts)*
Die Ruinen der Hiltenburg bei Bad Ditzenbach. Federzeichnung von Louis Kolb, 1827

Auendorf. Die Häuser sind ärmlich, unreinlich und teilweise mit Stroh gedeckt, daher der Ort gegen seine Nachbarn im Wiesensteiger Tälchen nicht vorteilhaft absticht. Nur der kleinere Teil der Einwohner kann bemittelt genannt werden. Das Klima ist rauh, aber gesund, der Boden schlecht und schwer zu bearbeiten und die Fruchtbarkeit gering; viele Äcker liegen daher öde. Hauptnahrungszweige sind Feldbau, Viehzucht und Viehhandel, hauptsächlich Handel mit Ochsen. Der Dinkel ist von geringer Güte, der Haber dagegen vorzüglich und wegen seiner ausgezeichneten Schwere in der ganzen Gegend berühmt. Die Kartoffeln, zumal die blauen, welche in den sogenannten Ländern gebaut werden, sind von sonst unerreichbarer Güte. An Dinkel und Haber werden jährlich je 200 Scheffel ausgeführt. Der Obstbau ist von geringer Bedeutung, die Stallfütterung noch nicht eingeführt. An Gewerben sind nur die ¼ Stunde entfernte Mahlmühle, eine Bierbrauerei und etwa acht Weber, die jährlich ungefähr 160 Stücke Baumwollenwaren um den Lohn verfertigen, zu nennen. Um so rühriger sind aber die Leute im Betriebe der kleinen Industrie und der Nebengewerbe. Zwar hat das Flachsspinnen, welches früher Viele ernährte, fast ganz aufgehört, und das Wollspinnen für Göppinger Zeugmacher beschäftigt nur Wenige. Dagegen ist die Bereitung des Holder- und Wachholder-G'sälzes, das aus den auf den Albgebirgen wachsenden Beeren ausgepreßt und gekocht wird und wegen seiner vorzüglichen Güte nahe und ferne wohl bekannt ist, noch lohnend. Außerdem werden viele gehäkelte Wollenwaren, namentlich Handschuhe, Schuhe und Kappen, sowie auch viele Litzenschuhe und Endschuhe verfertigt. Die Fabrikation von Peitschenstöcken dagegen, deren früher mehrere tausend Dutzende verfertigt und durch Händler von hier und aus der Nachbarschaft auf die Messen nach Frankfurt, Leipzig und Braunschweig gebracht wurden, hat um neun Zehenteile abgenommen.

Moser, Beschreibung des Oberamts Göppingen, Stuttgart 1844, S. 197 f.

Ruine Hiltenburg. Die Gegend wird hier ungleich. Rechts laufen noch kegelförmige Berge mit schönen Wäldern hin, aber links sind die Berge einförmig und kahl; einer davon ist durch ein Kreuz mit einer Wallfahrt ausgezeichnet. Links auf einem waldigen Kegel stellen sich dem Auge die Ruinen des helfensteinischen Schlosses Hiltenburg dar. Diese Veste war seit dem Jahre 1382, wo die Grafen von Helfenstein ihr Stammschloß an Ulm verpfändet hatten, Residenz dieser Herren gewesen. Hiltenburg nahm ein trauriges Ende: Herzog Ulrich von Württemberg war, noch vor seinem großen Unglück, schon im Jahre 1516, über den Zwistigkeiten mit seiner Gemahlin, von Kaiser

Maximilian in die Acht und Aberacht erklärt worden. Er widersetzte sich diesem Beschluß, sammelte einen Heerhaufen, zog nach Göppingen und von da nach Blaubeuren. Doch brachte er noch in demselben Jahr (22. Oktober) einen Vergleich mit dem Kaiser zu Stande und zog nun mit seinem Kriegsvolk von Blaubeuren, durch unser Filstal, nach Göppingen und Stuttgart zu. Als er an der Hiltenburg vorbeizog, wurde von den Helfensteinischen, den alten Feinden Württembergs, die ihren Mutwillen nicht lassen konnten, mit einer Stückkugel nach ihm geschossen. Ulrich besann sich keinen Augenblick, er ließ das Schloß stürmen, und brannte es nieder (9. November 1516). Seit diesem Tage hat es seine jetzige Gestalt.

Gustav Schwab, Die Neckarseite der Schwäbischen Alb, Stuttgart 1823, Nachdruck Tübingen 1960, S. 184

Drackenstein. Drackenstein liegt 3 Stunden von Geislingen entfernt, am Ende einer romantischen Seitenschlucht des Filstales. Es nimmt sich, wenn man von Wiesensteig her kommt, äußerst malerisch aus, da es von hinten ringsum von Bergen und Wäldern umschlossen ist. Besonders freundlich winkt die Kirche und das Pfarrhaus von dem Tuffsteinfelsen herab, auf dem beide erbaut sind. Kommt man Sommers diesen Weg, so glaubt man nicht, daß die Sonne vom 10. Dezember bis zum 16. Februar gar nicht scheint, und doch ist es so, denn das Dörfchen liegt in einer Schlucht, von der nur ein Ausgang, Wiesensteig zu, führt. Der wohl 60 Fuß hohe kleine Wasserfall zwischen der Kirche und dem Pfarrhause ist von Menschenhänden durch Verkünstelung wahrhaft verunstaltet worden. Denn wenn früher das kleine Flüßchen Gosbach, welches von den Bergen herabkommt, um diese enge Talschlucht zu bewässern und die Einwohner stets mit frischen Forellen zu versehen, frei und fröhlich den Tuffsteinfelsen hinabstürzte und in lauter Staub sich auflöste, so hat man jetzt ein Bassin angelegt, um das Wasser zu sammeln; kommt nun ein Fremder, den Wasserfall zu sehen, so muß er warten, bis das Bassin voll ist und dann – sieht er 5 Minuten lang einen gegen 30 Fuß breiten dünnen Strahl, der etwas Großartiges vorstellen soll und doch so verkünstelt aussieht gegen das frühere einfache Naturschauspiel! Der ganze Spektakel dauert übrigens höchstens 5 Minu-

59 (links)
Kirche und Pfarrhaus sowie die drei Mühlen von Unterdrackenstein.
Aquarell von C. Ph. Heinrich Bach, um 1860
60
Kirche, Pfarrhaus und Wasserfall in Unterdrackenstein.
Sepiazeichnung von Caspar Obach, um 1850

ten und dann hat der künstliche Wasserfall wieder ein Ende, ein Umstand, der nicht dazu beiträgt, der Verkünstelung seinen Beifall zu schenken. Nicht minder verkünstelt als der Wasserfall ist die Tuffsteinhöhle, welche sich unter der Kirche befindet, denn die wohlweisen Naturverbesserer haben auch hier alles schöner und besser angelegt, als es der liebe Gott erschaffen hatte. Ist ja doch sogar eine kleine Vertiefung der Höhle dazu benützt worden, um ein Bierfäßchen versteckt darin anzubringen, so daß Bier aus Felsen herausläuft, wenn zufällig der Hahnen gedreht ist. Ein neues Wunder Mosis, sagt mir mein freundlicher Führer, indem er wohlgefällig auf diese Einrichtung hinabsieht. – Von dieser Höhle führt ein senkrechter Gang, einem Schornstein ähnlich, in die oberhalb liegende Kirche.

Carl Theodor Griesinger, Universal-Lexikon von Württemberg, Stuttgart 1841, Spalte 264

Drackenstein. Der so vielen Naturfreunden wohlbekannte romantische Felsen, auf welchem das Dörflein Drackenstein mit seiner Kirche und Pfarrhaus steht, hat am 15. Juni 1856 eine empfindliche Beschädigung erlitten.
Diesen Morgen um 8 Uhr trennte sich der ganze nordöstliche Felsenvorsprung unmittelbar neben dem Wasserfalle, worauf sich der schönste Punkt des ganzen Felses, die sogenannte Altane, befand, los und stürzte, ein bedeutendes Stück des lieblichen Pfarrgärtchens mit sich fortreißend, mit donnerähnlichem Getöse in die Tiefe. Unter den Bewohnern des Dorfes erregte das furchtbare Krachen Bestürzung und Schrecken.
Da der Sturz sich am Morgen des Sonntages ereignete, so ist außer der Beschädigung an Wiesen und Gärten ein größeres Unglück nicht zu beklagen, was zu einer andern Zeit wegen Beschäftigung vieler Menschen in der Heuernte und in den Steinbrüchen unmittelbar unter dem Felsen wohl der Fall gewesen wäre ...
Bemerkenswert ist bei diesem Ereignis, daß dasselbe aus der Unterminierung des Felsens durch einen Steinbrecher hervorging, welcher den untern Grund und Boden von der früher gegründeten Verschönerungsgesellschaft gekauft hatte, einem für Naturschönheiten gewaltig begeisterten, längst aufgelösten Vereine, der, nachdem seine Aktien auch in die Tiefe gegangen waren, zur Emporbringung derselben die schönsten Felsenpartien in Steinbrüche umwandelte, durch deren Verkauf an Steinbrecher die ganze hintere Seite des Felsens, westlich vom Wasserfalle, nach und nach gänzlich kahl rasierte und den Einsturz der letzten schönen Felskronen gründlich vorbereitete.
Das Pfarramt hatte seit Monaten bei allen Behörden um Einstellung der Unterminierung gebeten. Die mit der Untersuchung der drohenden Gefahr beauftragte Ortskommission fand aber hiezu keinen Grund, so daß nun die oft ausgesprochenen Besorgnisse jetzt leider eine glänzende Rechtfertigung fanden.

Pfarrchronik Drackenstein, Eintrag von 1856

Wiesensteig. Wer gegenwärtig unser Tal bereist, wird finden, daß dasselbe in Beziehung auf gute Straßen, Fruchtbarkeit, Anmut und romantische Partien sich jedem andern Albtal kühn an die Seite stellen kann. Wiesensteig wird bald mit jedem andern Landstädtchen ohne Nachteil verglichen werden dürfen. Eine Straßenbeleuchtung ist projektiert. Ein zweckmäßig eingerichtetes Strudelbad mit reinem köstlichen Quellwasser verdanken wir den umsichtigen Bemühungen und Opfern unsers Arztes. Manche Gewerbe werden von jüngeren Kräften schwunghaft betrieben. Eine Buchhandlung hat bedeutenden Vertrieb in katholischen Artikeln, eine Büchsenmacherwerkstätte liefert meisterhafte kunstvolle Arbeit usw. Etwaige Touristen mögen nicht versäumen, sich die geschmackvolle Stiftskirche und ein interessantes Naturspiel, die steinerne Frau, zeigen zu lassen, was auf einem Gange geschehen kann. Ein Wiesensteiger Gastwirt hat sich um die interessanteste, oberhalb des schönen Filsursprunges, gelegene Naturmerkwürdigkeit der Umgegend, um die Schertelshöhle, neuerdings dadurch sehr verdient gemacht, daß er sie wieder zugänglich machte und in der nächsten Zeit eine Beleuchtung derselben veranstalten wird. Es darf keinen Verehrer der Natur reuen, einen Gang zu dieser wild romantisch gelegenen, mit den frappantesten Tropfsteingebilden geschmückten, in zwei lange Kammern auslaufenden, Höhle zu machen. Unfern davon ist eine zweite geräumige Felsengrotte, das steinerne Haus.

Schwäbische Chronik 27. 6. 1858, S. 1133, Vom obern Filstal 23. 6. 1858

Wiesensteig. Wiesensteig, Städtchen im Oberamte Geislingen, zählt mit sechs einzelnen Wohnsitzen 1396 (worunter 29 evang. Filial von Gruibingen und Neidlingen) Einwohner, ist Sitz eines Kameralverwalters, eines Amtsnotars und Revierförsters und liegt in dem hier sehr tiefen und schmalen Filstale, das sich etwas weiter oben in eine Schlucht verengt, in der die Fils entspringt. Die Umgebungen des Städtchens sind äußerst sehenswert und besonders einem Bewunderer romantischer Partien zu empfehlen. Die schöne und geräumige Kirche mit ihren vielen Gemälden und gemaltem Plafond war früher mit dem hiesigen Collegiatstifte verbunden. Die Einwohner sind sehr gewerbsam und beschäftigen sich meist mit Maurer- und Ipserarbeiten; Winters werden Spindeln gedreht, Körbe geflochten etc. und mit diesen oder mit Geislinger Waren Handel getrieben; die Spindeln gehen bis an den Rhein; auch die hier verfertigten Ulmer-Köpfe sind sehr beliebt. Außerdem gibt es eine Fabrik chirurgischer Instrumente, eine Papiermühle und bedeutende Viehmärkte.

Carl Theodor Griesinger, Universal-Lexikon von Württemberg, Stuttgart 1841, Spalte 1558/1559

61 (links)
Die Stadt Wiesensteig von Westen mit dem Steinernen Weib im Hintergrund. Aquarell von C. Ph. Heinrich Bach, um 1860
62
Blick auf die Stadt Wiesensteig von Südwesten. Lithographie von Franz Schnorr, um 1840

63
Blick auf die Stiftskirche Wiesensteig von Nordwesten. Federzeichnung von Max Bach, um 1860

Filsursprung. Der Weg steigt nun fast sichtlich bergan und die »silberglitzende« Fils stürzt plätschernd über runde Kiesel dahin. Plötzlich nach einer Wanderung von einer Stunde hat das Flüßchen aufgehört. Wo ist es hingeschwunden? Wir befinden uns noch im halben Tale, wir sind weder nach Rechts noch nach Links abgegangen, aber der Fluß ist uns abhanden gekommen. Wir kehren um, denn soeben sahen wir ihn noch, und zwar gleich mächtig und reißend, wie vor einer Stunde; er muß also ganz in der Nähe sein! Und richtig, da haben wir ihn wieder; denn wir sind, ohne es zu bemerken, an der Stelle vorübergegangen, wo er, eine kleine Biegung machend, aus dem Wiesengelände als breiter lebendiger Bach hervorkommt. Er ist in der Tat eine seltsame Erscheinung, dieser Ursprung der Fils! Das Tal verändert sich nicht im Mindesten, sondern führt noch eine gute halbe Stunde als »Trockental« weiter. Der Fluß entspringt also nicht am Ende des Tales, wie sonstige Flüsse tun; er entspringt auch nicht aus einem Felsen, oder aus einem See, oder wenigstens aus verschiedenen Quellen, die zusammenrieseln; nein, er kommt als fertiger, 6 Schuh breiter und fast 2 Schuh tiefer Bach aus dem Fuße des rechten Talrückens hervor. Das sanft ansteigende Wiesengelände öffnet gleichsam seinen Mund, um den Bach auszuspeien, und die Spalte ist gerade groß genug, um das Wasser durchzulassen. Ohne Zweifel ist der Sammelpunkt dieser Wasser im Innern der Berge, die sich über dem Tal erheben; ohne Zweifel befindet sich dort eine tiefe Höhle, ein großer unterirdischer See, in welchem die verschiedenen Quellen zusammenfließen. Gesehen aber hat diesen See und diese Höhle noch Niemand, denn es ist in dem Spalte, aus dem sich die Fils herauswindet, nicht einmal für ein kleines Tierchen Raum, um den unterirdischen Wassern nachzuschlüpfen, viel weniger für einen Menschen. Groß und mächtig muß aber dieser See sein, denn der Bach fließt Sommers und Winters gleich stark und gleich hell, und man kann in der Mächtigkeit oder der Farbe seines Wassers, wie es aus dem Wiesenrain hervorkommt, weder dann eine Veränderung finden, wenn der Schnee geht und Schlammerde mit sich reißt, noch dann, wenn wochenlang kein Regen gefallen ist und die Brunnenwasser fast allüberall anfangen, spärlicher zu fließen.

Schertelshöhle und Reissenstein mit Bad Dizenbach und ihren Umgebungen, von einem Touristen, Wiesensteig 1863, S. 12/13

64
Die Höhle »Steinernes Haus« bei Wiesensteig. Lavierte Federzeichnung von Eduard von Kallee, 1875

65 Blick von der Höhle des Heimensteins zum Reußenstein. Gouache von Louis Mayer, um 1836

Burgruine Reußenstein. Die Ruine der Burg Reußenstein liegt eine starke Meile von dem Talstädtchen Kirchheim unter Teck, links von dem Teckberg, auf der südöstlichen Bergwand des Neidlinger Tales. Doch hat sie der Künstler nicht in diesem Tale selbst aufgesucht, sondern seinen Standpunkt in dem Heimenstein, einer der Burg gerade gegenüber liegenden Höhle, genommen. Auf dem Wege von der nordwestlichen Albzinne nach dieser Grotte findet man sich bald im dichtesten Walde, unter einem bunten, aber wohltuenden Gemische der verschiedenartigsten Bäume. Auch der Boden bekleidet sich von Schritt zu Schritt mit einer üppigen Vegetation von Gras, Blumen und Kräutern; man merkt, daß man nicht nur von Städten, sondern von allen Menschenwohnungen fern wandelt und die unendlich wohltätige Gegenwart einer jungfräulichen Natur labt

66 Die Burgruine Reußenstein über dem Neidlinger Tal von Nordwesten. Sepiazeichnung von August Seyffer, um 1815
67 Blick auf die Burgruine Reußenstein vom östlichen Nachbarfelsen. Lithographie von Ernst Fries, um 1825

Herz und Auge, während die würzige Bergluft in dieser blühenden Einsamkeit Brust und Füße stärkt und alle Müdigkeit weghaucht.
In dem Eingeweide des Felsen, welcher den Namen Heimenstein führt, öffnet sich am südlichen Abhange eine schmale Höhle, welche denselben nach Südosten durchschneidet, etwa 60 Schritte lang und von innen eng, aber wohlgeformt, lichtlos, durch herabhängende und auf den Boden bunt hingeworfene Steinmassen unterbrochen, bald von dreifacher Mannshöhe, bald so niedrig, daß man nur gebückt durchkriechen kann und nur mit Licht versehen und unter dem Vortritt eines Führers durchkommt. An der wieder erweiterten Kluft steht man vor dem schroffen Abgrunde des Tales und dem Blicke gerade gegenüber erscheinen als Vorsprung der entgegengesetzten Talwand die herrlichen Trümmer der alten Veste Reußenstein, als Krone eines Felsen, der sich aus einer Fülle von Wald erhebt. Dieser überkleidet die ganze obere Hälfte des länglichen Bergkessels, den das Tal bildet.

Gustav Schwab, Wanderungen durch Schwaben, Leipzig 1838, S. 106f.

Burgruine Reußenstein. ... ich erhielt den Brief in größtem Körper- und Geistesbankrott bei der Heimkunft von einer tour forcé nach den herrlichen Reußensteiner Ruinen im Neidlinger Tal. Das ist noch etwas von großem Anblick! ... als ich auf dem ungeheuern, spitzigen Felsen stund, über den Abgründen der sonnenscheuen Wälder in die geöffnete Aussicht und in das Meer von Licht und Sommerluft hinausblickte, hie und da einen Weih mit ruhig ausgelegten Schwingen sich der Willkür des Windes überlassen und so in den reinsten Linien auf- und abbeugen sah, als hätte er Lust, seinen eigenen Leib in bloße Luft zerrinnen zu lassen – da hatte ich auch so eine Empfindung von: Was zieht mir das Herz so, was zieht mich hinaus ...

Eduard Mörike am 1. August 1827 aus Köngen an Friedrich Kauffmann, in: Adolf Schahl, Lauter Kleinigkeiten zwar ..., Auf den Spuren von Eduard Mörike, Stuttgart 1962, S. 54f.

Burgruine Reußenstein. Aus dem schönen Albtale steigt der Fels über Berg und Wald empor, auf dem die Riesenveste in schwindelnder Höhe schwebt. Auf drei Seiten ist der Fels von furchtbaren Abgründen umgeben und schlechterdings unzugänglich; die Verbindung mit der Alb auf der vierten, südöstlichen Seite, ist durch tiefe Gräben abgeschnitten. Mauerwerk von großem Umfang zeugt von der ehemaligen Festigkeit des Schlosses, dessen jetziger Eingang eine durch Fels und Mauer gebrochene Höhle ist, die man durchkriechen muß. Indem wir den eigentlichen ursprünglichen Eingang suchen, sehen wir uns auf die eine südöstliche Mauer beschränkt, welche von dem auf der östlichen Ecke befindlichen Turm ausgehend, sich mit dem südlich stehenden Wohngebäude verbindet, und, auf dem äußersten Rande des freiaufsteigenden Felsen hinlaufend, das Ganze abschließt. Und doch gewahren wir in der südöstlichen Mauer erst in einer Höhe von wenigstens 40 Schuh eine torartige Öffnung, welche wir für den ehemaligen Eingang halten müssen, obgleich keine Spur einer Stiege oder eines Anbaues an der Mauer zu bemerken ist.
Der Turm, der auf der östlichen Ecke steht, war wohl 30 Schuh höher, als wir ihn jetzt sehen. Das Wohngebäude scheint dreistockig gewesen zu sein und soll in den Felsen ungeheure Keller und Gewölbe gehabt haben, die jetzt verschüttet sind. Die Mauern des Schlosses sind 6 Schuh dick. Hoch oben an der südlichen Mauer bemerken wir ein Tor, das auf einen Balkon geführt hat. In den Mauern sind im Ganzen 17 Fensteröffnungen zu zählen. An der Decke der oben bemerkten torartigen Öffnung in der südöstlichen Mauer ist eine weibliche Figur gemalt, die aber zum größten Teile verwischt ist; nach dem Gewande und den Verzierungen ist zu schließen, daß der Meister eine Madonna malen wollte.
Die Wanderer werden nicht ohne Staunen über die riesenhafte Kühnheit des Baues, den Reußenstein verlassen, der durch seine Lage auf einem senkrecht emporsteigenden Felsen, mit dem Schloß Lichtenstein die größte Ähnlichkeit hat, dasselbe aber an Umfang weit übertrifft.

G. und E. Paulus, Beschreibung der Schertelshöhle bei Wiesensteig, Stuttgart 1832, S. 19–21

68 Die Erlegung des letzten Luchses in Württemberg beim Reußenstein. Ölbild, von R. E. 1847

Mittleres Filstal und Lautertal

Das Mittlere Fils- und Lautertal ist aus den verschiedenartigsten Landschaften und Herrschaften zusammengesetzt. Diese kamen im wesentlichen im Jahre 1810 zu dem neu gebildeten württembergischen Oberamt Geislingen. Die Orte des Lautertals mit den »Residenzen« Donzdorf und Weißenstein wie auch die meisten Höfe auf dem Rehgebirge gehörten zur Herrschaft der Freiherren und späteren Grafen von Rechberg. Dieses Gebiet war durchsetzt von kleineren Besitzungen, wie z. B. der Grafen von Degenfeld in Staufeneck, Salach und Großeislingen oder den bubenhofischen Dörfern Kleinsüßen und Winzingen. Die rechbergische Herrschaft hatte sich im Reformationszeitalter der Reformation nicht angeschlossen. In der Folge ging deshalb durch manche Dörfer, wie z. B. Groß- und Kleineislingen oder Groß- und Kleinsüßen, nunmehr jahrhundertelang neben der schon ohnehin trennenden Landesgrenze eine Konfessionsgrenze.
Die Industrialisierung faßte dank der günstigen Verkehrslage, der Wasserkräfte an den Mühlkanälen der Fils und insbesondere anlernwilliger Arbeitskräfte schon früh Fuß. Bereits 1768 entstand in Salach eine Tabakspinnerei, der älteste Betrieb im Landkreis, der zu Beginn des 19. Jahrhunderts in die Textilfabrik Kolb und Schachenmayr umgewandelt wurde. Den entscheidenden Aufschwung brachte der Bau der Eisenbahnlinie Stuttgart-Ulm. Die Bahn erreichte 1847 Süßen und überquerte 1850 die Alb bei Geislingen. Der Schweizer Arnold Staub errichtete 1857 mit Schweizer Kapital eine Baumwollweberei und -spinnerei bei Kuchen. Zehn Jahre später arbeiteten hier schon etwa 1 000 Menschen an 550 Webstühlen und 48 000 Spindeln. Bereits anfangs der fünfziger Jahre waren in Geislingen durch den Kapellmüller Daniel Straub die späteren Weltfirmen WMF (Württembergische Metallwarenfabrik) und MAG (Maschinenfabrik Geislingen) gegründet worden.
Hatte in Geislingen Albert Kappis die Anfänge der WMF und MAG im Bilde festgehalten, so war es in Kuchen der nicht weniger bedeutende Caspar Obach. Als Auftragsarbeit des dortigen Fabrikanten Arnold Staub entsteht so um 1865 die Lithographie der Baumwollspinnerei und -weberei (Abb. 69). Nur noch als Reproduktion überliefert ist sein Aquarell vom Websaal (Abb. 70).
Aufgrund der fortschrittlichen sozialen Leistungen erhielt Arnold Staub auf der Weltausstellung von 1867 in Paris einen ersten Preis. Als Bewerbungsschrift hatte er eine illustrierte Beschreibung des von ihm errichteten Arbeiterquartiers in Kuchen eingereicht. Das prachtvolle Titelblatt dieser »Description de la Citè ouvriere« schuf der Stuttgarter Lithograph Adam Gatternicht (Abb. XVIII). Die Preisverleihung veranlaßte den norddeutschen Schriftsteller Ludwig Walesrode, die Musterfabrik zu besuchen. In mehreren Artikelfolgen berichtete er über seine Eindrücke in der damals weitverbreiteten Zeitschrift »Über Land und Meer« 1868. Diesen Artikeln sind die Holzstiche von E. Kirchhoff mit der Darstellung eines Sonntagskonzertes der Kuchener Arbeiterkapelle vor der Villa des Fabrikherrn sowie der vorbildlichen Fabrikschule unter Schulmeister Schmid entnommen (Abb. 72, 71). Als Vorlage für den Holzstich des Sonntagskonzertes fand bereits ein Foto Verwendung. Zum künstlerischen Wert dieser Ansichten tritt ihr ungleich höher anzusetzender sozialgeschichtlicher, denn sie geben uns einen zwar geschönten, aber mehr als seltenen, und in dieser Form im Landkreis und weit darüber hinaus einmaligen Einblick in die damalige Arbeitswelt.
Nicht ohne besonderen Reiz ist das liebenswürdige Aquarell des erst 14jährigen Michael Villforth aus Gingen (Abb. 74). Die Ansicht zeigt das sich bei Gingen weit öffnende Mittlere Filstal vor der eindrucksvollen Kulisse des Hohenstaufen und der mit Schlössern und Ruinen gekrönten Berge Staufeneck, Ramsberg, Hohenrechberg und Scharfenberg. Daß uns Louis Kolb von seiner engeren Heimat um Salach zahlreiche Bleistift- und Federzeichnungen hinterlassen hat, überrascht nicht. Mit geschwinder Feder hat er 1828 die Einbettung der Dörfer Gingen und Süßen in die Landschaft eingefangen (Abb. 73, 86).
Der Maler an der Hohen Karlsschule in Stuttgart, Professor Adolf Friedrich Harper, fertigt als Gegenstück zu der Eybacher Ansicht 1770 die Supraporte von Süßen mit dem degenfeldischen Schloß Staufeneck im Hintergrund (Abb. 76). In der bewegten Staffage stellt er im Schatten eines Baumes am linken Bildrand sich selbst dar. Zwischen 1837 und 1840 kommt der große englische Maler William Turner auf seiner Reise von Heidelberg nach Salzburg auch durchs Filstal. In

XVIII
Titelblatt der Bewerbungsschrift der Baumwollspinnerei und -weberei von Arnold Staub in Kuchen für die Weltausstellung in Paris 1867. Farblithographie von Adam Gatternicht, Stuttgart

einem seiner Skizzenbücher aus jener Zeit, die das Britische Museum in London verwahrt, nimmt er flüchtig, wohl von der Postkutsche aus zeichnend, die Ruinen Staufeneck und Scharfenberg vor der langgezogenen Silhouette des Albtraufs auf (Abb. XIX).

Vor seinem »zwangsweisen« Abschied von Hohenstaufen und seiner Versetzung auf die Pfarrei Gemmrigheim 1834 stattet Pfarrer Eduard Keller dem befreundeten Hohenstaufener Bandfabrikanten Schwarz in Großsüßen und dem dortigen Pfarrer einen Besuch ab. Bei dieser Gelegenheit hat er die Situation des

XIX
Die Silhouetten der Burgruinen Staufeneck und Scharfenberg vor dem Albtrauf zwischen Messelberg und Tegelberg. Bleistiftskizze von William Turner, um 1837/40

Pfarrhauses vor der evangelischen Ulrichskirche und dem Mühlbach seinem Skizzenbuch einverleibt (Abb. 75). Um 1850 entsteht die prachtvolle, altkolorierte Lithographie von Süßen durch Ferdinand Friedrich Wagner, die im Verlag von Maler Renz in Stuttgart erscheint (Abb. 77). Caspar Obach versäumt es bei seinen Streifzügen durch die heimische Landschaft nicht, so kleine Schönheiten wie die Kapelle zum gegeißelten Heiland bei Kleinsüßen, zu Füßen der Burgruine Staufeneck, in einer ausdrucksvollen Sepiazeichnung um 1850 der Nachwelt zu überliefern (Abb. 78).
Größer ist die Auswahl an Darstellungen der Burg Staufeneck, zwar weniger in ihrem intakten, als in ihrem ruinösen Zustand nach dem teilweisen Abbruch und Einsturz in den Jahren 1826 bis 1828. Hier ist es wieder Antoine du Chaffat, der mit dem Auge des Festungstechnikers um 1740 die wehrhafte Burg auf ihrem Rebenhügel darstellt (Abb. 79). Mit zu den schönsten Blättern einer Burg der Schwäbischen Alb gehört das Aquarell eines unbekannten Meisters, welches die Anlage von Norden, vom Rehgebirge her, um 1810 zeigt (Abb. 80). Die grandiose Meisterschaft wird besonders deutlich, wenn man zum Vergleich die von dem nicht unbedeutenden Maler Karl Urban Keller geschaffene Ansicht heranzieht (Abb. 84). Eduard Keller und Johannes Woelffle sind es, die 1834 und um 1855 den fortschreitenden Verfall der Burgruine festhalten (Abb. 81, 82). Die Wächter am Lautertal, die beiden Vesten Staufeneck und Ramsberg vor dem sich öffnenden Filstal bei Süßen mit dem Albtrauf im Hintergrund, überliefert uns der Gmünder Zeichenlehrer Johann Sebald Baumeister in seinem Miniaturaquarell von etwa 1805 (Abb. 83).
Wiederum von der unbekannten meisterlichen Hand stammt das Gegenstück zu Staufeneck, das Aquarell der Burg Ramsberg bei Donzdorf (Abb. 85). Es zeigt die um 1810 noch in ihrer ursprünglichen Höhe erhaltene Wehrmauer und neben dem damals gleichfalls noch vorhandenen rundbogigen Eingang die Reste des 1830 gänzlich abgetragenen Bergfrieds. Mit der Ansicht der Burg Ramsberg und der davor gelegenen Martinskapelle mit ihrem barocken Dachreiter beginnt die großartige Serie des Münchner Porzellan- und Landschaftsmalers Felix Bockhorni, der um 1826 zahlreiche rechbergische Besitzungen in Ölbildern niedergelegt hat (Abb. 92, 93, 110). Dieser Reihe schließt sich die nicht minder bedeutende des aus Donzdorf gebürtigen Ellwanger Präzeptors Max Emanuel Jacker von 1830 an, der Burg und Kapelle und das dazugehörige Dörfchen Reichenbach u. R. gleich in mehreren Sepiazeichnungen festhält (Abb. 88, 87, 83, 90). In glänzend kombinierten Staffagegruppen bezieht er auch Szenen der bäuerlichen Arbeitswelt, wie z. B. Kuhhirten, rastende Schnitter, die Einbringung der Heuernte, in seine Veduten ein. Mit der ehemaligen Pfarrkirche von Hürbelsbach und dem dabeigelegenen Forsthaus, in dem Dreieck zwischen Donzdorf, Gingen und Süßen, setzt er seine Reihe rechbergischer Ansichten fort (Abb. 95).
Von Jackers Großvater, dem Donzdorfer Schulmeister Maximilian Jacker, stammt die etwa um 1790 entstandene Ansicht von Donzdorf (Abb. 91). Das rechbergische Renaissanceschloß mit dem Schloßgarten im Vordergrund zeigt noch die ihm um die Mitte des 18. Jahrhunderts gegebene barocke Fassung und Fassadenmalerei. Rechts vom Turm der kath. St. Martinspfarrkirche erhebt sich, kenntlich an den Ecktürmchen, das 1798 abgebrochene sog. »Steinhaus«, der Amtssitz der specht-bubenheimischen Kondominatsverwaltung. Weiter geht die romantische Bilderreise durch das Lautertal mit dem Ölbild der gräflichen Residenz Donzdorf von Felix Bockhorni (Abb. 92). In der kriegerischen Zeit des Jahres 1866 nimmt der Donzdorfer Bautechniker J. Schmid den Marktplatz mit dem Rathaus (rechts) und dem sog. »Wöhrplatz« mit den Weißgerbern in einer aquarellierten Federzeichnung auf (Abb. 94). Die imposante Ruine des Schlosses Scharfenberg ist wiederum Bestandteil der rechbergischen Reihe von Felix Bockhorni (Abb. 93). Während die Anlage östlich des Bergfrieds schon stark zerfallen ist, trägt das westliche Palasgebäude noch ein Dach. Es ist zu dieser Zeit von einer Försterswitwe bewohnt. Louis Kolb zeigt mit seiner klaren Federzeichnung von 1828 die landschaftliche Lage der Schloßruine vom Waldenbühl aus (Abb. 98).
Die wohl künstlerisch höchststehende wie auch im Format

größte Ansicht des Bandes stellt das Ölgemälde mit dem Blick von der Immenreute zwischen Kuchalb und Oberweckerstell, auf die Ruine Scharfenberg dar (Abb. 99 und Umschlag). Im Hintergrund der hochaufragenden Ruine heben sich in einer abendlichen Gewitterstimmung die sonnenbeschienene Burg Ramsberg, die Ruine Staufeneck und vor der weiten Hochebene des Rehgebirges der kahle, düster wirkende Kegel des Hohenstaufen ab. Der dunkle Vordergrund wirkt wie ein Rahmen, der die sonnenumglänzten Landschaftsteile umfaßt. Der Baumschlag am Baum rechts wie auch am Baumstumpf links sowie das Geröll und die Staffage, insbesondere die Behandlung der Tiere, lassen die Handschrift des Malers erkennen. Man erahnt ihn aber auch an der Auffassung des fast italienisch durchsichtigen Himmels, in der dramatischen Schichtung der zeichnerischen Dichte, und der eigenartigen Überlappung der Wolkenränder. Farbig hochinteressant sind die Beigaben von Rothöhungen im Gewölk, sowie die vielerlei Abwandlungen durch Krapplack im Blau oder aber durch Grau-Weiß-Farbtönungen in den Regenwolken. Bei dem Maler handelt es sich um Daniel Fohr. Die Zuschreibung an diesen bedeutenden Künstler bestätigt und unterstreicht Prof. Dr. Siegfried Wichmann, einer der besten Kenner der Münchner Landschaftsmalerei. Fohr verbindet in seinen Arbeiten die stilistischen Möglichkeiten der Kopenhagener Schule mit den thematischen, symbolistisch wirkenden Vorgaben Carl Rottmanns und seiner Nachfolger. Daniel Fohr wurde 1801 in Heidelberg geboren. Er war dort befreundet mit Carl Rottmann und Ernst Fries. Erst spät folgte er dem Beispiel seines berühmten Bruders Carl Philipp und ging 1829 nach München. Dort lebte er zeitweise in Lebensgemeinschaft mit Christian E. B. Morgenstern, hielt aber auch Kontakt mit dem Freund der Heidelberger Zeit, Carl Rottmann, der sich in München niedergelassen und einen großen Namen erworben hatte. 1840 wurde Daniel Fohr badischer Hofmaler in Karlsruhe. In die Zeit um 1845/46 datiert Prof. Dr. Siegfried Wichmann die Gewitterstimmung mit der Ruine Scharfenberg. In diesen Jahren zwischen 1846 und 1850 hielt sich Fohr in München auf. Als badischer Hofmaler starb er 1862 in Baden-Baden.

Mit den Ansichten der Weiler Unterweckerstell und Grünbach setzt Max Emanuel Jacker seinen Zyklus von 1830 fort (Abb. 96, 97). Einen Abstecher ins nahe Winzingen macht Gräfin Hippolythe von Rechberg, geb. Freiin von Pelkhoven, die Gattin des bekannten Rußland-, Griechenland- und Italienreisenden Carl von Rechberg. In kräftigen Farbtönen hält sie 1831 den Ort vom Wege nach Hohenrechberg fest (Abb. 100). Vor dem weitgehend noch unbewaldeten Albtrauf, zwischen Messelstein, Hohenstein und Spitzenberg, fängt Louis Kolb das anmutig gelegene Dörfchen Wißgoldingen mit zarter Feder 1828 ein (Abb. 101). Die längst verschwundene Naturschönheit des Lauter-Wasserfalls bei der Friedhofskapelle in Nenningen wie auch das Dörfchen selbst, mit seiner alten, nach einem Einsturz im frühen 20. Jahrhundert neu errichteten katholischen Pfarrkirche St. Martin, sind auf weiteren Blättern des Präzeptors Max Emanuel Jacker dargestellt (Abb. 103, 104).

In einem großformatigen Blatt zeigt uns in künstlerischer Weite, unter höchster Genauigkeit, Johann Sebald Baumeister das rechbergische Residenzstädtchen Weißenstein kurz nach der Wende zum 19. Jahrhundert (Abb. 102). Wenige Staffagegruppen geben dem in einem zarten Kolorit seiner Zeit gehaltenen Blatt Raum und Tiefe. Etwa zur gleichen Zeit nimmt für uns Karl Urban Keller, der weitgereiste Wanderer, das Städtchen von Südosten in wenigen Federstrichen auf (Abb. 107). Die Auswahl unter den Weißensteiner Veduten ist groß, und es fällt schwer, von den zahlreichen Blättern die besten und aussagekräftigsten auszuwählen. Angeführt seien wiederum Felix Bockhorni (Abb. 110), Max Emanuel Jacker (Abb. 105, 106) und Johann Sebald Baumeister (Abb. 108). Eine Schützenscheibe im Keckenburg-Museum Schwäbisch Hall schmückt eine Ansicht des Schloßes Weißenstein. Gestiftet worden war diese Scheibe von Carl Christian Illig, Bierbrauer und Gastgeber zur Goldenen Sonne in Schwäbisch Hall, am 9. August 1843 (Abb. XX).

Als einziger hat Johann Sebald Baumeister um 1805 die einstige barocke Wallfahrtskirche auf dem Bernhardus bei Weißenstein, die im Zuge der Aufklärung 1809 abgebrochen und deren Gnadenbild auf den Hohenrechberg transferiert wurde, in ihrer landschaftlich exponierten Lage gezeichnet (Abb. 109). Stark überhöht gibt Alexander Ruf aus Hohenrechberg in seiner dilettantischen Lithographie den klassischen Blick vom Bernhardus auf die »Drei-Kaiser-Berge« wieder (Abb. 111).

Noch schwerer fällt es, unter den zahlenmäßig wohl nie genau feststellbaren Ansichten vom Hohenrechberg auszuwählen. In einem in dieser Größe von Johann Sebald Baumeister selten ausgeführten Aquarell zeigt der Gmünder Zeichenlehrer in seiner charakteristischen Miniaturmalerei Schloß- und Kirchberg des Hohenrechberg mit Rechberg-Hinterweiler und dem Hohenstaufen (Abb. 112). In bestechender Weise lockert er den Vordergrund des breiten Panoramas durch Baum und Zaun, einen umgeknickten Baum und ein bäuerliches Trachtenpaar auf. Während die Ansicht der Gräfin Hippolythe von Rechberg aus dem Jahre 1832 die Burg Hohenrechberg in ihrer bis um 1830 klassischen Schau von Süden zeigt, so verlegt sich diese in der Folge auf die Höhe des Stationenweges zur Wallfahrtskirche. Der wohl erste, der sich diesen neuen Standpunkt zu eigen

macht, ist der begabte Landschaftsmaler Louis Mayer. Sein Ölbild aus der Zeit um 1833, das auch in zwei Gouache-Versionen überliefert ist, wurde damals vom Württembergischen Kunstverein erworben (Abb. 115).
Diese neue klassische Ansicht fand durch ihre Wiedergabe als Stahlstich in Gustav Schwabs vielfach aufgelegten »Wanderungen durch Schwaben« die ihr gebührende weite Verbreitung. Louis Mayer hatte den Blick für das Wesentliche und Große einer Landschaft, die er ins Erhabene zu steigern wußte. Mit seinen Ansichten für dieses Buch wollte Louis Mayer die »romantischen und malerischen Schönheiten des Landes dem Freund der Natur vorführen«.
Ohne Beispiel unter den gezeigten Veduten ist das aus Leinwand-Rupfen gestaltete und um die Mitte des 19. Jahrhunderts geschaffene 42 x 49 cm große Diorama des Hohenrechberg (Abb.XXI). Es zeigt das Schloß von Nordosten mit der steinernen Bogenbrücke vor der gemalten Silhouette des Hohenstaufen. Stark überhöht gibt das Ölbild des Münchner Landschafters Anton Doll aus der Zeit um 1860 das Schloß wieder (Abb. 114). Dieser Ansicht ist die detailgetreue zeitgenössische Bleistiftzeichnung von Caspar Obach gegenübergestellt (Abb. 113). Die Ansichten von der Burg Hohenrechberg rundet die lavierte Bleitstiftzeichnung des Schlachtenmalers Louis Braun ab, der die brennende Burg nach dem Blitzschlag am 6. Januar 1865 mit den zu Hilfe eilenden Feuerrotten zeigt (Abb. 116).
Im letzten Bild seines Rechberg-Zyklus stellt Max Emanuel

XX (links)
Schloß Weißenstein auf einer Scheibe der Schützengilde Schwäbisch Hall, gestiftet den 9. August 1843 von Carl Christ. Illig, Bierbrauer und Gastgeber zur Goldnen Sonne. In Öl auf Holz gemalt, vermutlich von Bonhöfer in Hall

XXI
Diorama des Schlosses Hohenrechberg. Der Vordergrund ist aus Leinwand-Rupfen, das Schloß aus Papier gestaltet, der Hintergrund gemalt, um 1850

XXII
Werbekarte der Firma Zeller & Gmelin in Eislingen.
Lithographie, um 1870

69 (rechts)
Die 1857 gegründete Baumwoll-Spinnerei und -Weberei Staub in Kuchen, im Vordergrund die ersten Häuser der Arbeitersiedlung.
Lithographie nach Caspar Obach, um 1865

Jacker die barocke Wallfahrtskirche »Zur schönen Maria« auf dem Kirchberg zusammen mit dem noch fachwerkgeschmückten Pfarrhaus und dem Mesnerhaus in der Mitte dar (Abb. 118). Wohl Jacker selbst deutet mit Zylinder auf den zur Pfarrkirche gehörenden Friedhof der beiden Rechberg-Orte. Der heimatliche Wanderer, Pfarrer Eduard Keller, zeigt in einer lavierten Federzeichnung von 1831 Pfarrer Johann Evangelist Bieg vor dem gastfreundlichen Pfarrhaus. Dieses besaß damals wie heute die Wirtschaftsgerechtigkeit (Abb. 118). Aus dem Fremdenbuch des Pfarrers wissen wir, daß oftmals reges Leben und Treiben auf der Gipfelfläche herrschte. Nicht umsonst vermerkt der evangelische Amtsbruder vom benachbarten Hohenstaufen unter seiner Skizze: »Linde, in deren Schatten sich des Sommers Gesellschaften der Umgegend versammeln«. In einer großartigen und sehr frühen Landschaftsdarstellung hält um 1800 der Augsburger Maler Johann Michael Frey vom Abhang des Hohenstaufen die mit zahlreichen Einödhöfen bestandene Landschaft des Ottenbacher Tals mit Ottenbach im Mittelgrund vor dem Hohenrechberg und Stuifen fest (Abb. 119). Das auf einer kleinen Anhöhe gelegene Dorf Ottenbach wiederum ist in der Miniatur-Reihe von Johann Sebald Baumeister enthalten (Abb. 120).
Die für das 19. Jahrhundert bestimmende klassische Ansicht des Hohenstaufen fertigt um 1816 der Landschaftsmaler und Kupferstecher Friedrich August Seyffer (Abb. 123). Sie entsteht als Gegenbild zu dem von ihm kurz zuvor im gleichen Querfolioformat herausgegebenen Kupferstich des Stammschlosses Württemberg. Dem König Wilhelm I. von Württemberg gewidmeten Blatt vom Hohenstaufen liegen Seyffers Naturstudien von 1813 zugrunde. Der Kupferstich überhöht den Kaiserberg ins Großartige und Heroische, Ausdruck des Empfindens für seine Bedeutung als Träger der Stammburg des großen schwäbischen Kaisergeschlechts. Seyffer läßt das Haupt des Hohenstaufen in die Zone zerfetzter Wolken hineinragen, die als Element des Geheimnisvollen und Bedrohlichen das spätromantische Bedürfnis nach Erregung und Gefühlsunruhe ansprachen. Mit der Darstellung von Salach im Mittelgrund des Bildes hat er gleichzeitig die früheste Ansicht dieses Dorfes nach dem Filstalpanorama von 1535 geschaffen. In der Vignette zeigt Seyffer außerdem die Ansicht der Kaiserburg nach der Rekonstruktion auf dem Ölgemälde des Gmünder Malers Johann Georg Heberlen von 1670.
1829 hält Louis Kolb seinen Heimatort Salach in einem Skizzenbuchblatt fest (Abb. 122). Die Federzeichnung zeigt das breit gelagerte Dorf mit der dominierenden Simultankirche St. Margaretha vor dem weiten Panorama des Albtraufs und die elterliche Baumwollspinnerei von Schachenmayr & Kolb am linken Bildrand. Sein Salacher Elternhaus, das barocke Gebäude des heutigen Gasthauses »Traube«, stach wohl Johannes Woelffle nach einer Zeichnung von Louis Kolb 1836 in Stein (Abb. 121). In einem reizenden Aquarell hält Carl Schott 1859, als 19jähriger, Salach vor dem noch unbewaldet aufragenden Bergkegel des Hohenstaufen fest (Abb. 124). Er entstammte der auf Staufeneck ansässigen Gutspächterfamilie Schott. Nach einer glänzenden Offizierslaufbahn wurde er ein Schüler des Biberacher Malers Anton Braith und danach ein bedeutender württ. Schlachten- und Landschaftsmaler. Sein Bruder ist der bekannte Pater Anselm Schott, der Herausgeber des sog. »Schott-Messbuches«. Bei ihren heimatlichen Streifzügen nahmen wiederum Louis Kolb 1828 Großeislingen und Pfarrer Eduard Keller 1832 Kleineislingen mit der Lutherkirche auf (Abb. 126, 135). Ein frühes Beispiel der Darstellung von Industriebetrieben auf Werbekarten und Briefköpfen stellt die lithographierte Visitenkarte der 1866 gegründeten Eislinger Firma Zeller & Gmelin dar. Die Karte zeigt die zur Gewinnung von Schieferöl errichtete Fabrik mit den beiden Destillationsgebäuden am rechten Bildrand im Jahre 1867 (Abb. XXII).

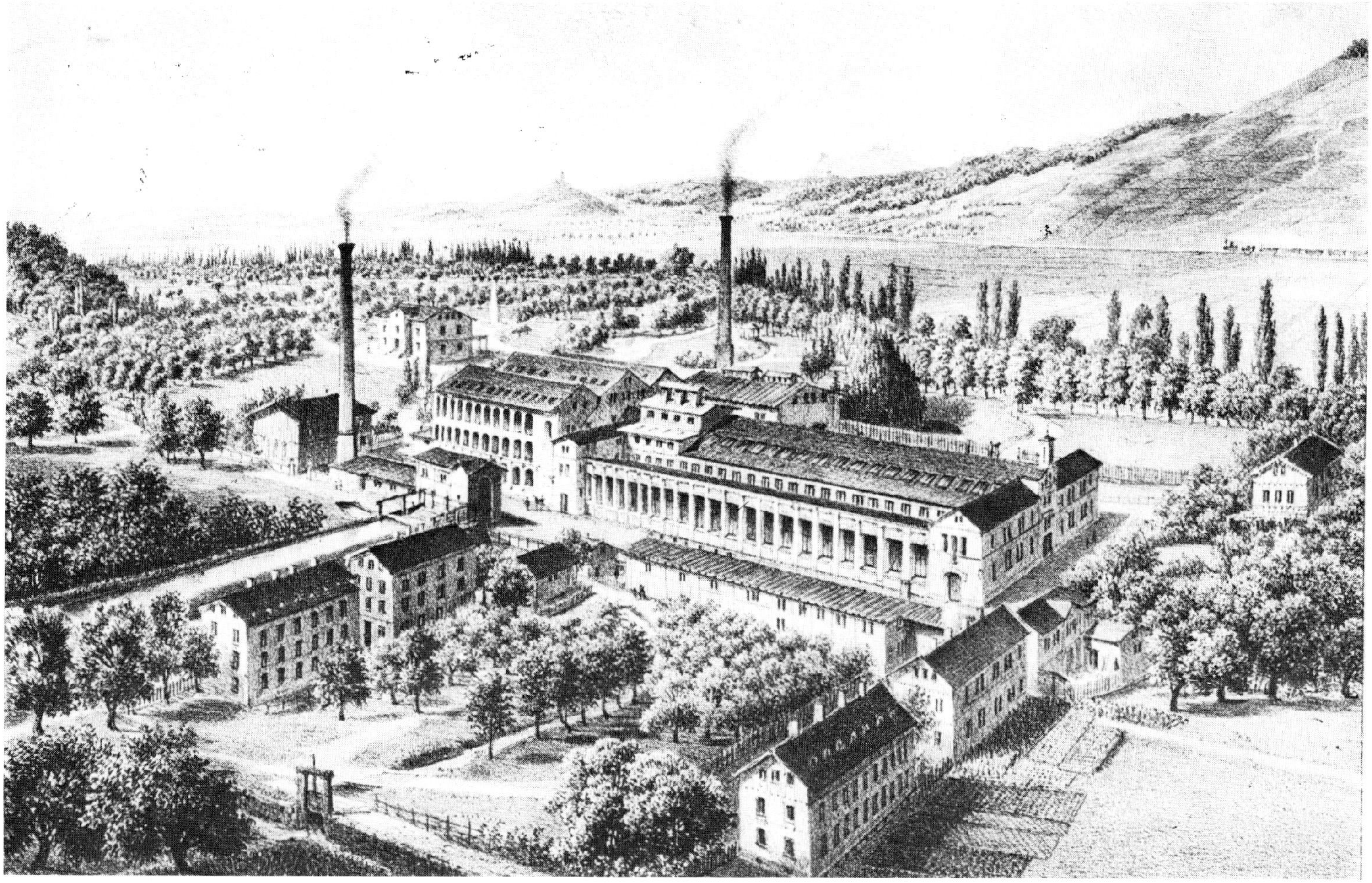

Kuchen. Gleich nach Tische machte ich mit Herrn Staub in Begleitung noch einiger Gäste aus der Umgegend und aus Stuttgart, die sich für das abendliche Fest eingefunden hatten, einen Gang nach dem Arbeiter-Quartier, wie er es selbst nennt. Dasselbe liegt in unmittelbarer Nähe der Fabrik, in einer weiten, von wellenförmigen Höhenzügen begrenzten Talebene so offen und übersichtlich da, in scharf und sauber gezogenen Linien und verständlicher Disposition des Terrains, als hätte man eine auf Papier sorgfältig ausgeführte Planzeichnung vor sich. Man sieht es gleich, daß hier ein sozialindustrielles System sich verkörpert habe. Aber trotz dieser linearen, rechtwinkeligen Planmäßigkeit, welche sonst mehr dem geometrischen Ordnungssinne als dem ästhetischen Geschmacke zu genügen pflegt, macht das Ganze doch auf den ersten Blick einen überaus freundlichen Totaleindruck durch das luftige und lichte Verhältnis der Baulichkeiten zu dem großen, mit Gartenanlagen bepflanzten freien Platze, und durch die trauliche Gruppierung der wiederum in kleinen Gärtchen umgebenen Wohnhäuser zu einander, wozu noch die heitere, landschaftliche Umgebung das Ihrige tut. Dieser Eindruck steigert sich zu einem wahrhaft wohltuenden, wenn das Auge von Allgemeinen prüfend auf das Detail übergeht.

Die Architektur der in Bricken und Fachwerk aufgeführten Arbeiterhäuser macht sich in wechselnden, zierlichen Stilarten geltend, wenn auch an allen der behäbige bürgerliche Charakter vorherrschend ist.

Ludwig Walesrode, Eine Arbeiter-Heimstätte in Schwaben, in: Ueber Land und Meer, Allgemeine Illustrirte Zeitung, 1868, S. 574

Kuchen. Es war gerade Rechenstunde. Aber auf den Wunsch des Herrn Staub verwandelte sich plötzlich, und wie ich merkte, zu großer Genugtuung der Schüler, die Lektion in eine über alle hier vorkommenden Unterrichtsgegenstände – außer Lesen, Schreiben, Rechnen, Gesang auch noch Geographie, Naturgeschichte, Physik und Geschichte – abzuhaltende öffentliche Prüfung... Kurz, dieses improvisierte Examen machte den Schülern, wie man es ihren animiert geröteten Gesichtern ansehen konnte, nicht weniger Vergnügen als uns. Jedenfalls nahm man die Überzeugung mit, daß hier con amore gelehrt und gelernt wurde. In der Tat hat sich die Schule für die Kuchener Arbeiterkinder nach den Zeugnissen der Bezirksschulbehörde als eine der besten Primärschulen des Landes bewährt, was in dem durch sein vorzügliches Volksschulwesen vor andern deutschen Staaten ausgezeichneten Württemberg etwas bedeuten will.

... Der Schulbesuch ist für alle Kinder der Arbeiter von 6–11 Jahren unentgeltlich. Gehalt und Wohnung der Lehrer werden vom Fabrikchef bestritten. Dagegen wird jedem Kinde, das mit seinem elften Jahre in die Fabrikarbeit eintritt, für täglichen dreistündigen Unterricht (über 6 bis 7 Stunden täglich dürfen Kinder von 11–14 Jahren nicht in der Fabrik beschäftigt werden), an jedem Zahltage ein Schulgeld abgezogen, dessen Betrag sich nach dem Alter und der Schulzeit feststellt... Diese Abzüge werden aber dem Kinde gutgeschrieben, und wenn dasselbe nach beendigter Schulzeit ohne Unterbrechung fünf Jahre lang hintereinander noch in der Fabrik gearbeitet hat, demselben verdoppelt zurückgezahlt.

Ludwig Walesrode, Eine Arbeiter-Heimstätte in Schwaben, in: Ueber Land und Meer, Allgemeine Illustrirte Zeitung, 1868, S. 708f

Kuchen. Ich möchte den Leserinnen und Lesern dieses Blattes, denen meine Darstellung einiges Interesse für die schwäbische Arbeiter-Heimstätte abgewonnen haben soll, nur wünschen, daß sie einmal einem jener Konzerte beiwohnen könnten, welche die Instrumentalkapelle der Arbeiter-Heimstätte von Kuchen allsonntäglich im Garten ihres Fabrikchefs ausführt und von denen die beigegebene Illustration nur ein anschauliches Bild zu liefern vermag. Daß mein Lob, welches ich den musikalischen Leistungen der Kuchener Arbeiter bei der Christbaumfeier gespendet, ein wohlverdientes gewesen, hat durch den Preis – Pokal und Medaille –, welchen der Fabrikliederkranz von Kuchen vor einigen Wochen auf dem Schwäbischen Sängerfeste in Esslingen sich errungen oder ersungen hat, eine Bestätigung erhalten, die mehr gilt als mein Lob. Die öffentliche Anerkennung aber soll vor Allem nicht dem Manne vorenthalten werden, der sich durch seinen erfolgreichen Eifer um die künstlerische und geistige Bildung der Kuchener Arbeiter wohl verdient gemacht hat, dem Herrn Fabrikschullehrer Schmid.

Ludwig Walesrode, Eine Arbeiter-Heimstätte in Schwaben, in: Ueber Land und Meer, Allgemeine Illustrirte Zeitung, 1868, S. 718

Die Staub'sche Fabrik in Kuchen (Württemberg). Die Schule. Originalzeichnung. (S. 574.)

Sonntagskonzert der Arbeiterkapelle der Fabrik Kuchen. Nach einer Original-Photographie von C. Schwarz in Stuttgart, von E. Kirchhoff. (S. 716.)

Nebenstehende Seite

70 *Websaal der Firma Staub in Kuchen. Ausschnitt aus dem Aquarell von Caspar Obach, um 1865*

71 *Die Fabrikschule der Baumwoll-Spinnerei und -Weberei Staub in Kuchen. Holzschnitt, 1868*

72 *Sonntagskonzert der Arbeiterkapelle vor der Villa von Fabrikant Arnold Staub in Kuchen. Holzstich von E. Kirchhoff, 1868*

73 Gingen von Norden, mit dem Bergkegel des Spitzenbergs und dem Ramsfelsen im Hintergrund. Federzeichnung von Louis Kolb, 1828
Nebenstehende Seite
74 Blick auf Gingen von Süden mit Hohenstaufen, Ruine Staufeneck, Schloß Ramsberg, Stuifen und der Ruine Scharfenberg im Hintergrund. Aquarell von Michael Villforth, 1832

Filstal zwischen Göppingen und Geislingen. Von dort (Göppingen) bis Geislingen lehnten wir die Köpfe in die Kutschenecke. Es war schwüle, gewitterhafte Luft. Ein süßer Heuduft wehte auf uns zu, und das Geklirr der Sensen mischte sich lieblich in meinen Halbschlaf. Ein paarmal machte der Fuhrmann auf die schöne Gegend aufmerksam; aber es kostete Überwindung, nur ein Auge aufzublinzen. Ich hatte mir innerhalb meiner vier Gehirnwände ein still apartes Stübchen vorgebildet, worin ich – Du weißt wohl, mit wem verkehrte. – Nun kam das wälderreiche tiefe Tal von Geislingen. Ein Städtchen, das mir immer lieb gewesen! Der alte Schubart war dort viele Jahre Präzeptor. Im goldnen Löwen, wo dieser arme Bruder im Apoll so manchen guten Schluck getan, fand ich zu meinem heimlichen Verdrusse alles modern herausstaffiert. Ich schwur, wenn ich das nächstemal wiederkäme, ein Porträt des Poeten als fromme Stiftung an die Wand zu hängen. Die Geislinger Mädchen, die jeden Fremden mit ihren Beinwaren verfolgen, ließen sich auch diesmal nicht abweisen. Auf einer wilden Höhe überm Ort steht der sogenannte Ödenturm, eine alte Warte, schroff und drohend, wie der schwarz geharnischte Geist eines Ritters.

Eduard Mörike am 17. 7. 1831 aus Ulm an seine Braut Luise Rau. LB Stuttgart, cod. hist. Q 332/39 a

Gingen. Das Aussehen des Ortes ist im Ganzen freundlich und reinlich; die Gebäude sind meistens zweistockig und im untern Stock von Stein gebaut.
Die Einwohner sind fleißig und betriebsam, und suchen ihrem beschränkten Grundbesitz den höchstmöglichen Ertrag abzugewinnen. An Gewerben fehlt es nicht, und es gibt besonders viele Branntweinbrenner und Weber; im Jahr 1835 zählte man 14 Leineweber, 28 Lohnweber, auch wird mit Vieh, Obst und Branntwein ziemlicher Handel getrieben. Seit 1837 besteht hier eine bedeutende Käserei. Die Fischerei des Orts ist unbedeutend; Weißfische führt indes die Fils viele, auch Forellen gibt es. Auf der Markung finden sich gute Sandsteine, auch Schwefelkies.

Stälin, Beschreibung des Oberamts Geislingen, Stuttgart 1842, S. 197

No: 56
118
Straße von Heidenheim
Schloß Scharfenstein.
Groß-Süßen.
Oestliche Aufsicht von dem Schwarz'schen Hauße. —

75 Die ev. Ulrichskirche und das ev. Pfarrhaus von Süßen, im Vordergrund der Mühlbach. Lavierte Federzeichnung von Eduard Keller, 1834

76 *Süßen mit den Schlössern Staufeneck und Ramsberg, im Vordergrund links der Maler bei der Arbeit. Supraporte in Öl von Adolf Friedrich Harper, um 1770*
77 *Süßen von Südwesten mit Staufeneck und Ramsberg, dem über dem Lautertal aufsteigenden Messelberg und der Burgruine Scharfenberg. Altkolorierte Lithographie von Ferdinand Friedrich Wagner, um 1850*

Süßen. Süßen ist ein trefflicher Ort und liegt in einer paradiesischen Gegend; denn man sieht die herrlichsten Obstgärten, Wiesen, treffliche Wälder, auf der Nordseite drei Schlösser und eine Menge fruchtbarer Äcker, die zum Teil noch mit den reichsten Früchten bedeckt dastanden. Hanf und Flachs bauen die Landsleute hier sehr stark und treiben außerdem auch einen wichtigen Handel mit Obst und Vieh. Überhaupt das Tal ist ein gesegnetes Land und eine wahre Schatzkammer Ulms. Schade, daß die Leute sehr viele Abgaben zu prästieren haben. Wahrscheinlich eine Folge dessen ist's, daß ich so wenig frohe und muntere Gesichter erblickte; alle Lebhaftigkeit schien mir bei den Inwohnern des Tals erloschen zu sein ... Es befindet sich in diesem Amtsort auch eine Gipsmühle, welche von einem Arme der Fils getrieben wird. Dieser Fluß ist dem Tal oft sehr schädlich und reißt manches Tagwerk Wiesen und manches Jauchert Ackers mit sich fort ...

Einige hundert Schritte von Süßen liegt das katholische Ort Klein-Süßen, das dem Freiherrn von Bubenhofen, Geheimen Rat in Würzburg, gehört; hier erhebt Ulm einen Zoll wegen der Brücke über die Fils, es hat auch einen eigenen Zolleinnehmer im Dorfe.

Michael Dietrich nach einer Albwanderung aus Urspring in einem Brief an seinen Bruder vom 20. 9. 1789.
StA Ulm, Handschriften, Nachlaß Michael Dietrich, II. Briefbuch

Süßen. Nun komm ich selbst mit dir geflogen,
Das Land empor an des Neckars Wogen;
Nur mache mich, das bitt' ich bloß,
Bald deines Hudelwerkes los,
Und laß in Sphären, frisch und rein,
Ein freier Mensch mich wieder sein.
Ich grüß euch flüchtig, all ihr Berge,
Gewes'ner Stärke Riesensärge:
Dich, zwischen deiner Wälder Traufen,
Du feierabendlicher Staufen,
Dich, Staufeneck, du Immerschöne,
Du Wallfahrtslust der Talessöhne,
Die sich an Staufens Herrlichkeit
Wie an den Ahn der Enkel reiht,
Wie einem hohen Festgelag
Nachfolgt ein klein'rer Feiertag.
Hab auch im frischen Pappelwehn,
Tal meiner Wiege, dich gesehn,
Und blickte hinauf zur Glockenstuben,
Die so oft mir hallte, dem rüst'gen Buben,
Mit ahnungsreich erhabnem Grauen
Weit in die Lande mich ließ schauen. –

Johann Georg Fischer, Bilder vom Bodensee, in: Gedichte, Stuttgart 1854, bzw. Phantasien am See, Schiller-Nationalmuseum Marbach

78
Feldkapelle zum Gegeißelten Christus, darüber die Burgruine Staufeneck und Schloß Ramsberg im Hintergrund. Sepiazeichnung von Caspar Obach, um 1850

79 *(rechts)*
Schloß Staufeneck vom Filstal aus, davor Weinberge. Kupferstich nach Antoine du Chaffat, um 1740

Süßen. Bei der Station Süßen, einem großen, wohlhabenden Dorfe an beiden Ufern der Fils, in einer fruchtbaren, von den Bergen der Alb schön umgrenzten Talebene gelegen, wenden wir unsere Blicke zur Linken nach der reizenden Ruine Staufeneck, welche von der Spitze des sanft abgerundeten Hügels aus dem erquickenden Grün einer dichten Buchenwaldung mit ihrem schlanken alten Turm herabschaut und den Wanderer zu einem durch herrliche Aussicht lohnenden Besuch einladet. Die Burg hatte früher ihre eigene Herrn, die Ritter von Staufeneck, welche mit dem Hohenstaufen'schen Geschlecht verwandt gewesen zu sein scheinen. Nach deren Aussterben gelangte sie durch mehrere Hände 1665 in den Besitz der Grafen von Degenfeld, welchen sie noch jetzt mit dem benachbarten Salach zugehört... Neben den Ruinen der Burg ist jetzt ein stattliches, wohlgebautes Hofgut mit weitläufigen Ökonomiegebäuden. Am Fuße des Staufenecker Hügels bietet eine an dem zur Burg führenden Fußpfad gelegene Kapelle mit einem Missionskreuz ein anmutiges Bildchen dar.

G. Kuttler, Die Schwäbische Eisenbahn, Heilbronn 1859, S. 65

Schloß Staufeneck. Dem Vorhof liegt das alte Schloß erhöht in der Front. Man geht mittels einer steinernen Brücke über den tiefen Schloßgraben, der nun in einen mit den schönsten Fruchtbäumen besetzten Grasplatz oder Garten umgeschaffen ist. Die gotische Spitzwölbung des Tors ist vermauert, und erscheint jetzt als ein gewöhnliches oben rundgewölbtes Tor. Durch dieses kommt man in den inneren engen Hof des Schlosses, welcher von den zwei Hauptgebäuden desselben gebildet wird und ehemals eine tiefe Zisterne hatte, die aber nun verschüttet ist. Rechts steht das sogenannte neue und links das alte Schloß. Mit diesem ist der äußerst merkwürdige kolossale, runde Turm verbunden. Er hält im Umkreis 42 württembergische Ellen und in der Höhe gegen 54 solcher Ellen. Er ist von unten bis oben mit den schönsten Quadern aus hartem gelben Sandstein erbaut und alles spricht an ihm ein hohes Altertum aus. Von unten hat er keinen Eingang. Erst in der Höhe von etwa 30 Schuh ist eine Türe, die sich auf der Seite des alten Schlosses befindet, von dem man durch selbe in den Turm kommt...
Von dem obersten Stockwerk des alten Schlosses öffnet sich eine dritte Türe, durch die man auf Stiegen kommt, die auf die oberste Zinne des Turmes führen, wo etwelche Fenster durchgebrochen sind.

Hier hat man nun freilich eine kleine Welt vor sich liegen; aber Schwindligen behagt es nicht lange und sie eilen mit Unbehaglichkeit wieder hinunter, zufrieden, den Riesen bestiegen zu haben. Der Koloß ist schon öfters vom Blitzstrahl getroffen worden und daher befindet sich das Dach nicht im besten Zustande. Es scheint auch, daß dieses in den ältesten Zeiten eine ganze andere Form als jetzt gehabt habe. Dermal ist es ein niedriges rundes Spitzdach.

Das alte Schloß ist ebenfalls von Quadersteinen bis auf den obersten Stock, der von Holz ist, aufgeführt. Die ganze Einrichtung und Bauart ist sehr alt und niemand wohnt darin, als der protestantische Pfarrer von Salach. Er hat im zweiten Stock des Schlosses eine Kapelle, in der er von 14 zu 14 Tagen abwechselnd mit seinen Pfarrkindern Gottesdienst hält. Es ist aber nicht mehr die alte Schloßkapelle, worin Ber von Rechberg den 22. Oktober 1432 in honorem sancti Cyriaci et sociorum eine eigene Kaplanei für die Burg stiftete; denn die ganze Einrichtung ist weit jünger; vermutlich erst aus dem Ende des 17. Jahrhunderts, wo die zwei Raugräfinnen hier wohnten. Der Teil, in dem der jeweilige Pfarrer seine Wohnung hat, ist eigentlich allein bewohnbar und erhalten. Man hat von selbem die angenehmste Aussicht auf das nur eine halbe Stunde entfernte Donzdorf, auf das Fils- und Lautertal, Klein- und Großsüßen und weiterhin an die Gebirge.

Cum Priv. Sac. Cæs. Maj.

A. du Chaffat I.H.

Das neue Schloß ist von Grund auf bis unter das Dach in Stein gebaut und zeigt auch Spuren eines jüngeren Zeitalters. In diesem wohnte die raugräfliche Familie, wann sie aus der Pfalz hie und da hieher kam; auch war es ehemals die Wohnung des herrschaftlichen Obervogts. Die schöne Aussicht dehnt sich gegen Süden und Westen über Salach, Groß- und Kleineislingen, Göppingen, Hohenstaufen tief in das Württembergische aus. Dermal ist es ganz unbewohnt und daher nicht eingerichtet...

In dem Teil gerade unter dem Felsen ließ die Raugräfliche Familie am Ende des 17. Jahrhunderts einen Weinberg anlegen, wozu sie die Reben und einen Weingärtner aus der Pfalz beschrieb. Er soll jährlich gegen 80 Eimer guten Wein ertragen haben. Jetzt ist er ebenfalls Wiese und zum Teil Weide.

Joseph Alois Rink, Handschriftliche Beschreibung von Schloß Staufeneck, um 1813. Gräflich-Degenfeldisches Archiv, Schloß Eybach

80 Schloß Staufeneck von Norden mit den Ökonomiegebäuden des Schloßhofs. Aquarell, um 1810
81 Die Burgruine Staufeneck wenige Jahre nach Beginn des Abbruchs. Federzeichnung von Eduard Keller, 1834

Schloßruine Staufeneck. Über das Abbrechen des Schlosses erinnere ich mich noch einer Anekdote, die damals viel Heiterkeit erregte. Die Grafen Degenfeld ließen, weil die Unterhaltung des Schlosses ihnen zu teuer war, von Bauverständigen sich Rat geben, welcher Teil, das alte oder neue Schloß, am besten abgebrochen werde. Die Bauverständigen stimmten für das alte Schloß mit der Bemerkung, daß das neue Schloß ohne bedeutenden Bauaufwand noch Jahrhunderte stehe. So wurde das alte Schloß in den Jahren 1825–1828 abgebrochen. Ein oder zwei Jahre darauf, an einem heißen Sommernachmittag, sah man in Salach eine Wolke von Staufeneck aufsteigen. Man glaubte zuerst, es brenne; als aber die Wolken sich verzogen, sah man die sich gegen Salach bietende Seite des neuen Schlosses eingestürzt. Eine Überladung der Böden mit gesammelter, gedroschener Frucht soll die Ursache gewesen sein; so wurde das schöne Schloß ganz Ruine.

Friedrich Joseph Kolb (1820–1889), Bemerkungen zur Geschichte von Schloß Staufeneck, um 1884. LB Stuttgart, Schefold 7649–7652 k

Schloß Staufeneck. Man findet nicht leicht eine angenehmere Promenade als die von Donzdorf bis nach Staufeneck. Sie führet anfangs durch die schönsten Fruchtfelder an der Lauter oder durch Wiesen am Bergschloß Ramsberg herunter. Dann steigt man bei dem Baierhof zwischen Laubholz-Wäldern, die besonders im Frühling von dem entzückenden Gesang an Nachtigallen, Grasmücken, Amseln und aller Gattungen von Singvögeln laut ertönen und zwischen Wiesen allmählich hinauf und wird plötzlich am Tor des Vorhofes der Burg durch die lachendste Aussicht in das Filstal erfreut.

Joseph Alois Rink, Handschriftliche Beschreibung von Schloß Staufeneck, um 1813, in: Gräflich-Degenfeldisches Archiv, Schloß Eybach

Schloß Ramsberg. Weiterhin links über dem sehr lieblichen Lautertal erhebt sich der alte Burgstall Ramsberg sehr malerisch auf der äußersten Spitze des langen, gegen das Lautertal vorspringenden, vom Rechberg herziehenden Rückens. Seine einfachen Gebäude, die sich rund um den Berg ziehen, dienen ebenfalls den Zwecken der Landwirtschaft. Die noch erhaltene hohe und starke Ringmauer ist sehr alt und unten aus großen Buckelsteinen aufgeführt. Das Hauptgebäude im Westen ist ein schlichtes, dreistockiges Steinhaus mit hohen, staffelförmigen Giebeln; die übrigen Gebäude sind niedriger. Eine neuere, im gotischen Stile erbaute Kapelle mit einem Altar und dem gut ausgeführten Bilde des heiligen Martin erhebt sich auf einem kleinen Hügel hinter den Gebäuden.

82 *Die Burgruine Staufeneck vom Rehgebirge aus, links der Hohenstein. Sepiazeichnung von Johannes Woelffle, um 1855*
83 *Blick aus dem Lautertal auf Ramsberg und Staufeneck, im Mittelgrund vor dem Albtrauf Süßen. Aquarell von Johann Sebald Baumeister, um 1805*
84 *Die Burg Staufeneck von Osten, vom Weg zum Baierhof. Aquarell von Karl Urban Keller, um 1805 Nebenstehende Seite*
85 *Schloß Ramsberg von Nordwesten, vor Abbruch des Turms und des gewölbten Eingangs. Aquarell, um 1810*

Das Schloß bestand eigentlich aus zwei Burgen, die in ihrer Mitte durch einen runden, uralten Turm verbunden waren. Entzückend schön ist ein Ausblick in das am Fuße des Ramsberges hinziehende weite Lautertal, das sich der fruchtbaren Filstalebene anschließt; große freundliche Orte, wie Donzdorf mit seinem ansehnlichen Schloß, Groß- und Klein-Süßen, breiten sich in den wiesengrünen Tälern aus. Unmittelbar hinter diesen reizenden Tälern erhebt sich die Alb mit ihren Bergen, die hier ganz nahe herantreten, wie der Messelberg, der Waldenbühl, der kegelförmig zugespitzte Scharfenberg mit den malerischen Ruinen seines Schlosses; weiterhin der großartig aufstrebende Hohenstein und jenseits des Filstales erscheinen der Grünenberg, Burren, Spitzenberg, in noch weiterer Ferne der Bosler, Aichelberg usw. Endlich grüßt das auf der Gebirgsecke zwischen dem Lautertal und Filstal so schön gelegene Schloß Staufeneck mit seinem mittelalterlichen Turm über ein stilles Waldtälchen herüber und vollendet die landschaftliche Schönheit dieser Gegend.

Hermann Frölich, Die Schwäbische Alb, Stuttgart 1872, S. 48/49

Filstal zwischen Göppingen und Geislingen. Eine der schönsten Fahrten, die ich der berühmten durch die Bergstraße mindestens gleich stelle, ist die von Göppingen nach Geislingen. Wie man den ersteren Ort verlassen hat, tut sich ein überreiches Amphitheater von Bergen auf, im Hintergrunde sowohl, als auf beiden Seiten in malerischen Gruppen erscheinend. Fast immer fährt man scheinbar nah liegenden Bergen entgegen, die keinen Ausgang wahrnehmen lassen, als der Weg sich unvermerkt wendet und wieder eine andere Bergreihe uns entgegentritt. Dabei erscheinen zugleich allenthalben die herrlichsten Täler und die schauerlichsten Schlünde. Eine der schönsten, sich gleichsam ins Land drängenden Berge trägt die Ruinen von Hohenstaufen.

Deinhardstein, Skizzen einer Reise von Wien über Prag, Teplitz, Dresden, Berlin, Leipzig, Weimar, Frankfurt am Main, Darmstadt, Heidelberg, Mannheim, Karlsruhe, Stuttgart, München, Salzburg, Linz und von dort nach Wien zurück, in Briefen an einen Freund, Wien, 1831, S. 155

Linke Seite
86 *Blick vom Wasserberg auf Süßen, im Hintergrund der Stuifen mit Hornberg und Kaltem Feld. Federzeichnung von Louis Kolb, 1830*
87 *Schloß Ramsberg und die Martinskapelle von Norden, im Vordergrund ein Hirtenjunge mit Kühen. Sepiazeichnung von Max Emanuel Jacker, 1830*

88 *Schloß Ramsberg und die Martinskapelle von Nordosten.*
Sepiazeichnung von Max Emanuel Jacker, 1830

89 *Das Dorf Reichenbach u. R. mit Kirche von Nordwesten, im Hintergrund der Messelberg. Sepiazeichnung von Max Emanuel Jacker, 1830*

90 *Heuernte vor einem Bauernhof in Reichenbach u. R., rechts der Messelberg. Sepiazeichnung von Max Emanuel Jacker, 1830*

Reichenbach unterm Rechberg. Reichenbach ein Pfarrdorf von 27 Bürgern, und 315 Seelen. Es liegt eine halbe Stunde von Donzdorf, an dem Fußweg nach Hohenrechberg, in einem angenehmen, und fruchtbaren Tal, an dem Reichenbach, der wegen seinen großen Krebsen merkwürdig ist. Der Ackerbau ist hier der einzige Nahrungszweig, der aber in allen Gattungen von Früchten sehr vortrefflich ist; auch die vielen fruchtbaren Bäume verdienen eine besondere Aufmerksamkeit, weil sie den Untertanen sehr viel abwerfen.

Joseph Alois Rink, Familien-Geschichte der Schwäbischen Dynasten von Rechberg und rothen Löwen, Handschrift, Donzdorf 1806, Band 4. Gräflich Rechbergsches Archiv Donzdorf

91 Donzdorf mit Schloß, kath. Pfarrkirche St. Martin und dem specht-bubenheimischen Amtshaus, dem sog. »Steinhaus«, am rechten Bildrand. Lavierte Tuschezeichnung von Maximilian Jacker, um 1790

Donzdorf. Eine Menge Raubschlösser, wo ehmals tapfere Ritter auf die Reisenden passten und sie niederwarfen, die drohend in das Tal, mit ihren alten Türmen und verfallenen Mauern herabsehen, machten diese wilde Gegend, durch welche der kristallklare Fluß Lauter fließt, noch romantischer. Nachdem man das Wirtembergische verlassen hat, ist der erste merkwürdige Ort der Flecken Tunzdorf, der ein altes Schloß und einen schönen Garten hat. Die Anlage des letztern ist sowohl in Rücksicht auf den Nutzen als das Vergnügen recht schön angelegt, und von ansehnlicher Größe. Er hat wegen seiner romantischen Lage in Gebirgen, wo die wilde Natur mit den gepflanzten Schönheiten des Gartens absticht und seiner

92 Blick über Donzdorf ins Mittlere Filstal, rechts und links die Schlösser Ramsberg, Staufeneck, Scharfenberg. Ölbild von Felix Bockhorni, um 1826

vielen schönen Bassins und Fontänen, viele Ähnlichkeit mit dem Garten von Hellbrunn.
Die nahen Gebirge reichen dem hiesigen Garten einen Überfluß an Wasser, welches die hiesigen vielen Fontänen, deren an zweihundert hier sind, belebt. In den Hauptgängen sind lange viereckige Bassins, in deren jedem zwanzig Fontänen springen. Einige artige Häuschen, Alleen und Buschwerk, Blumen und Vasen sind durch den Garten hin und wieder angebracht. Das Schloß ist im alten Geschmack ins Gevierte gebaut, an dessen Ecken kleine Türme stehen.

Philipp Ludwig Hermann Röder, Reisen durch das südliche Teutschland, Band 1, Leipzig 1789, S. 124–126

93 Die Ruine des Schlosses Scharfenberg von Südosten, links neben dem Bergfried der damals noch bewohnte Palas. Ölbild von Felix Bockhorni, um 1826

Schloßruine Scharfenberg. Das Schloß selbst bestand aus zwei Hauptgebäuden. Eines wandte sich mit seiner vordern Giebelseite nach Donzdorf und dieses stehet noch. Das andere war diesem gegenüber und schaute mit seinem hintern Giebel nach Kuchalb oder nach Süden. Gegen Westen stand in der Mitte zwischen den zwei Hauptgebäuden ein Turm, der durch Nebengebäude links und rechts mit diesen in Verbindung kam. Wahrscheinlich führte eine Stiege in den Turm hinauf, durch welche man mittelst der Nebengebäude in die Hauptgebäude gehen konnte. Jetzt führt in das vordere noch stehende Hauptgebäude eine schlechte Stiege von außen in die Wohnung hinauf.

Hinter dem Hauptgebäude gegen Süden stand etwas tiefer noch ein Turm. Das ganze Schloß war mit einer ausgezinnten Mauer und dergleichen offnen Türmen umgeben und weiter unten am Berge zeigen sich noch Spuren einer zweiten Umfangsmauer. Von allem diesem sieht man nichts mehr als Ruinen, außer dem zweiten Tor und dem vordern Hauptgebäude, in welchem die Witwe eines Jägers mit ihren Kindern wohnt. Selbst dieses ist in seinen innern Teilen sehr baufällig und das Dach schlecht unterhalten. In dem hintern Hauptgebäude befand sich unten die Burgkapelle, wovon noch das Altarblatt vorhanden ist, das die Kreuz-Abnehmung Christi vorstellt. Die Kapelle hatte einen eigenen Kaplan, der aber in Donzdorf wohnte. Die Aussicht in das Filstal gegen Westen ist sehr reizend. Gegen Süden und Osten aber ist sie wegen der nahen Gebirge eingeschränkt. Gegen Norden über dem Marren hin liegt der ansehnliche Marktflecken Donzdorf mit dem herrschaftlichen Schlosse. Über das niedere Rehgebirge hinüber erblickt man die alte Stammburg Hohenrechberg, in einer Entfernung von zwei Stunden, die Schlösser Ramsberg und Staufeneck, den fahlen Hohenstaufen mit dem Dorfe am Fuße desselben. Westlich Göppingen an der Fils, Groß- und Klein-Eislingen, Salach, Groß- und Kleinsüßen und Gingen.

Joseph Alois Rink, in: Friedrich Gottschalck, Ritterburgen und Bergschlösser Deutschlands, Band 5, Halle 1821, S. 116f

94 (links)
Der Marktplatz von Donzdorf, rechts mit Mansarddach das Rathaus, daneben der sog. »Wöhrplatz« mit Weißgerbern bei der Arbeit. Aquarellierte Federzeichnung von J. Schmid, 1866

95
Die St. Laurentiuskapelle und das Jägerhaus von Hürbelsbach bei Donzdorf. Sepiazeichnung von Max Emanuel Jacker, 1830

Hürbelsbach. Hürbelsbach, eine Viertelstunde von Donzdorf gegen Westen, ist ein herrschaftliches Jägerhaus, wobei die sehr alte Kapelle zum heiligen Lorenz steht. Diese hat alle Kennzeichen eines hohen Altertums. Der Chor ist von Stein und das Langhaus von Holz mit ausgemauerten Riegeln gebauet.

Joseph Alois Rink, Beschreibung des Königl. Württembergischen Oberamts Geißlingen an der Steige, Ulm 1823, S. 116f

Unter- und Oberweckerstell. Unterweckerstell, ein Weiler, das, Donzdorf gegen Süden, in einem Tal liegt und 5 Haushaltungen zählet, wovon 3 ganze Bauern, 1 Söldner und 1 Häusler sind. Die hiesige Kapelle des hl. Georg hatte vor dem einen eigenen Kaplan. Nicht weit von hier befindet sich ein Haus, welches man den Schmelzofen nennet, weil man ehemal hier nach Eisenerz grub und eine Schmelzhütte stand. Oberweckstell liegt gerad ober Unterweckerstell auf der Alb, bestehet aus zwei Bauerngütern und einer Kapelle der hl. Dreieinigkeit, die jetzt verkauft und abgebrochen wurde.

Joseph Alois Rink, Familien-Geschichte der Schwäbischen Dynasten von Rechberg und rothen Löwen, Handschrift, Donzdorf 1806, Band 4. Gräflich Rechbergsches Archiv Donzdorf

Linke Seite
96 *Blick vom Fuß des Scharfenbergs auf den Weiler Unterweckerstell bei Donzdorf. Sepiazeichnung von Max Emanuel Jacker, 1830*
97 *Der Weiler Grünbach bei Donzdorf von Norden, im Vordergrund eine Wässerungsfalle an der Lauter. Sepiazeichnung von Max Emanuel Jacker, 1830*

98 Blick vom Waldenbühl zur Ruine Scharfenberg. Federzeichnung von Louis Kolb, 1828
Rechte Seite
99 Die Ruine Scharfenberg mit Staufeneck, Hohenstaufen und Ramsberg in Gewitterstimmung, Ausschnitt. Ölbild, vermutlich von Daniel Fohr, um 1845

Grünbach. Grünbach, ein Weiler, rechts am Wege nach Weißenstein, eine halbe Stunde von Donzdorf, mit einer Kapelle zum hl. Apostel Petrus. Sechs Höfe sind Rechbergisch und der Schillerhof, welcher in zwei Teile geteilt ist, Degenfeldisch. Der Weiler hat vortreffliche Felder, Wiesen und Baumzucht.

Joseph Alois Rink, Beschreibung des Königl. Württembergischen Oberamts Geislingen an der Steige, Ulm 1823, S. 119

Schloßruine Scharfenberg. Gegen Untergang, das Filstal hinunter, hat man bei heiterer Witterung eine sehr ausgedehnte Aussicht, die reizend schön ist. Gegen die andern Weltgegenden wird sie zwar durch die nahen Gebirge beschränkt, aber sie bleibt doch ungemein angenehm durch die interessanten ländlichen Partien, die sich dem Auge so freundlich darstellen, wozu die nahen Dörfer Gingen, die beiden Süßen und Donzdorf sehr vieles beitragen.

Joseph Alois Rink, Beschreibung des Königl. Württembergischen Oberamts Geislingen an der Steige, Ulm 1823, S. 112

Winzingen. In dem anmutigen, zwischen dem Rehgebirg und den Ausläufern des Heldenbergs sich hinziehenden Krehbach-Tal, auch Maibach-Tal genannt, gerade an der Stelle wo von Nordosten das Dorfbach-Tal sich dem Krehbach-Tal anschließt, liegt sehr freundlich und einladend zwischen Obstbäumen der hübsche, etwas gedrängt gebaute Ort.
Die dem heiligen Sebastian und dem heiligen Rochus geweihte Kirche liegt etwas erhöht am westlichen Ende des Dorfes und wurde 1692 erbaut... Südlich am Dorfe steht das gräflich Rechbergische Schloß mit Garten, ein großes, schlichtes, dreistockiges Steinhaus, über dessen hübsch verziertem südlichem Eingange das Bubenhofen'sche Wappen angebracht ist; in dem hohen Hausflur stehen zwei schön geschnitzte Eichenholzsäulen...

Beschreibung des Oberamts Gmünd, Stuttgart 1870, S. 457 f

Wißgoldingen. Dieses Pfarrdorf hat eine schöne Kirche und ein hübsches geräumiges Pfarrhaus. Die Einwohnerzahl ist bei 600, die sich vom Feldbau und der Viehzucht nähren. Der Ort gehörte in den frühesten Zeiten zur Grafschaft Rechberg, seit geraumer Zeit aber der Freiherrlich v. Holz'schen Familie. Merkwürdig bei diesem Orte ist der ganz nahe, zur Ortsmarkung gehörige, Stuifenberg, der noch höher als der Hohenstaufen und Hohenrechberg ist. Die Aussicht, welche man auf diesem genießen kann, ist über alle Beschreibung entzückend und schön. In unendlichen und unübersehbaren Fernen schweift das Auge schwelgerisch umher und schwimmt in einem Meere von Entzücken. Eine lebendige Landkarte rollt sich hier vor dem Auge auf, worauf die Punkte unzählbar sind und die für sich wieder die schönsten Gruppierungen und Landschaftsgemälde bilden. Hier liegt malerisch im Tale oder auf einem freundlichen Hügel eine niedliche Meierei; dort ein buschiges Dörfchen mit seinen rauchenden Hütten; hier eine gleichsam in einen durchsichtigen Nebelduft gehüllte dampfende Stadt; da ist ein Berg, dessen Haupt entweder mit einer alten Burg oder mit einem Wald bekrönt ist, aus dem graue und schroffe Felsen öfters in den schönsten Formen majestätisch hervorragen; dort eine belebte Land- oder Fahrstraße und hier ein Fußpfad, der sich in verschiedenen Abwechslungen bald über lachende Fluren, bald durch romantische Wäldchen und bald über steile Höhen unter Abhängen wilder Felsen hinschlingelt.

Jakob Dangelmaier, Über die Gesundbrunnen – Die Gesundbrunnen und das Heilbad in Göppingen sowie die Mineralquellen in Jebenhausen, Hattenhofen und Faurndau, Gmünd 1822, S. 53–55

Linke Seite
100 *Winzingen mit der kath. Pfarrkirche St. Sebastian und Rochus von Nordwesten. Aquarell von Hippolythe von Rechberg, 1831*
101 *Blick vom Fuß des Stuifen über Wißgoldingen zum Messelberg, Hohenstein und Spitzenberg. Federzeichnung von Louis Kolb, 1828*

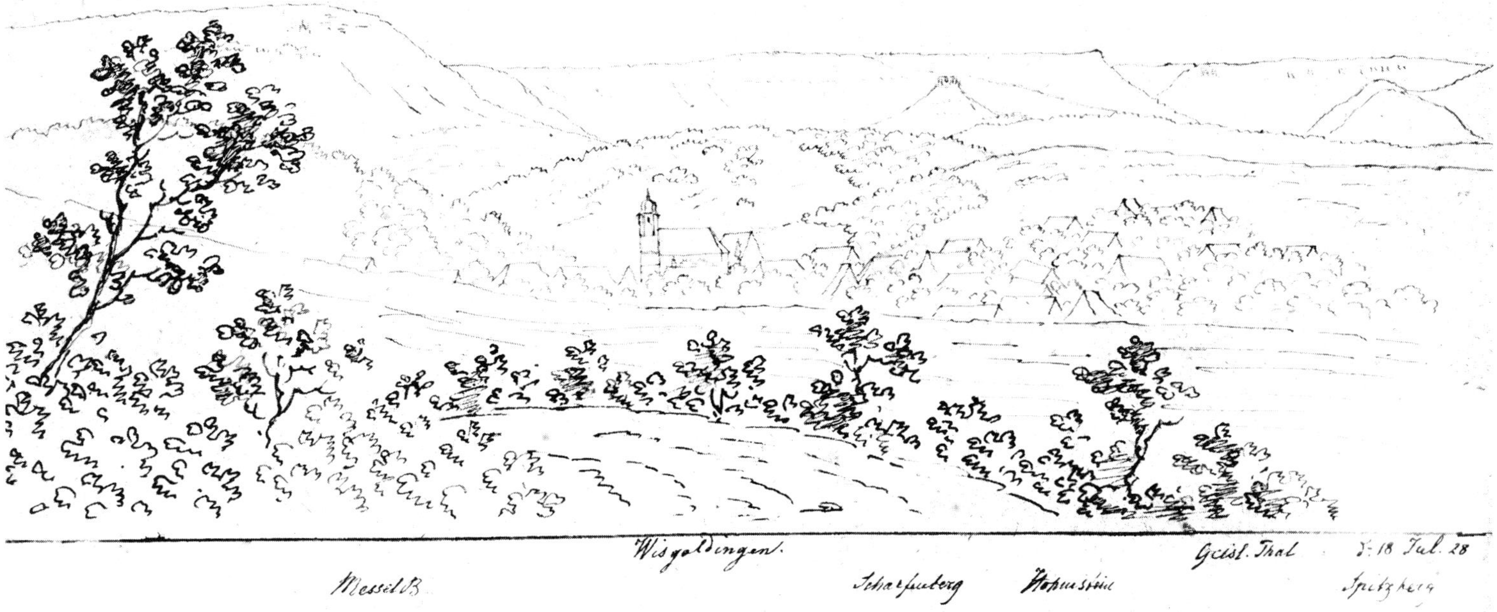

102 *Das Städtchen Weißenstein mit Schloß und Kirche von Norden. Aquarell von Johann Sebald Baumeister, um 1805*
Rechte Seite
103 *Der ehemalige Lauter-Wasserfall bei der Friedhofskapelle von Nenningen. Sepiazeichnung von Max Emanuel Jacker, 1830*

Nenningen. Dieser Ort ist ohne Zweifel der Stammort der ehemaligen Adeligen, die sich von Nenningen schrieben. Rechter Hand, von Weissenstein her, erhebt sich ein hoher Berg, den man zu Weissenstein den Galgenberg heißt, weil das Hochgericht daran stund, zu Nenningen bekommt er den Namen Weinhalden und gegen die Oberfläche zu, Burghalden. Vermutlich stand hier die Burg derer von Nenningen, wovon man aber keine Spur mehr antrifft. Diese Burghalden schließt sich an den Domschwang an, welcher mit dem Burgstall Degenfeld und dem Kaltenfeld in Verbindung stehet. Gerad dem Kaltenfeld, einer hohen, rauhen Bergfläche, gegenüber ist der Heldenberg, zwischen welchen das enge Christental hinläuft, an dessen Eingang sich Nenningen befindet; das Christental wird Hohenrechberg zu durch das Blausenberglein, das Rechberglein und die dazwischen liegende kleine Ebene, den Zuckermantel, geschlossen. Auf dem Rechberglein bemerkt man noch deutliche Spuren einer hier gestandenen Burg und auf dem gerad gegenüber liegenden Hügel, Granecklein, der am Kaltenfeld hängt, sah ich noch ganze Mauerstücke des zerfallenen Schlosses – 1476 waren zu Nenningen 20 Bürger, dermal sind 45,

worunter 3 ganze und 6 halbe Bauern, dann 11 Söldner sind, die ganze Volksmenge aber bestehet in 365 Seelen.

Joseph Alois Rink, Familien-Geschichte der Schwäbischen Dynasten von Rechberg und rothen Löwen, Hd., Donzdorf 1806, Band 4. Rechberg. Archiv Donzdorf

104
Nenningen von Süden vor der Kulisse des Kalten Felds und dem ansteigenden Kreuzberg.
Sepiazeichnung von Max Emanuel Jacker, 1830

105 Weißenstein von Norden, im Vordergrund die Mühle. Mit Weiß leicht gehöhte Sepiazeichnung von Max Emanuel Jacker, 1830

Weißenstein. Es liegt in einer sehr engen Schlucht, die von den zusammenlaufenden Albuch-Gebirgen gebildet wird, und nur gegen Westen offen ist. Seinen Namen hat es ohne Zweifel von einem hohen, turmähnlichen Felsen, der Beutel-Fels genannt, welcher ober Weissenstein an der nordöstlichen Seite des Berges stehet. Das Städtchen hat 99 Bürger, 17 Beisitzer und in allem 587 Seelen. Sie nähren sich von ihren Handwerken und die Weibsleute vom Wollenspinnen. Es hat vorzüglich gute Strumpfwirker, 2 Schreiner, 1 Schmied, 1 Kleinuhrenmacher, mehrere Becken, Metzger, Schneider und Schuster, 2 Wirtshäuser, 4 Frucht- und eine Ölmühle. Weil das Tal sehr eng ist, so kann der Ackerbau nicht statthaben. Die mehrsten Güter bestehen in Wiesen, woran aber der größere Teil zum herrschaftlichen Schloßgut gehört. Die Herrschaft hat hier ein eigenes Brauhaus, wo alle Wirte der Herrschaft Weissenstein das weisse Bier holen müssen.

Joseph Alois Rink, Familien-Geschichte der Schwäbischen Dynasten von Rechberg und rothen Löwen, Hd., Donzdorf 1806, Band 4. Rechberg. Archiv Donzdorf

Weißenstein. Das herrschaftliche Schloß liegt an dem Anhang des südwestlichen Berges, gerad ober dem Städtchen. Aus der Bauart erkennt man, daß es nach und nach zu der dermaligen Größe gekommen.
Hinter dem Schloß ist das Forellenloch, welches sich tief in den Berg hinein zieht. Aus diesem läuft ein Wasser hervor, von dem ein Teil in das Schloß geleitet wird, der andere stürzt sich über einen Felsen, vereiniget sich weiter unten mit dem vom Albuch kommenden Wasser und läuft der Lauter zu. Außer dem Städtchen, an der Straße nach Böhmenkirch, gegen Osten, befanden sich zwei herrschaftliche Weiher, in denen Forellen, und Karpfen eingesetzt waren, und nun ausgetrocknet wurden; gegen Norden aber, Degenfeld zu, ist die Wohnung des ehemaligen Scharfrichters.

Joseph Alois Rink, Familien-Geschichte der Schwäbischen Dynasten von Rechberg und rothen Löwen, Hd., Donzdorf 1806, Band 4. Rechberg. Archiv Donzdorf

106 *Schloß Weißenstein mit den Schenkelmauern zu der im Städtchen liegenden Kirche und dem Marstall. Mit Weiß leicht gehöhte Sepiazeichnung von Max Emanuel Jacker, 1830 (Bild links)*
107 *Weißenstein von Südosten, rechts der sog. »Viehhof«. Lavierte Federzeichnung von Karl Urban Keller, um 1805*

Weißenstein. Von Donzdorf geht der Weg noch eine starke Stunde an dem schönen Flusse Lauter, durch dieses wilde, einsame und romantische Tal fort, und führt zu dem sehr kleinen Städtchen Weißenstein, das am Ende dieses Tals, wo es sich schließt, liegt. Diese Hauptstadt der Herrschaft Rechberg, die zehn Häuser in ihren Mauern hat, liegt so tief in den Gebirgen und diese sind so nahe, steil und hoch, daß die Einwohner die Sonne, wenn sie in den kurzen Tagen des Winters schief steht, gar nicht, und im Sommer, wenn sie am höchsten steht, nur 6 bis 8 Stunden des Tags sehen.
Diese Berge sind teils ganz kahl, teils mit Bäumen bewachsen und mit einer Reihe Felsen gekrönt, die wie die Ruinen alter Bergschlösser aussehen. Auch zwischen den Bäumen erheben sich spitzige, kegelförmige Felsen, die das romantische der Gegend vermehren. An einem dieser Berge klebt ein sehr unansehnliches Schloß, das durch einen bedeckten Gang mit dem Städtchen zusammenhängt. Acht eiserne Kanonen und einige kleine Mörser formieren das Zeughaus des Schlosses. Einer aus der Rechbergschen Familie war einst General und von diesem sind die hiesigen Kanonen noch ein Andenken.

Philipp Ludwig Hermann Röder, Reisen durch das südliche Teutschland, Band 1, Leipzig 1789, S. 126

Bernhardus. Der Bernhardsberg, eine ehemalige Wallfahrt, welche zu Anfang des vorigen Jahrhunderts entstand. Sie liegt 1½ Stunden von Weissenstein gegen Norden auf dem Albuch, und auf einem Spitz oder Eck, das dieses Gebirg macht, man nennet es auch den Spitzkopf. Hier auf diesem Orden-Platz stehet eine schöne Kirche des hl. Bernhards, ein Benefiziat-, Mesner- und Wirtshaus, nebst einem kleinen Haus, worin ein Strumpfwirker wohnt. Hieher kommen mehrere Wallfahrer des Jahrs, einige oft nur, um die herrliche Aussicht gegen Westen, und Norden zu geniessen. Im Herbst 1806 wurde die Kirche, Kaplaneihaus und die andere hiezu gehörigen Gebäude abgebrochen. Das Bild des hl. Bernhards wurde nach Hohenrechberg gebracht und das Vermögen der Pfarrkirche allda einverleibt. Ietzt stehet nur noch das Wirtshaus hier, womit eine Sölde verbunden und verpachtet ist.

Joseph Alois Rink, Familien-Geschichte der Schwäbischen Dynasten von Rechberg und rothen Löwen, Handschrift, Donzdorf 1806, Band 4. Gräflich Rechbergsches Archiv Donzdorf

108
Das rechbergische Schloß Weißenstein von Nordwesten.
Aquarell von Johann Sebald Baumeister, um 1805

109
Blick über Herdtlinsweiler auf den Bernhardus mit der 1808 abgebrochenen Wallfahrtskirche.
Aquarell von Johann Sebald Baumeister, um 1805

110 (nebenstehende Seite)
Schloß und Städtchen Weißenstein,
rechts der Wasserfall des aus dem Forellenloch entspringenden Bachs.
Ausschnitt aus dem Ölbild von Felix Bockhorni, um 1826

Bernhardus. Eine interessante Partie ist der bei Degenfeld gelegene Sct. Bernhards Berg, auf welchem bis zum Jahre 1810 eine bedeutende Wallfahrt mit prachtvoller Kirche und schönem Pfarrhause, zu dem nunmehr auf die Kirche in Hohenrechberg versetzten wundertätigen Gnadenbilde stattfand. Man hat vom genannten Berge aus den ganzen Ober-Amtsbezirk Gmünd mit einem Teile desjenigen von Aalen in nächster Aussicht, sieht die Stadt Gmünd samt der neuen Eisenbahnlinie und dem Bahnhof, den Schönenberg und die Kirche zu Ellwangen, das dortige Apanageschloß und den ganzen Welzheimer Wald. Mächtige Steingerölle auf dem Berge deuten auf die frühere Großartigkeit der nun verschwundenen Gebäulichkeiten hin und ruft eine noch ziemlich gut erhaltene Bildsäule aus Stein, den heiligen Johannes vorstellend, den Wanderer zu ernsten Betrachtungen über die Hinfälligkeit alles Irdischen.

Alp- und Filsthalbote. Amts- und Intelligenzblatt für die Oberamtsstadt und den Bezirk Geislingen vom 16. 7. 1861, S. 227

111 Stuifen, Hohenstaufen und Rechberg vom Bernhardus aus. Lithographie von Alexander Ruf, 1838

112 Schloß Hohenrechberg mit der Wallfahrtskirche auf dem Kirchberg. Aquarell von Johann Sebald Baumeister, 1805

Hohenrechberg-Kirchberg. Alle Bewegungen und Veränderungen in der Natur sind auf dieser Höhe heftiger und fürchterlicher als im Tale. Windstösse, die die Gebäude und den in denselben befindlichen Hausrat nicht nur zittern, sondern sogar schwankend machen, sind nichts Seltenes. Oft macht der Schnee den Berg unzugänglich, daß die Pfarrgemeinde die Gottesdienste lange nicht besuchen kann. Sehr viel Fürchterliches und Schauervolles haben die Gewitter. Oft gehen sie tiefer als der Berg und man hat über sich einen heitern Himmel, während man unter sich blitzen sieht. Oft streifen sie auf dem Berge, und dann sieht man – wenn es nämlich Nacht ist – vom Tale herauf die Spitze des Kirchturms und die Kreuze auf den Gräbern glänzen, wie kleine Lichtchen. Sehr oft hat der Blitz schon auf der Kirche und dem Schloß eingeschlagen; noch nie aber auf der Pfarrwohnung. Starke Gewitter sind aber selten, weil der gegenüberliegende Staufenberg – indem sie vom Abend herkommen – die Gewitterwolken trennt, da sie dann teils in das Remstal, teils in das Filstal ziehen und sich auf diese Weise vom Berge entfernen. Wirklich spricht man sehr ernstlich davon, daß die sämtlichen Gebäude mit Gewitterableitern versehen werden sollen; wenigstens sucht es der sehr einsichtsvolle und rechtschaffene Geistliche, der diese Höhe bewohnt, mit allen Kräften zu betreiben.

Der Rechberg. Aus dem Briefe eines Reisenden, in: Schwäbische Chronik vom 29. 7. 1791, S. 184

113 Das Schloß Hohenrechberg von Südosten. Lavierte Bleistiftzeichnung von Caspar Obach, um 1850

Burg Hohenrechberg. Tiefer als der obere Teil des Berges ragt ein Felsen empor auf dem das Stammschloß der Familie steht. Dieser Felsen hängt durch eine steinerne Brücke mit dem Hauptberge zusammen, über welche man in den ersten Vorhof des Schlosses kommt. Diesen Vorhof umschließen mehrere Ökonomie-Gebäude und die Wohnung des Schloßwächters. Von diesem Vorhof gelangt man über eine hölzerne Brücke, unter welcher ein äußerst tiefer Graben, der den Felsen von dem Vorhof trennt und rings um ihn herum läuft, unter das zweite Tor, worunter das Burgverlies sich befand, zwischen den Schloßgebäuden und der innern Umfangsmauer des dritten Tores. Bei dem Eintritt in dasselbe befindet man sich in einem Dreieck, welches die zusammenlaufende hohe Quadermauren der Gebäude bilden, eingeschlossen, aus dem man endlich durch ein viertes Tor in den innern Hof gelangt, zu dem mehrere Staffeln hinaufführen.

Die ganze Bauart zeugt von einem hohen Altertum, der erste Stock ist von den stärksten Quadern, die am Berge selbst gegraben wurden, aufgeführt, die obern zwei Stöcke bestehen von aufeinandergediebelten Balken und man erkennt leicht die Stellen, wo später ausgebessert und angebaut worden. In dem untern Stocke befinden sich die alte Schloßkirche, der Pferdestall, einige Domestiquenzimmer und ein großer Holzstall, in dem ehemals eine Mühle gestanden.

Auf einer Schneckenstiege gelangte man vormals in den zweiten und dritten Stock des Gebäudes, welche zwischen 1652 und 1660 abgetragen wurde, jetzt führt eine gemeine bedeckte Stiege in beide Stockwerke. Im zweiten Stock befindet sich die Wohnung der ehemaligen Beamten mit den Kanzleizimmern und der Küche. Die alte Burgkapelle im nämlichen Stock trägt noch beinahe einzig die Kennzeichen ihres hohen Altertums und verdient von jedem Beschauer des Schlosses nicht übergangen zu werden. Im dritten Stock ist ein großer Saal und einige Zimmer für die Herrschaft, wenn sie zuweilen den Berg besucht.

Die Festungswerke, welche das Schloß umgeben, müssen ehemals, nach den Ruinen, welche noch davon stehen, bedeutend gewesen sein und unter den vielen, rings herum stehenden Türmen, zeichnet sich einer davon besonders durch seinen kolossalen Umfang und Höhe aus, wurde aber wegen Baufälligkeit erst vor einigen Jahren abgetragen. Auf mehreren Seiten der Ringmauern findet man noch Gewölbe und unterirdische Gänge, die nach der Aussage der Landsleute bis nach Hohenstaufen führen sollen.

Johann Sebald Baumeister, Panorama von Hohenrechberg, Gmünd 1822, S. 5–7

114
Schloß Hohenrechberg mit Hohenstaufen.
Ölbild, vermutlich von Anton Doll, um 1860

115 *Blick über das Schloß Hohenrechberg zum Hohenstaufen mit Schafherde im Vordergrund. Ausschnitt aus dem Ölbild von Louis Mayer, um 1833*
116 *Das durch Blitzschlag am 6. Januar 1865 in Brand gesetzte Schloß Hohenrechberg mit Löschmannschaften in Rechberg-Hinterweiler. Lavierte und mit Weiß leicht gehöhte Bleistiftzeichnung von Louis Braun, 1865*

Burg Hohenrechberg. Unfreundliches Aprilwetter war es in der Tat, das am 6. Januar eintrat; rasende Stürme fegten unter Schnee und Hagelschauern über das Land, und Vater Zeus war offenbar in der übelsten Laune, in der er es besonders auf das Schloß Rechberg abgesehen zu haben schien, das dem Hohenstaufen gegenüber auf einer hochragenden Felsenkuppe liegt, eine vielbesuchte Zierde unseres Schwabenlandes. Die Stürme des 6. waren die Vorläufer einer in dieser Jahreszeit sonst höchst seltenen Erscheinung: eines Gewitters. Gegen 1 Uhr nachmittags vernahmen die Bewohner des Fils- und Remstales einen dumpfen Schlag; ein Blitzstrahl fuhr in den westlichen, mit Heu und Stroh gefüllten Teil des gräflich rechbergischen Schlosses. Bald stand er in vollen Flammen und die helle Lohe schlug weithin leuchtend gegen den Himmel empor. Bei der

hohen Lage des Schlosses, bei gänzlichem Mangel an Wasser, und da niemand bei der Hand war, als ein gräflich rechbergischer Jäger und Forstwart, konnte man nicht daran denken, dem wilden Elemente Einhalt zu tun. Nach kaum einer Stunde ergriff dasselbe auch den östlichen Teil des Schlosses. Stundenweit im Umkreise sah man Feuer und Qualm emporlodern; der schauerliche Anblick machte den Eindruck, als sei der Vesuv mitten in das Schwabenland versetzt worden.

Über Land und Meer, Januar 1865, Seite 263

Hohenrechberg-Kirchberg. Herr Professor Schwab aus Stuttgart hatte bei seiner Anwesenheit auf dem Hohenrechberg (1821) das Glück dieses schönen, imposanten Anblicks, auf welchen er beigesetzte Verse in das Fremdenbuch einschrieb:

Sonnenschein und Wald und Tal,
Drüber kahlen Windes Flügel.
Schneegebirg im Abendstrahl,
Ringsum grün und goldne Hügel;
Alles reimet die Natur –
Du, mein Lied, wie wenig nur!

Um nach den weitesten Gegenden sehen zu können, hat eine Gesellschaft einen vorzüglichen Tubus angeschafft, der im Pfarrhause aufbewahrt wird, und jedem, der Hohenrechberg besteigt, zu Diensten stehet.
Hat sich nun das Auge an der herrlichen Gegend satt gesehen, und man ist durch das Besteigen des Berges matt, hungrig und durstig geworden, so findet man bei dem lieben, menschenfreundlichen Herrn Pfarrer Erquickung bei guter Speise, und gutem Getränke.

Joseph Epple, Der Rechberg, im Oberamt Gmünd. Gmünd 1827, S. 11–13

117
Wallfahrtskirche mit Linde, Mesnerhaus und Gottesacker auf dem Kirchberg von Hohenrechberg. Lavierte Federzeichnung von Eduard Keller, 1831

Hohenrechberg–Kirchberg. Auf dieser Bergspitze hat der Pfarrer einen Garten, der Mesner eine große Wiese, ein Krautland und einen Acker. Das Gemüs, welches hier sehr wohl gerät, ist von einer vorzüglichen Güte. Der Berg selbst war vor dem, wie es alte Gemälde beweisen, meist mit Tannen-Holz bewachsen, nun ist er aber desselben beraubt worden und liegt ganz kahl da. Auf der nördlichen und östlichen Seite dienet er den am Fuße liegenden Weilern zu einer kümmerlichen Viehweide, auf der südlichen und westlichen Seite aber wird er zum Teil angebauet und ist sehr fruchtbar. Dermal wird der ganze Berg, der nördlichste Teil ausgenommen, angebaut.

Joseph Alois Rink, Familien-Geschichte der Schwäbischen Dynasten von Rechberg und rothen Löwen, Hd., Donzdorf 1806, Band 4. Rechberg. Archiv Donzdorf

118
Die Wallfahrtskirche »Zur schönen Maria« auf dem Kirchberg von Hohenrechberg mit Mesnerhaus und dem Pfarrhaus rechts. Sepiazeichnung von Max Emanuel Jacker, 1830

119 *Das Ottenbacher Tal mit seinen zahlreichen Einödhöfen, im Mittelgrund Ottenbach und im Hintergrund Hohenrechberg und Stuifen. Lavierte Tuschezeichnung von Johann Michael Frey, um 1800*

Hohenrechberg-Kirchberg. Statt des alten Kirchleins ist seitdem eine neue stattliche Kirche auf Hohenrechberg gebaut worden und ist die Pfarrkirche der beiden am Fuße des Bergs und der Burg liegenden Weiler gleichen Namens und wird als Wallfahrtsort zur schönen Maria von Rechberg noch heute von den katholischen Inwohnern der Umgegend fleißig besucht. Aber auch eine andere Wallfahrt ist dieser Ort an Sommertagen wegen seiner schönen Aussicht und wegen der auf demselben gegebenen Bequemlichkeit, dieselbe zu genießen. Der Ortsgeistliche ist auf dringendes Bitten des wallfahrenden Publikums legitimiert worden, dem lechzenden Wanderer eine Erfrischung von Speise und Trank, in Bier und Brot, auch nötigenfalls noch etwas mehr, was die Gesundheit erfordert, zu reichen, und in seinem Hause aufzunehmen, wann ihn Sturm und Regen überfallen. Eine schattenreiche Linde ziert und erfrischt den Platz und den Fremdling; eine Karte und ein gutes Fernrohr steht ihm zu Gebot und ist er genötigt seine Zuflucht in die geistliche Herberge zu nehmen, so kurzweilt ihn das ›Fremdenbuch‹, in welchem die Wallfahrer zur schönen Aussicht ihre Namen und mancherlei Bemerkungen, Wünsche und Gefühle eintragen und schriftlich hinterlassen. An Sonn- und Feiertagen ist dieser Berggipfel ein gar beliebter Vergnügungsort der Gmünder und nicht selten wird die Lustbarkeit auch dadurch erhöht, daß die Regimentsmusik der zu Gmünd den Sommer über wegen der Schießübungen garnisonierenden Artillerie sich daselbst hören läßt. In einem Kontrast zu dieser Lustbarkeit steht – nun freilich! der in nächster Nähe befindliche Gottesacker der Gemeinde, welcher wer dafür empfänglich ist, insoferne an seinem Platze ist, als er die Fröhlichen zur Mäßigung der Freude mit Ernst ermahnt. Es wird aber von dem Ortsgeistlichen gehörig Sorge getragen, daß dieser einer frommen Wallfahrt geweihte Ort nicht gröblich entweiht wird, was auch um so leichter gehandhabt werden kann, als es meistens Leute aus gebildeten Ständen sind, die der schönen Aussicht wegen sich hieher begeben und sind diese katholischer Konfession, so sind sie von selbst um so mehr beflissen, diesen Ort in Ehren zu halten.

Eduard Keller, Der Hohenstaufen und seine Fernsicht, Göppingen 1860, S. 106f

Ottenbach. Ottenbach, ein Pfarrdorf, welches eine Stunde von Hohenrechberg, fast am Fuße von Hohenstaufen liegt. Dieser Ort ist gemischter Religion. Der katholische Teil mit dem Pfarrsatz gehört nach Hohenrechberg und der protestantische nach Württemberg, welcher nach Hohenstaufen eingepfarrt ist. Hohenrechberg hatte hier den immerwährenden Gemeindsstab, 3 ganze und 1 halben Bauern, 3 Söldner, 14 Althäusler, 4 ganze und 3 halbe Neuhäusler, folglich 28 Haushaltungen, welche 374 Seelen enthalten. Dieser Ort nähret sich ganz vom Ackerbau und der Viehzucht. Das ganze Ottenbacher Tal ist sehr fruchtbar und ein wahrer Obstgarten, besonders gedeihen Zwetschgen, die von der süßesten und besten Gattung sind. An dem Ort fließt die Krumm, die auch der Ottenbach genannt wird und wovon der Ort den Namen haben soll, vorbei. Man trifft in derselben sehr große und wohlgeschmacke Krebse an, und das Recht zu Fischen gehört nach Hohenrechberg.

Joseph Alois Rink, Familien-Geschichte der Schwäbischen Dynasten von Rechberg und rothen Löwen, Hd., Donzdorf 1806, Band 4. Rechberg. Archiv Donzdorf

120
Blick auf Ottenbach und den Hohenstaufen von Nordosten. Aquarell von Johann Sebald Baumeister, um 1805

Ottenbach. Da, wo eine niedere Gebirgskette den Rechberg mit dem Hohenstaufen verbindet, das Tal sich erweitert und wieder Hügel emporsteigen, erhebt sich das Dorf mit seiner Kirche. Die Aussicht auf Hohenstaufen und Rechberg und auf die Gebirgskette der Alb ist herrlich. Die Lage wäre gesund, wenn nicht die an den 2 hohen Bergen sich anhängenden und die aus der Krumm und dem Ottenbach aufsteigenden Nebel, welche auch den Gartenpflanzen und der Blüte schädlich werden, dieselbe unbehaglich machen würde. Die Gemeinde zählt 92 Haupt- und 83 Neben-Gebäude. In der Mitte des Dorfes steht die 1709 erbaute Pfarrkirche zum heiligen Sebastian... Der Boden ist beschwerlich zu bauen. Das Vereinödungs-System, welches hier hauptsächlich im Bezirke hervortritt, war indessen der Bodenkultur, welche noch weit zurück ist, nicht günstig. Mit der Stallfütterung ist noch kein Anfang gemacht. Freilich erschweren auch schlechte Wege nach den entfernten Märkten von Gmünd und Göppingen einen vorteilhaften Absatz der Erzeugnisse und manchen Nebenverdienst. Von den ganz unbedeutenden Gewerben sind 2 Bierbrauereien und einige Kleinhändler zu erwähnen. Etwas Getreide, Holz, Obst und andere Victualien können von den Höfen ausgeführt werden. Das Wollespinnen für Göppinger Weber und etwas Perlenstickerei beschäftigt mehrere ärmere Einwohner.

Moser, Beschreibung des Oberamts Göppingen, Stuttgart 1844, S. 266

L. K. 1836.

Salach. Salach liegt sehr freundlich und angenehm am Fuße des ihm östlich liegenden Staufenecker Berges. An dem linken Ufer der Fils, ⅛ Stunde von Salach, zieht die Landstraße von Göppingen nach Geislingen hin. An gutem, nie versiegendem Trinkwasser ist kein Mangel. Der hübsche Ort hat 106 Haupt- und 29 Neben-Gebäude. Die Pfarrkirche zur heiligen Margaretha liegt beinahe am nördlichen Ende des Dorfes, auf einer ziemlichen Anhöhe. Sie ist von hohem Alter, im gotischen Stile erbaut, und in gutem Zustand...
Die Einwohner sind der Mehrzahl nach unbemittelt, aber alle fleißig. Sie nähren sich allermeist vom Feldbau und von der Viehzucht. Der sehr kultivierte Boden ist fruchtbar an Obst und Getreide; an letzterem können noch etwa 200 Scheffel nach Außen verkauft werden. Unterhalb Staufeneck, gegen Groß-Süßen hin, war sogar noch 1604 ein Weinberg. An Gewerben sind zunächst die zwei, 1822 und 1836 gegründeten mechanischen Wollenspinnereien von L. Schachenmaier und J. Bek und Linderich, welche für württembergische und bayrische Tuchfabriken arbeiten, zu erwähnen. Die erstere war zuvor eine ums Jahr 1760 errichtete Tabaksfabrik. Sie beschäftigen 70 bis 80 Arbeiter und kommen daher den ärmern Ortsbewohnern sehr zu statten. Sodann sind noch 2 Mahl-, 2 Säg-, 1 Öl- und 1 Gips-Mühlen, sowie 2 Bierbrauereien, 10 Branntweinbrennereien und die Ziegelhütte in Staufeneck zu nennen. Etwa 10–15 Weber arbeiten um den Lohn und mehrere Kleinhändler handeln mit Federn, Samen, Käse und dergl.

Moser, Beschreibung des Oberamts Göppingen, Stuttgart 1844, S. 277

Nebenstehende Seite

121 *Das elterliche Wohnhaus von Louis Kolb, die spätere Gastwirtschaft »Zur Traube« in Salach, mit der Firma Schachenmayr & Kolb am linken Bildrand. Lithographie nach Louis Kolb, 1836*

122 *Blick über Salach von Norden zum Albtrauf, am rechten Bildrand die Firma Schachenmayr & Kolb. Federzeichnung von Louis Kolb, 1829*

123 *Die klassische Ansicht des Hohenstaufen von Südosten mit Salach im Mittelgrund. Kupferstich von August Seyffer, um 1816*

Eislingen. Die Lage des nur durch die Fils von Groß-Eislingen getrennten hübschen Ortes ist frei und eben. Er ist der Landstraße entlang weitläufig gebaut und hat mehrere Seitenstraßen. Eine schöne massive Brücke über die Fils im Orte wurde kürzlich vollendet. Die Gebäude sind hübsch und meist mit steinernem Unterstock versehen. Klein-Eislingen, bis 1810 der württembergische Grenzort gegen das ulmische Gebiet, zählt 165 Haupt- und 25 Neben-Gebäude. Die mitten im Ort stehende Kirche wurde 1698 an die Stelle des zuvor hier gestandenen, baufälligen Kirchleins mit Hilfe einer Bausteuer von der Gemeinde erbaut, welche 1746 auch die Orgel anschaffte. Die Kirche ist zwar in gutem Zustand, aber zu klein und von schlechtem Stil.

Moser, Beschreibung des Oberamts Göppingen, Stuttgart 1844, S. 258/259

Eislingen. Großeislingen liegt sehr freundlich im Tale, einerseits von der Krumm, andererseits von der Fils begrenzt. Diese scheidet das Dorf von dem mit demselben zusammengebauten Kleineislingen. Die Gemeinde zählt 221 Haupt- und 83 Neben-Gebäude ...

Die Luft ist gesund, das Klima gemäßigt und der an reinen Quellen reiche Boden größtenteils sehr fruchtbar. In Krummwälden ist der Boden schlechter. Die Bodenkultur ist hoch gehoben. Gärten geben reichlichen Ertrag; der Obstbau aber will sich nicht heben. Die bei Göppingen beschriebene, auf diesseitiger Markung liegende Schwarz'sche Papierfabrik beschäftigt viele ärmere Einwohner. Im Übrigen aber sind die Gewerbe, etwa noch mit Ausnahme der 2 Mahl-, 2 Säg-Mühlen und einer Gipsmühle, sowie einer größeren Bierbrauerei, von geringer Bedeutung. Die Verfertigung von Körben und Bäusten

Nebenstehende Seite
124 *Blick von Süden auf Salach mit der Firma Schachenmayr & Kolb und den Hohenstaufen. Aquarell von Carl Schott, 1859*
125 *Kleineislingen mit der ev. Lutherkirche und dem Hohenstaufen. Lavierte Federzeichnung von Eduard Keller, 1832*

126 Blick von Heiningen auf Großeislingen mit Hohenrechberg und Stuifen. Federzeichnung von Louis Kolb, 1828

(ringförmiger Bausch für Kopflasten) beschäftigt einige Hände; das Spinnen von Zuggarn für Göppinger Zeugmacher wird als Nebengewerbe betrieben. Ausgeführt wird Wolle, etwas Getreide, ziemlich Holz und viel Heu. Zu bemerken ist, daß noch zu Ende des vorigen Jahrhunderts hier Weinbau war. Im Jahre 1759 warfen aber die 9 Morgen Weinberg auf dem Schellenberge kaum die Baukosten ab.

Moser, Beschreibung des Oberamts Göppingen, Stuttgart 1844, S. 201

Albvorland

Die Orte im Albvorland zwischen Schlat, Boll, Schlierbach und Albershausen gelangten schon früh an Württemberg und gehörten in der Folge überwiegend zum altwürttembergischen Oberamt Göppingen. Nur kleinere Besitzungen wie z. B. in Dürnau, Gammelshausen, Eschenbach und Jebenhausen konnten sich längere Zeit in der Hand des ritterschaftlichen Adels derer von Degenfeld und Liebenstein halten. Den Glanzpunkt dieses Raumes bildet das Boller Bad. Von ihm haben sich zahlreiche Veduten erhalten. Dadurch wurden auch verschiedene Nachbarorte in Ansichten überliefert.
Wiederum ist es der mit dem Zeichenstift wandernde Einheimische Louis Kolb, der 1831 in einer Federzeichnung vom Göppinger Oberholz aus den Blick auf Holzheim und Schlat mit dem Albtrauf zwischen Wasserberg und Fuchseck festgehalten hat (Abb. 127). Schlat verdankt ihm die einzige überlieferte Ansicht aus dem 19. Jahrhundert mit der markanten Silhouette der evangelischen Andreaskirche und des heute verschwundenen barocken Pfarrhauses vor dem Hintergrund von Rechberg und Stuifen (Abb. 128). Der schon in einem Lebensabriß gewürdigte Carl Philipp Heinrich Bach hat die Mittelpunkte von fünf Orten dieses Raumes – Eschenbach, Gammelshausen, Dürnau, Boll und Schlierbach – in Aquarellen seinem »Album Schwäbischer Dorfkirchen« einverleibt und uns damit deren einzige bildliche Zeugnisse übermittelt (Abb. 129–131, 141, 145). Besonders reizvoll ist seine Darstellung des Kirchleins in Gammelshausen mit dem fachwerkgeschmückten Schul- und Rathaus und dem in die Kirchhofmauer eingebauten Ortsgefängnis. Den Dorfmittelpunkt von Dürnau beherrscht neben der ehemaligen Simultankirche, mit ihrer halbmondgeschmückten Turmzier des Türkenbezwingers Christoph Martin von Degenfeld, das mächtige Pfarrhaus mit seinem heute wieder freigelegten Fachwerk. Das am linken Bildrand sichtbare Gasthaus »Traube« mußte kürzlich einem Neubau weichen. Auch beim Betrachten der Aquarelle von Boll und Schlierbach wird deutlich, welche Veränderungen diese dörflichen Partien in den vergangenen 120 Jahren überwiegend durch Gebäudeabbrüche erfahren haben. Gerade die Bachschen Ansichten legen von diesen einschneidenden Veränderungen Zeugnis ab.

Die Schwefelquelle in Bad Boll verdankt ihre Entdeckung dem Bestreben des württembergischen Herzogs Friedrich I., seinem Land Salzquellen zu erschließen. Zu diesem Zweck hatte er 1595 bei Boll einen tiefen Brunnen graben lassen. Dabei wurden zwei Schwefelquellen sowie eine salzig schmeckende Quelle, vermutlich ein Säuerling, entdeckt. Um die außerordentlich hohen Aufwendungen nicht umsonst getätigt zu haben, beauftragte er seinen genialen Baumeister Heinrich Schickhardt mit der Fassung der Schwefelquellen und der Errichtung eines Badhauses mit einer Herberge. Wegen der sonderbaren Versteinerungen, die beim Graben gefunden worden waren, befahl der Herzog, das neue Bad »Württembergisch Wunderbad« zu nennen. Das um 1800 darniederliegende Bad erfreute sich nach dem Amtsantritt von König Wilhelm I., 1816, dessen besonderer Förderung.
Das alte Bad mit den auf Schickhardt zurückgehenden Baulichkeiten zeigt uns das um 1760 für den in Bad Boll verstorbenen vierjährigen Knaben Carl August Güntzler geschaffene Epitaph in der evangelischen Stiftskirche von Boll (Abb. XXIII). Dieses Epitaph ist zugleich ein rührendes Zeugnis der Volksfrömmigkeit. Gestiftet wurde es von dessen Eltern, dem Göppinger Vogtsehepaar Amandus Güntzler und Christina Margaretha geb. Jahn. Der angebrachte Erinnerungsvers lautet:

»Du zogst gesund von Uns, du Liebster Carl August.
Du vormals unsre Freud und nun der Engel Lust.
Du reißtest hin nach Boll, zu jenen Bronnen Flüssen,
Um deiner Mama, den Groß Eltern, da die Bad Cur zu versüssen.
Kaum langten Sie da an, kaum waren Sie in Ruh:
So rufst du sterbend aus: Ich will der Heimath zu!
O Schmerzte: daß wir dich so frühe sollen missen,
Doch noch viel größrer Trost dich in dem Himmel wissen!«

Das Bad in seiner alten Form zeigen die kleinen Radierungen des ungemein produktiven Stuttgarter Kupferstechers Georg Ebner aus der Zeit um 1820 in Ansichten von Süden mit dem Dorf Boll im Hintergrund (Abb. 132) und von Norden mit Blick auf den Aichelberg (Abb. 133). Der aus Wißgoldingen gebürtige Schriftsteller Jakob Dangelmaier gab in den Jahren 1820–1823

ein mehrbändiges Werk »Über die Gesundbrunnen« im Lande heraus. Hierin fällt er ein schonungsloses Urteil über das Boller Badeleben, indem er feststellt: »Dieses ist das allerlangweiligste von der Welt; denn es mangelte bisher an Allem dem, was die eigentliche Würze des Badelebens ausmacht«. Das Haus sei heruntergekommen und nur noch ein Schatten großer Vergangenheit. Kein Patient lasse sich bewegen, dieses Bad zu gebrauchen, solange er noch Hoffnung habe, anderswo Erleichterung und Hilfe zu finden. »Nur dann, wenn sich ein anderer Ausweg nicht mehr findet, begibt man sich an diesen Ort der höchsten Langeweile und gähnt und seufzt, von schwerem Leiden niedergedrückt auf seinem Zimmer«, schreibt er. Er versäumt aber nicht, eine Reihe von Verbesserungsvorschlägen zu machen. Doch die württembergische Regierung unter König Wilhelm I. und insbesondere der tatkräftige Finanzminister August Weckherlin hatten bereits die Zeichen der Zeit erkannt und die infolge der kriegerischen Zeiten bislang nicht weiter verfolgten Umbaupläne wieder aufgegriffen. Mit der Neugestaltung der Anlage wurde der Königliche Oberbaurat Gottlob Georg Barth beauftragt. Unter seiner Gesamtleitung erfolgte in den Jahren 1823 bis 1826 die grundlegende Um- und Neugestaltung des Boller Bades.

Der herzogliche Lustgarten mußte einer größeren Parkanlage weichen, womit der Königliche Oberhofgärtner Bosch aus Stuttgart beauftragt wurde. Noch heute gehört dieser Park mit seinem wundervollen Baumbestand und der reizvollen Wandelhalle, dem sog. Promenade-Saal, einem kunstgeschichtlichen Kleinod im Biedermeierstil, zu den besonderen Schönheiten und Zeugnissen des neuen Badelebens. Gerade diese Wandelhalle mit Terrasse, Laube und Rotunde, stellt ein wirkungsvolles Pendant und eine harmonische Ergänzung zu dem gegenüberliegenden Badgebäude dar. Dieses wurde im nachklassizistischen Stil als schloßartige Anlage in Hufeisenform mit einem von Säulen getragenen vorspringenden Portal in der Mitte gestaltet. Erst 1830 erfolgte die Angleichung und Einbeziehung des dem Gnadenbau benachbarten Schickhardt'schen Altbaus. Die beiden Ölbilder zeigen das auf über 100 Zimmer vergrößerte Bad nach dem grundlegenden Umbau um 1830. Nicht ausgeführt wurde das Gegenstück zum Gnadenbau, neben dem östlichen Flügel des Badgebäudes. Die Ansichten jener Zeit übergehen dies jedoch geflissentlich und zeigen den der Symmetrie wegen geplanten Bau mit (Abb. 134, 138). Diesen Bauteil, wie auch alle durch König Wilhelm I. angeordneten Veränderungen vorweg nimmt die 1824 herausgegebene Beschreibung »Die Schwefelquelle zu Boll im Königreich Wirtemberg« (Abb. XXIV). Einzelne Passagen dieser Veröffentlichung sind in den Schilderungen zitiert. Die auf Anordnung der

Regierung herausgegebene Beschreibung verfaßte überwiegend Obermedizinalrat von Jäger. Mit der Werbeschrift sollte das neue Bad dem Volk vorgestellt und angepriesen werden.
Da die Mitglieder der königlichen Familie damals gern ihre Sommerfrische in Boll verbrachten, war in dem östlichen Flügel ein besonderes Königsbad eingerichtet worden. 1826 verweilte König Wilhelm I. erstmalig im neuen Bad als Kurgast. Ein häufiger Badgast scheint Major Carl Hartwig von Zieten gewesen zu sein. Er benutzte seine Boller Sommerfrischen, um in den Jahren 1830–1833 ein großformatiges Werk über »Die Versteinerungen Württembergs« herauszugeben. Die Jurapetrefakten aus der Sammlung des Bades und des Göppinger Oberamts- und Badearztes Dr. Friedrich von Hartmann zeichnete er und nahm sie darin auf. Nebenbei entstanden auch vier köstliche Ansichten des Bades, des Promenade-Saals, des Belvedere und der Schweizerei. Die drei letzteren sind nachstehend wiedergegeben (Abb. 135, 136, 137). Sie sind von dem hervorragenden Lithographen Eberhard Emminger auf Stein übertragen worden. Vereinzelt scheinen diese Lithographien auch in koloriertem Zustand vertrieben worden zu sein, wie beispielsweise die Ansicht vom Belvedere (Abb. 137) in ihrem herrlichen Kolorit. Die Ansichten des Majors von Zieten aus der Zeit um 1830 führen uns recht anschaulich das Badeleben, die Welt des Empire, in der königlichen Zeit von Bad Boll, vor Augen. Auf den Wegen im Park zwischen dem Badgebäude und dem Promenade-Saal lustwandeln die Badegäste (Abb. 135). Im Vordergrund läuft ein Bote mit umgehängter Tasche, einer Kraxe auf dem Rücken und einer Spanschachtel unter dem Arm, vorbei, während im Hintergrund der kahle Bergkegel des Aichelberg herübergrüßt. Dieser war für die Badegäste 1826 durch einen Fahrweg über Eckwälden und durch ein auf dem Gipfel errichtetes Häuslein erschlossen worden.
Von seiner Höhe zeichnet Christian Septimus von Martens 1824 das prachtvolle Rundumpanorama, das in einem Ausschnitt auf dem Vorsatz wiedergegeben ist. Auch zwei der beliebtesten Punkte in der näheren Umgebung des Königlichen Bades hat Zieten festgehalten: das noch heute erhaltene Belvedere, der sog. Pavillon (Abb. 137), und die Schweizerei, eine Molkenkuranstalt. Diese war in der Nähe der Silberpappel über dem Dorf Boll errichtet worden (Abb. 136). Voll Begeisterung schreibt ein Berichterstatter in der Schwäbischen Chronik 1826: »Ich habe Boll gesehen, und mein Entschluß ist gefaßt: Ich werde einen Teil des kommenden Sommers dort verweilen. Nicht die berühmte Heilquelle dieses Kurorts allein, nicht der Reichtum seiner Umgebungen, selbst nicht die lieblichen, mit eben so vieler Ökonomie als Geschmack ausgeführten Anlagen, nein – mich zieht eine Anstalt hin, die soeben vorbereitet wird und die wir längst in Württemberg vermißten, die Anstalt für eine Ziegenmolkenkur«. Ein einfaches Bauernhaus, das bis in die sechziger Jahres des 19. Jahrhunderts bestand, nahm die Kurgäste bei schlechtem Wetter auf.

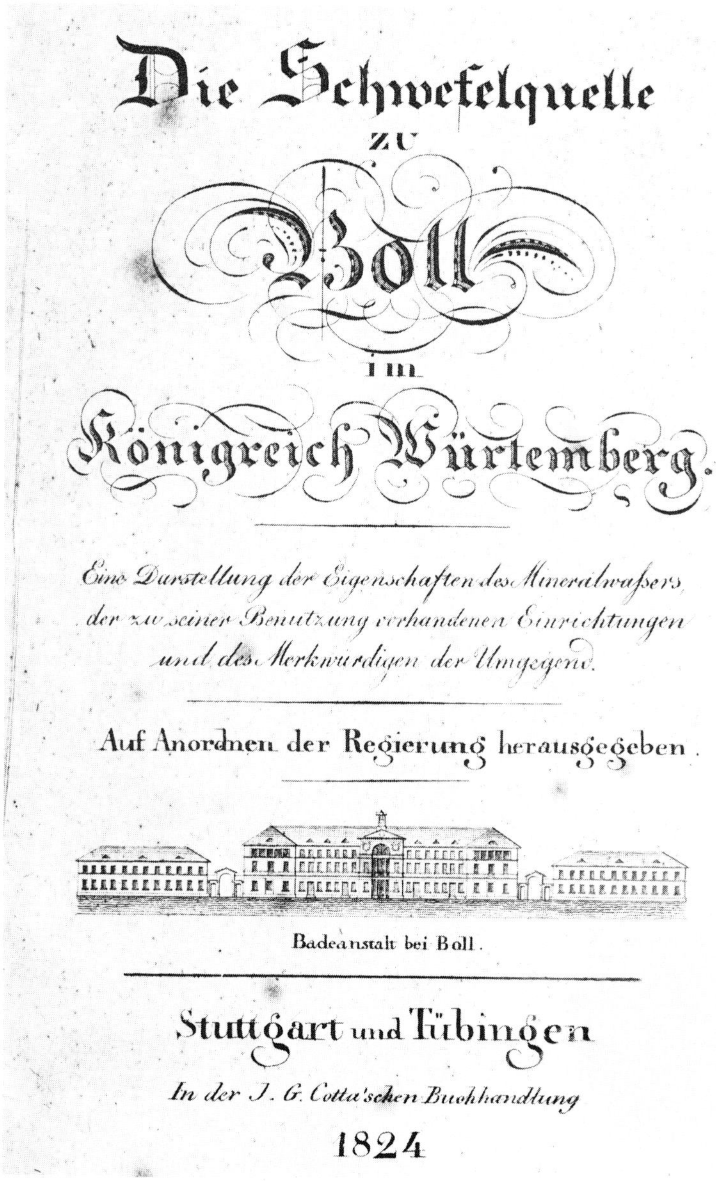
Die Schwefelquelle zu Boll im Königreich Würtemberg.

Eine Darstellung der Eigenschaften des Mineralwassers, der zu seiner Benutzung vorhandenen Einrichtungen und des Merkwürdigen der Umgegend.

Auf Anordnen der Regierung herausgegeben.

Badeanstalt bei Boll.

Stuttgart und Tübingen

In der J. G. Cotta'schen Buchhandlung

1824

XXIII (links)
Epitaph für den 1760 in Bad Boll verstorbenen vierjährigen Knaben Carl August Güntzler. In Öl auf Holz gemalt

XXIV
Titelblatt der 1824 von der Regierung herausgegebenen Beschreibung »Die Schwefelquelle Boll im Königreich Württemberg«. Lithographie, Stuttgart

Neben dieser qualitätvollen Serie von Lithographien künden vereinzelt noch bemalte Tassen mit Motiven des Badgebäudes und der Schweizerei sowie originelle Waagscheine mit Ansichten des Bades und von Kurgästen vor und nach der Kur von dem damaligen Aufschwung. Auch ein mit einer fein geschliffenen Ansicht vom Schweizer-Haus geziertes sog. Badeglas, als »Fremdenverkehrs-Artikel« wohl in Bad Cannstatt hergestellt, kündet eindrucksvoll von dem blühenden Badeleben (Abb. XXV). Doch schon anfangs der dreißiger Jahre setzte der Niedergang ein, wohl auf Grund der ungeschickten Geschäftspraktiken des 1830 vom besoldeten Bademeister zum Badpächter avancierten Johann Jakob Fest. Das schon beschriebene Ölbild (Abb. 134) zeigt ihn noch als jenen Königlichen Beamten in goldgelber Livree.

Mit der Übernahme des Bades durch Pfarrer Johann Christoph Blumhardt aus Möttlingen im Jahre 1852 beginnt die geistig-geistliche Blüte des Bades. Unter ihm und seinem Sohn Christoph wurde Bad Boll zu einer Stätte weltweiter Ausstrahlung, die mehr als ein halbes Jahrhundert lang Menschen aller sozialen Schichten anzog. Die nach einer Vorlage von Carl Philipp Heinrich Bach von dem Stuttgarter Künstler Caspar Obach lithographierte Ansicht gibt das Bild der Anlage zur Zeit der Übernahme durch Blumhardt wieder (Abb. 139). Der über dem Haupteingang des Badgebäudes befindliche Festsaal mit seinen korinthischen Säulenreihen wurde von Blumhardt zum Kirchensaal umgestaltet. Der Oberstleutnant, Militärschriftsteller und Maler Christian Septimus von Martens, der öfters in Bad Boll weilte und 1824 das Panorama vom Aichelberg entworfen hat, hält 40 Jahre später, am 26. Januar 1867, das Innere des Kirchensaals in einem feinen Aquarell fest und hinterläßt uns damit das früheste bildliche Zeugnis dieser Blumhardtschen Verkündigungsstätte (Abb. 140).

Für den »Stuttgarter Almanach zur angenehmen Unterhaltung auf das Jahr 1799« steuert der Stuttgarter Hofkupferstecher A. Lt. d'Argent nach Zeichnungen von E. Stoll verschiedene Ansichten württembergischer Burgruinen bei, darunter auch zwei Kupferstiche der ehemals von Burgen gekrönten Berge Hohenstaufen und Aichelberg (Abb. 144). Die mit »Eichelberg« bezeichnete Ansicht ist zwar mehr als bescheiden, doch die einzige einigermaßen naturgetreue Ansicht des Berges und Dorfes Aichelberg, die wir aus dem 18./19. Jahrhundert kennen. Der Ausschnitt aus der Rundsicht vom Aichelberg, von Martens gezeichnet und wohl lithographiert von Johannes Woelffle, zeigt im Vordergrund das Dorf Zell unter Aichelberg (Abb. 142), gleichfalls die einzige Ansicht dieses Ortes. Die Partie um die evangelische Pfarrkirche von Hattenhofen nimmt mit seiner klaren Handschrift Max Bach, der Sohn von Carl Philipp Heinrich Bach, in einer Federzeichnung um 1860 auf (Abb. 143).

Carl Philipp Heinrich Bach greift in seinem Album »Schwäbischer Dorfkirchen« auch in den Kirchheimer Raum über. Er hält die spätgotische Pfarrkirche von Schlierbach mit ihrem charakteristischen Turm und einem auf dem Kirchendach nistenden Storchenpaar fest (Abb. 145). Das Gotteshaus ist noch von dem später aufgelassenen Kirchhof umgeben. Am linken Bildrand erkennen wir das in den letzten Tagen des Zweiten Weltkriegs zerstörte Rathaus und, vom Chor der Kirche etwas verdeckt, das spätbarocke Pfarrhaus. Einem namentlich nicht bekannten Schullehrer von Albershausen verdanken wir die schon fast außerhalb unseres Betrachtungszeitraums liegende dörfliche Partie von Albershausen. Das 1885 entstandene Aquarell zeigt das dörfliche Leben vor dem Bäckerei- und Wirtschaftsgebäude in der Schlierbacher Straße 9, der späteren Wirtschaft von Leonhard Kissling (Abb. 146). Mit dieser Ansicht schließt die Wanderung durch das Albvorland.

XXV
Ansicht des Schweizer-Hauses in Bad Boll auf einem Badeglas. Glasschliff, wohl in Bad Cannstatt hergestellt, um 1830

127 *Blick vom Oberholz bei Göppingen über Holzheim und Schlat zum Wasserberg und Fuchseck. Federzeichnung von Louis Kolb, 1831*

128 Schlat von Südwesten mit Hohenrechberg und Stuifen. Federzeichnung von Louis Kolb, 1828

Schlat. Schlat, Pfarrsitz, ist am Fuße der Alb, der größte Teil liegt in der Tiefe und an Hügeln hin, die Gegend und Fernsicht gehört zu den schönsten und interessantesten, hart im Rücken des Dorfs lehnen sich zwei hohe Berge an, Fuchseck und Wasserberg, auf deren Spitze sich die lieblichste Aussicht in das Filstal, auf den nahen schlanken Hohenstaufen, den Rechberg mit seiner luftigen Kapelle, den kahlen Stuifen, Staufeneck, Ramsberg, Scharfenschloß mit ihren Ruinen und in die weite Ferne nach Osten, Westen bis zum Kniebis hin öffnet. Der Boden ist ergiebig an Frucht, Hanf, Obst, besonders ist der Wieswachs bedeutend, da viele Schäfer – Fremde und Einheimische – ihre Herden hier überwintern, auch viele sich mit Mästung des Viehs befassen. Die Lage ist äußerst gesund, weshalb die Bevölkerung sehr zunimmt; das Wasser, woran kein Mangel, ist hart, aber gut, es finden sich mehrere Brunnen, aus denen man Wasser schöpft, welches fast gleichen Schwefelgehalt hat mit der Quelle in dem Boller Bad...
Die meisten Einwohner leben von Landbau, Schafzucht und Viehhandel; Handwerker finden sich meist nur solche, die zum Ersteren unumgänglich nötig sind. Die Gemeinde gehört zu den ärmeren und zu den moralisch auffallend zerrütteten.

Pfarrbeschreibung Schlat, 1830, S. 4–6. Ev. Dekanatsarchiv Göppingen, Büschel 234

129 Die ev. Pfarrkirche Eschenbach. Aquarell von C. Ph. Heinrich Bach, um 1860

Eschenbach-Lotenberg. Die Pfarrei Lotenberg gehört unstreitig unter die beschwerlichen Pfarreien. Sie hat drei Filialien: 1. Eschenbach, 2. Bürstenhof und 3. Iltishof. Ersteres ist eine kleine halbe Stunde, die zwei letztere aber über eine Stunde von hier entfernt. Der Weg dahin ist um des Berges willen sommers und winters beschwerlich, winters aber sogar gefährlich. Im erstern Filial, wo auch die Schule ist, werden alle Wochen Gottesdienste sowie auch aller Kultus an Sonn-, Fest- und Feiertagen nachmittags gehalten, auch bei übler Witterung nach dem Wunsch der Gemeinde an besagten Tagen selbst die Morgengottesdienste. In den zwei letzteren Filialien werden nur Nottaufen, Krankenbesuche und Privatkommunionen verrichtet. Ein Dienstpferd ist unter solchen Umständen unentbehrlich. Der Pfarrer bekommt dafür weder vom Hospital Göppingen noch von der Kommune etwas, sondern hält es auf eigene Kosten.

Pfarrbeschreibung Lotenberg, 1814. Ev. Dekanatsarchiv Göppingen, Büschel 125

130 Die ev. Pfarrkirche Gammelshausen mit Schul- und Rathaus sowie dem davorgebauten Ortsgefängnis. Aquarell von C. Ph. Heinrich Bach, um 1860

Gammelshausen. Die Lage, der Boden, die landwirtschaftlichen und die gewerblichen Verhältnisse von Gammelshausen sind ganz so beschaffen, wie jene in Dürnau; die Einwohner sind aber wohlhabender und ebenso wohltätig wie dort. Dieselben erreichen ein hohes Alter. Von den Gewerben sind, außer einer Mahlmühle und einer Bleiche, viele Schäfer und ziemlich viele Weber und Strumpfweber, deren Geschäftsbetrieb jenem in Boll gleicht, zu bemerken. Die Zahl der Hauptgebäude ist 51, die der Nebengebäude 26. Die kleine, in der Mitte des Ortes stehende Kirche wurde 1700 auf der Stelle der alten neu erbaut.

Moser, Beschreibung des Oberamts Göppingen, Stuttgart 1844, S. 196

131 Die ev. Pfarrkirche Dürnau mit Pfarrhaus und dem alten Gasthaus »Zur Traube«. Aquarell von C. Ph. Heinrich Bach, um 1860

Dürnau. Die Kirche zu Dürnau steht mitten im Dorf und kann ohne alle Beschwerlichkeit zu jeder Zeit von allen besucht werden. Sie liegt auf einer kleinen Anhöhe, von allen Seiten frei, gewährt einen gefälligen Anblick und steht in einer Entfernung von etwa 40 Schritten, dem Pfarrhaus gegenüber. Sie scheint nach der Reformation erbaut worden zu sein, weil sie durch den Abgang eines Chors eine moderne Bauart beurkundet und am Eingang des Glockenturms einen Stein mit der Jahreszahl 1583 hatte, der aber bei der letzten Renovation im Jahre 1824 unglücklicherweise verloren ging.

Pfarrbeschreibung Dürnau, 1827, S. 23. Ev. Dekanatsarchiv Göppingen, Büschel 216

Bad Boll. Dieses ist hier das allerlangweiligste von der Welt; denn es mangelte bisher an allem dem, was die eigentliche Würze des Badelebens ausmacht – die, wo sie vorhanden ist, so mächtig neben dem Badgebrauch zur Wiedergenesung des Kurkranken mitwirkt. Darum läßt sich auch kein Patient bewegen, dieses Bad zu gebrauchen, so lange er nur noch einige Hoffnung hat, in einem andern Bad Hilfe oder Erleichterung zu finden. Nur dann, wenn ihm kein anderer Ausweg mehr übrig ist, begibt er sich an diesen Ort der höchsten Langweile und gähnt und seufzt von schweren Leiden niedergedrückt auf seinem Zimmer; außer es treffen glücklicher Weise solche Kurgäste zusammen, die in harmonischer Eintracht einander die Langweile zu vertreiben und die Zeit zu verkürzen suchen.

Jakob Dangelmaier, Über die Gesundbrunnen – Das Bad und die Schwefelquelle in Boll, Gmünd 1822, S. 19f

Bad Boll. Die Badgebäude sind zwar nach alter Weise, aber doch gut und sehr geräumig erbaut. Sie bestehen aus zwei Flügeln, deren einer 100, der andere 150 Schuh lang und 40 breit ist; sie sind dreistockicht und haben 20 heizbare Zimmer und sehr viele Kammern. Außer denen sind noch mehr Gebäude, als die Wohnung des Badmeisters, die Stallungen und Scheuren, welche alle zusammen ein längliches Viereck ausmachen, die einen gepflasterten Hof einschließen, in dessen Mitte ein eiserner Röhrbrunnen ist. Man kann entweder ganz unten in einem gewölbten Saal, der in verschiedene Cabinette von Brettern abgeteilt ist, in Badzubern baden und zahlt für ein dergleichen Bad 6 Kreuzer; oder wie Standespersonen meistenteils zu tun pflegen, in ihrer neben der Wohnstube befindlichen Schlafkammer, und dann zahlt man 18 Kreuzer für ein Bad.

Osiander, Nachricht von der Entstehung und dem gegenwärtigen Zustand des Boller Bades, in: Schwäbische Chronik 1786, Nr. 30, S. 134f

132 *Blick über das alte Badgebäude von Bad Boll und Boll im Mittelgrund zum Albtrauf. Altkolorierte Radierung von Georg Ebner, um 1820*

133 *Das alte Badgebäude von Bad Boll von Nordwesten. Radierung, vermutlich von Georg Ebner, um 1820*

Nebenstehende Seite

134 *Das Badhaus von Bad Boll mit Zimmerleuten im Vordergrund und dem Aichelberg im Hintergrund. Ölbild, um 1830*

Bad Boll. Das Bad selbst machte bisher eine traurige Figur, wenn man an die stattlichen Gebäude anderer Bäder dachte, die lange von der Natur nicht so begünstigt sind – jetzt treten aber schönere Gebäude und geschmackvollere Anlagen an die Stelle. Bolls Heilquelle verdiente die Pflege des Staates, die Stände bewilligten eine gewisse Summe – es ist das Lieblingsbad des Herrn Finanzministers von Weckherlin, und daher trifft man zu Boll auch stets unpäßliche Finanzräte und kranke Kameral-Verwalter...

Von den alten Badegesetzen Herzog Friedrichs I. ist natürlich keine Rede mehr, nach welchen man um fünf Uhr früh beim Läuten des Glöckchens beten, abends um acht Uhr bei dem-

selben Glöckchen sich still verhalten und für jeden Fluch einen Batzen in die Büchse zahlen mußte – ein Räuschchen kostete dreißig Kreuzer, eben so viel eine Zote, und unzüchtige Gebärden und Erzeigungen gegen die Frauen gar einen Gulden! Alle vierzehn Tage wenigstens mußte man die Predigt anhören!

Karl Julius Weber, Reise durch das Königreich Württemberg, 1826; Nachdruck Stuttgart 1978, S. 206

Bad Boll. Der jetzigen Regierung, der Regierung Wilhelms, welcher das Vaterland so manches schöne und wohltätige Werk verdankt, blieb es vorbehalten, eine Wiedergeburt der Anstalt zu bewerkstelligen. Im Jahr 1822 ward sie beschlossen und in dem darauf folgenden Jahre, nachdem auch die Reinigung und neue Einrichtung des Brunnens das Jahr zuvor ausgeführt war, mit einem Eifer begonnen, daß wir der Vollendung des Bauwesens, welche der Besorgung des Königlichen Oberbaurats Barth übertragen ist, im Frühjahr 1825 entgegensehen.
Der Anfang wurde mit dem gänzlich zerfallenen Garten gemacht, der vor dem Badehause liegt. Dieser wurde unter der Leitung des Königlichen Ober-Hofgärtners Bosch nach einem ganz neuen Plane angelegt; an den Grenzen wurde eine große, bedeckte Laube aufgeführt, welche sehr gefällig auf einer Terrasse stehend, in der Mitte einen großen Salon und an beiden Enden zwei geschlossene Gartensäle hat und im Ganzen 230 Fuß lang ist. Auch hinter dem Badehause wurden kleine Anlagen gemacht, hauptsächlich aber wurde eine neue nach dem Gebirge hinziehende Allee angelegt, welche zu einem Belvedere führt, das, auf einer Stufe des Gebirgshanges erbaut, die herrlichste Aussicht gewährt.

Die Schwefelquelle zu Boll im Königreich Würtemberg. Auf Anordnen der Regierung herausgegeben, Stuttgart 1824, S. 23f

Bad Boll. Man beginnt den Tag mit gemeinschaftlicher Unterhaltung während eines Morgenspaziergangs mit oder ohne Genuß des Wassers, frühstückt entweder im Zimmer oder im Freien, speist vergnügt an einer Tafel zusammen, nimmt den Kaffee, gemeiniglich auf einem besonders dazu eingerichteten Platze vor dem Speisesaale unter schattigen Obstbäumen und verabredet die weitere Verwendung des Tags. Wenn die Witterung dazu einladet, wird auch im Freien, oder in der schönen Laube gespeist. An Sonn- und Feiertagen, wo das Bad häufig von vorübergehenden Gästen besucht wird, belebt Tanz und Musik die Anstalt. Ist die Witterung ungünstig, so bieten Billard u.a. Spiele, das Konversationszimmer und die neu gestiftete Bibliothek eine Zuflucht dar. Bei guter Witterung aber ladet die schöne Gegend zu Ausflügen ein, welche ebensosehr durch mannigfaltige Reize als durch besondere Merkwürdigkeiten der Natur sich auszeichnet und insbesondere auch dem Naturforscher ein weites Feld zu den interessantesten Beobachtungen darbietet. Bei jeder Witterung aber bietet die neuerbaute schöne Laube mit ihrer Rotunde in der Mitte und den am Ende befindlichen geräumigen Gartensälen in den geschmackvollen Garten-Anlagen die erwünschteste Gelegenheit zu angemessener Bewegung in der freien Luft und zu Zusammenkünften dar.

Die Schwefelquelle zu Boll im Königreich Würtemberg. Auf Anordnen der Regierung herausgegeben, Stuttgart 1824, S. 31f

Bad Boll. Ich habe Boll gesehen, und mein Entschluß ist gefaßt: Ich werde einen Teil des kommenden Sommers dort verweilen. Nicht die berühmte Heilquelle dieses Kurorts allein, nicht der Reichtum seiner Umgebungen, selbst nicht die lieblichen, mit eben so vieler Ökonomie als Geschmack ausgeführten Anlagen, nein – mich zieht eine Anstalt hin, die soeben vorbereitet wird und die wir längst in Württemberg vermißten, die Anstalt für eine Ziegenmolkenkur.

Wo fordert auch die Natur dringender zu einer solchen Anstalt auf, als gerade in Boll? Auf der ersten Terrasse des nördlichen Albabhangs, etwa 1500 Fuß über der Meeresfläche gelegen und halb umschlossen von schützenden Gebirgen, hat sich Boll einer reinen und milden Luft zu erfreuen, die nicht minder wohltuend dem Brustkranken und Geschwächten, als behaglich dem Gesunden ist. Mit jedem Schritte höher das Gebirge hinan, wird es freier, die Luft balsamischer, und stärkender. Hier auf den Bergspitzen von Gruibingen weiden die schönen Ziegen des Geißtales und nähren sich von den kräftigen Albkräutern, die in einer Höhe von mehr als 2000 Fuß wachsen. Diese Ziegen liefern die Milch zu den Molken der Kurgäste. Schon baut ein Appenzeller Senne, der 4 Jahre lang die Molken in Gais bereitete, die Sennhütte, aus welcher täglich das warme Getränke frisch abgereicht wird.

Ein einfaches Schweizerhaus, auf einem der interessantesten Punkte des Bergabhangs gelegen, nimmt bei minder günstiger Witterung die Gäste auf, um ohne Unterbrechung ihre Kur fortsetzen zu können.

Boll (Molkenkuranstalt), in: Schwäbische Chronik vom 21. 3. 1826, S. 157

135 (links)
Die Wandelhalle, der sog. »Promenade-Saal«, im Kurpark von Bad Boll.
Lithographie von Eberhard Emminger nach C. H. von Zieten, um 1830

136
Die Molkenkuranstalt, die sog. »Schweizerei«, bei der heutigen Silberpappel über Boll mit Blick zu den Kaiserbergen.
Lithographie von Eberhard Emminger nach C. H. von Zieten, um 1830

Bad Boll. Das Belvedere, dieser schöne Punkt liegt an dem Berghange hinter dem Bade. Jeder, der fremd an einem Orte ist, fühlt gemeiniglich zuerst das Bedürfnis, sich auf einen Standpunkt zu versetzen, von wo aus er die Lage des Orts und seine Gegend übersehen und sich ein anschauliches Bild davon machen kann. Dieses Bedürfnis wird zu Boll durch den genannten Punkt auf eine besonders günstige Weise, auf eine Weise befriedigt, welche nicht nur die Neugierde vollkommen stillt, sondern auch den mannigfaltigsten Genuß gewährt und diesen Punkt leicht zu einem Lieblingsbesuche macht.

Durch die kleinen Garten-Anlagen hinter den Badgebäuden und die neue Obstbaum-Allee führt der sanft aufsteigende rasige Weg an den Abhang der Alb, wo am Saume des Waldes unter schattigen Eichen der geschmackvolle Schuppen steht, dessen oben schon erwähnt worden. Kaum eine Viertelstunde vom Bade, genießt man hier die weiteste und herrlichste Aussicht, die sich, rechts Hohenstaufen, Rechberg und Stuifenberg, links der Aichelberg, über die fernen Gebirge hinzieht, zwischen denen die Rems; die Fils und der Neckar dahinfließen. Unzählige Dörfer, Kirchtürme und Höfe stellen sich dem Blicke dar, die besonders des Abends durch die niedergehende Sonne vergoldet oder in tiefen Schatten gelegt, ein unübertreffliches Gemälde bilden. Die reine, heitere Luft, die muntern Viehherden an dem Abhange, bald der melo-

137 *Der Pavillon, das sog. »Belvedere«, auf der Anhöhe über Bad Boll, mit Blick zu den Kaiserbergen. Altkolorierte Lithographie von Eberhard Emminger nach C. H. von Zieten, um 1830*

dische Gesang der Lerche und der nahen Waldvögel, bald der düstere Ruf des Kuckucks, die schön bebauten Felder zwischen dem Abhange und den vorliegenden Badegebäuden, mit fleißigen Arbeitern bedeckt – alles dies gewährt dem Freunde der Natur einen Genuß, den er sich noch lange nach vergangener Badezeit mit Entzücken zurückrufen wird.

Die Schwefelquelle zu Boll im Königreich Würtemberg. Auf Anordnen der Regierung herausgegeben, Stuttgart 1824, S. 33f

Bad Boll. Das geräumige Gebäude, vor welchem eine schöne Anlage liegt, gehörte früher dem Staat, jetzt ist Pfarrer Blumhardt, früher in Möttlingen, Besitzer der Gebäude samt der Quelle. Derselbe benützt zwar das gut eingerichtete Bad, nimmt aber zugleich das ganze Jahr hindurch angegriffene Personen jeder Art zur Erholung auf, wenn sie nicht das Bedürfnis haben, unter ärztliche Pflege gestellt zu werden und wenn sie nicht in einem solchen Grade gemütskrank sind, daß

sie einer besonderen Aufsicht bedürfen. Er vereinigt die ankommenden Gäste zu einer Familie und hält auch Andachten und kirchliche Gottesdienste, letztere, zu welchen er vom K. Consistorium ausdrücklich ermächtigt ist, in einem zur Kirche eingerichteten Saale. Unter den 100 Gästen, welche den Sommer über (die eigentliche Badesaison währt von Mitte Juni bis Mitte oder Ende September) kommen, das ganze Jahr hindurch erhöht sich ihre Zahl bis über 900, sind nur wenige eigentliche Badgäste, wiewohl es im Sommer 1862 mehr waren als in früheren Jahren.

Julius Bernhard, Reisehandbuch durch Württemberg, Stuttgart 1863, S. 119

138
Blick über Bad Boll und Boll zum Hohenstaufen, Hohenrechberg und Stuifen. Ölbild, um 1830

139
Bad Boll mit Park nach dem Erwerb durch Johann Christoph Blumhardt. Lithographie von Caspar Obach nach C. Ph. Heinrich Bach, um 1860

Bad Boll. Die Straße nach Boll, ist so stark frequentiert, wie in der Blütezeit des freundlichen Badeortes, und haben auch Dampfschiffe und Eisenbahnen die Kurplätze zweiten und dritten Grades entvölkert, so ist Boll jetzt wieder so von Gästen angefüllt, daß neue Ankömmlinge kaum Obdach finden. Nicht die fashionable oder blasierte Welt sucht hier Ergötzlichkeiten bei Pokal, Spiel, im Ballsaal oder auf der Bühne, der stille religiöse Hauch der Liebe, die fromme Duldsamkeit einigt hier Hoch und Nieder, Arm und Reich. Der große, weite Ballsaal ist in einen Tempel umgewandelt, die Wände sind mit großen, farbigen Tableaux geschmückt, die die Verbreitung des Christentums über die ganze Erde darstellen. Altar, Kruzifix, Kandelabers und Kelch sind, von frommer Hand gestiftet, am Geburtstage des Badebesitzers zu dessen Überraschung aufgestellt worden. Dieser werte Saal mit seinen geräumigen Galerien faßt die Zuhörer nicht, die sonntags und donnerstags herbeikommen, um den Predigten Blumhardts zu lauschen. Nicht nur die Angehörigen der pietistischen Glaubensrichtung, sondern Bekenner verschiedener Seiten und Religionen kommen, um sich an den frommen Reden des glaubensreichen jetzigen Weltpriesters zu erbauen. Da herrscht ein schöner christlicher Sozialismus, Gemeinschaftlichkeit beim Mahl, auf den Spaziergängen und beim Hausgottesdienst. Der sanfte Odem der Liebe durchweht die ganze Umgebung. Die Glocke ruft zum gemeinschaftlichen Mahle, die Hausfrau beginnt mit lieblicher, weitaustönender Stimme einen Psalm und die 150 und mehr Personen starke Tischgesellschaft fällt ein, daß das Hallelujah weithin schallt. – Die Tischgesellschaft, gemischt aus allen Ständen; hier der Präsident eines hohen Richterkollegiums, dort ein schlichter Schulmeister, da ein Amsterdamer Kaufherr neben einem schwäbischen Reiseprediger, ein Straßburger neben einem Ungar, alle brüderlich, einig unter sich.

Göppinger Wochenblatt vom 6. 8. 1853

140
Der im ehemaligen Festsaal des Badhauses von Bad Boll durch Pfarrer Johann Christoph Blumhardt eingerichtete Betsaal. Aquarell von Christian Septimus von Martens, 1867

Bad Boll. Donnerstag, den 14. August 1871. Früh vor acht Uhr bei Papa Blumhardt. Alle Enkel, die kleinsten auf dem Arm oder an der Hand ihrer Wärterinnen. Der alte, liebe Pfarrer segnet jedes einzelne und nennt es mit Namen. ›Annele, Elisabeth, Friedele oder Samuel, der Heiland segne Dich‹. Die ganz kleinen werden von Vater oder Mutter auf dem Arm zum alten Pfarrer hingetragen. Zuletzt kommen die größeren und ganz zuletzt auch die Alten. Ich machte den Schluß. Dies geschieht alles ohne besonderes Pathos, heiter und ganz einfach natürlich. Zuletzt singt die kleine, fidele Schar einen Vers. ›Halleluja, Halleluja‹ usw.; dann heben sie die Händchen in die Höhe, tummeln sich völlig ungezwungen und doch so hübsch durcheinander und ziehen fröhlich plaudernd ab. Was wird aus allen diesen Kindlein werden, die der Heiland so früh segnet!?

Blumhardts Kraft scheint, außer in tiefer Erfahrung, in dem einfachen Glauben an das Bibelwort – sich eng und bestimmt daran haltend – zu liegen. Die Liebe ist seine Religion. Er schließt niemand aus, hat das weiteste Herz; nach Konfession fragt er nicht.

Man freut sich hier jedesmal auf die kurzen, körnigen Morgenandachten und noch mehr auf die Sonntagspredigt. Wie unendlich wohltuend und zurechtbringend ist doch ein solcher Aufenthalt unter Gleichgesinnten und gesegnet durch Gebet und Hausandacht eines so tüchtigen Mannes; aber es gilt, seinen Glauben wieder in die Welt zu tragen, ihn treu zu bewahren unter Andersgesinnten, und an der heiligen Schrift und mit Gebet und christlicher Ordnung auf eigenen Füßen zu stehen und gehen zu lernen.

Ludwig Richter, Bad Boll, Donnerstag, den 14. August 1871, in: Heinrich Richter, Lebenserinnerungen eines deutschen Malers. Selbstbiographie nebst Tagebuchniederschriften und Briefen von Ludwig Richter, Frankfurt 1895, S. 175f

Boll. Die Gegend um Boll ist ziemlich fruchtbar, an Halmfrüchten werden besonders Dinkel, Weizen und Haber gebaut, das Haupterzeugnis sind die Erdbirnen und bei der großen Armut der Einwohner das Hauptnahrungsmittel derselben. Obstbäume, welche um den Ort her in großer Anzahl stehen, gedeihen gut, sie blühen hier früher als in Göppingen, aber Nachtfröste zerstören oft den reichsten Segen, den sie versprechen. Der größte Teil des Bodens ist zu Wiesen benützt, wobei sich die Eigentümer gut befinden, weil die Baukosten geringer sind als bei den Äckern und das Futter, indem hier mehrere tausend Schafe gewintert werden, leicht und gut verwertet werden kann.

Pfarrbeschreibung Boll, 1822. Ev. Dekanatsarchiv Göppingen, Büschel 213

141 Die ev. Stiftskirche von Boll. Aquarell von C. Ph. Heinrich Bach, um 1860

Zell unter Aichelberg. Die Lage auf Hügeln und Anhöhen ist uneben und sumpfig, aber fruchtbar und gesund; wie sich denn auch der Ort durch geringere Sterblichkeit auszeichnet. Nach den naheliegenden Ohmden, Bezgenriet, Boll, Hattenhofen usw. führen neue und gute, 1824 mit einem Aufwande von mehr als 14 000 Gulden erbaute Straßen. Durch Zell fließt der Teufelsklingenbach, welcher sommers ganz vertrocknet, bei anhaltendem Regen aber sehr reißend wird. An Quellwasser ist Überfluß. Zell zählte im Jahre 1841 133 hübsche Haupt- und 55 Neben-Gebäude, worunter 1 Armenhaus. Die Kirche zu St. Martin, welche die Gemeinde zu erhalten hat, ist ziemlich alt, wurde aber durch einen neueren Anbau erweitert. Der Turm, wie es scheint der höchste im Ober-Amtsbezirke, wurde am 9. Juni 1682 durch einen Blitzstrahl sehr beschädigt ...

Moser, Beschreibung des Oberamts Kirchheim, Stuttgart 1842, S. 293 f

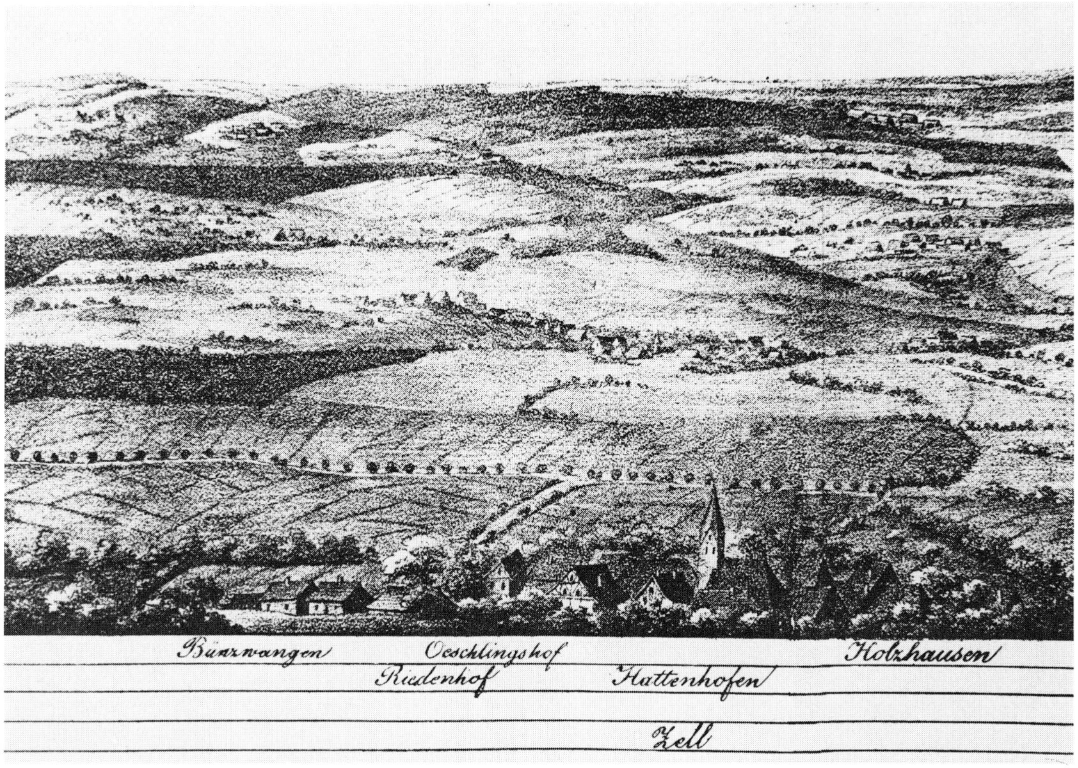

Hattenhofen. Der Ort liegt ziemlich eben, ist mit Wasser wohl versehen, hat ein Mineralwasser, eine gesunde Lage und ist mittelmäßig fruchtbar. Die hauptsächlichsten Erzeugnisse sind Futter und Obst ... Die Kirche steht mitten im Ort, ganz in der Nähe des Pfarrhauses; ihr Alter ist unbekannt; die Bauart hat nichts Bemerkenswertes; ist in mittelmäßigem und, was den Turm betrifft, schadhaftem Zustande, für die Gemeinde (gewisse Tage abgerechnet) hinreichend geräumig, auch ziemlich hell; zum Predigen nicht beschwerlich; mit einer ganz schlechten und feuchten, ungesunden Sakristei; einer Orgel, einem Turm, 3 Glocken und einer Uhr versehen.

Pfarrbeschreibung Hattenhofen, 1827. Ev. Dekanatsarchiv Göppingen, Büschel 224

142
Ausschnitt aus einer Panoramarundsicht vom Aichelberg mit Zell u. A. und Hattenhofen im Hintergrund.
Lithographie vermutlich von Johannes Woelffle, 1826
143
Die ev. Pfarrkirche Hattenhofen.
Federzeichnung von Max Bach, um 1860

Aichelberg. Unter diesen Punkten zeichnet sich vorzüglich der Aichelberg aus. Unter den Vorsprüngen der Alb von der Schweizer Grenze ab bis über Gmünd hinaus ist der Aichelberg zwar einer der niedersten, und wird auch weit weniger besucht als die höhern Spitzen von Staufen etc; seiner schönen Lage, welche die herrlichste Aussicht in die bebautesten Gegenden des Landes darbietet, wegen, und weil er viel leichter als die meisten Berge zu besuchen ist, verdient aber auch dieser Berg von den Freunden schöner Naturansichten bestiegen zu werden, und ist hauptsächlich einer der Punkte, welche von Boll aus besucht werden. Man gelangt von Boll in einer kleinen Stunde auf den Gipfel des Berges; eine Fahrstraße dahin über Eckwälden wird gegenwärtig angelegt. Auf dem schmalen Gipfel des Berges, wo man nur noch wenige Trümmer eines Schlosses der ehemaligen Grafen von Aichelberg sieht, ist in den letzten Wochen ein Häuschen erbaut worden, um die Besucher vor Wind und Regen zu schützen. Mehr als 60 Dörfer und Städte zählt man mit bloßem Auge vom Berge aus. Der Liebhaber der Pflanzenkunde findet hier schon manche Alpenpflanzen. Einige Hundert Schritte unter dem Gipfel liegt das kleine Dörfchen Aichelberg (Filial von Zell, Oberamts Kirchheim) in einem vollen Halbkreise um den Berg, wo man Bewirtung findet, welche von Boll aus regelmäßig dahin geschafft wird.

Boll (Der Aichelberg, den 21. Juni 1826) in: Schwäbische Chronik vom 28. 6. 1826, S. 355

144
Der Bergkegel des Aichelbergs mit Häusern des Dorfes von Norden.
Kupferstich von A. Lt. d'Argent nach E. Stoll, 1799

145
Die ev. Pfarrkirche Schlierbach mit Pfarrhaus (rechts) und Rathaus (links).
Aquarell von C. Ph. Heinrich Bach, um 1860

146 (rechts)
Bäckerei und Wirtschaft in der Schlierbacher Straße 9 in Albershausen. Aquarell, 1885

Schlierbach. Die Kirche zum hl. Georg steht fast mitten im Ort und zeichnet sich schon von Ferne durch ihren imposanten, aus Quadern massiv erbauten, viereckigen Turm mit schönen gotischen Formen aus. Eine eingehauene Jahreszahl 1498 scheint eher die Zeit einer Reparation als des Neubaues zu bezeichnen. Der Chor hat ein hübsches Kreuzgewölbe und ist älter als das 1497 erbaute Schiff der Kirche. Ein hier befindlicher Grabstein von sonst unleserlicher Schrift hat die Jahreszahl 1462. Der hoch gelegene Kirchhof war wohl einst ebenso fest, wie jener in Heiningen; auch hat der Turm einige Schießscharten. Die Baulast liegt dem Heiligen ob. Das etwas erhaben bei der Kirche stehende, 1767 erbaute Pfarrhaus hat der Hospital Kirchheim zu erhalten ... Die Einwohner sind sehr fleißig und betriebsam und nähren sich sauer vom Ertrag ihrer Felder und vom Spinnen. Die Markung ist hier am meisten zerstükkelt.

Moser, Beschreibung des Oberamts Göppingen, Stuttgart 1844, S. 288f

Albershausen. Der Mutterort, zum Teil erhöht, zum Teil vertieft wie in einem Kessel, wird von zwei Bächen durchströmt, die den Ort hinreichend mit Wasser versehen, aber auch bei starkem Regen durch schnelles Anlaufen großen Schaden in Kellern und Scheunen anrichtet. Die Lage ist gesund, wenigstens weiß man nie etwas von Seuchen und epidemischen Krankheiten. Auch ist die Lage angenehm, indem mitten durch den Ort eine ziemlich frequente Straße, die Straße von Göppingen nach Kirchheim, führt. Der Ort ist fruchtbar an gutem Futter, Getreide, Erdbirnen und besonders auch an Flachs. Auch wächst hier etwas Obst. Albershausen hat auch mehrere Waldungen, teils Kommun-, teils Privatwaldungen, doch schützen diese die Bewohner nicht ganz gegen Holzmangel, weswegen der größere Teil Holz kaufen muß. Die Hauptnahrungszweige sind der Viehhandel und bei der ärmeren Klasse das Spinnen.

Pfarrbeschreibung Albershausen, 1828, S. 4b. Ev. Dekanatsarchiv Göppingen, Büschel 208

Göppingen

Den Grafen von Württemberg war es nach dem Untergang der Staufer gelungen, sich ganz Göppingen und weite Teile des Umlands anzueignen. Die Herrschaft Württemberg bestimmte nun für Jahrhunderte das Geschick der Stadt. Göppingen wurde Sitz eines Oberamts und bildete Württembergs Grenzstadt zu dem vor ihren Toren beginnenden Territorium der Freien Reichsstadt Ulm.

Die staufische Stadt zerstörte der Stadtbrand von 1425. Das dann in vier Jahrhunderten gewachsene Stadtbild fegte am 25. August 1782 erneut ein Stadtbrand hinweg. Etwa 400 Häuser wurden eingeäschert und gegen 500 Familien obdachlos. Herzog Carl Eugen von Württemberg verfügte unverzüglich den Wiederaufbau und beauftragte seinen Landesoberbauinspektor Johann Adam Groß mit der Ausarbeitung des Stadtplans. Die Entwicklung eines Gemeinwesens spiegelt nichts auffälliger wider, wie das Stadtbild und der Stadtgrundriß. Charakteristisch für die 1786 abgeschlossene klassizistische Stadtanlage von Göppingen ist der schachbrettartige Grundriß, den der absolutistische Regent angeordnet hatte. Infolge der notwendigen Neuverteilung der Baugrundstücke mußte zwangsläufig eine Reihe von Bürgern mit Bauplätzen außerhalb der Stadt, in der dadurch entstandenen Karlstraße, vorliebnehmen.

Das Aussehen Göppingens vor dem Brand von 1782 zeigt die etwas naive lavierte Tuschzeichnung des Schulmeisters Joseph Laichinger, der als Zwanzigjähriger das Aussehen seiner Vaterstadt unter Anlehnung an den Kupferstich von Matthäus Merian aus dem Jahre 1643 rekonstruiert (Abb. 147). Josua Laichinger war keineswegs ein »poeta laureatus«, d.h. ein gekrönter Dichter, wie verschiedentlich zu lesen ist. Die auf seiner Ansicht angebrachte Bezeichnung »P. Laur.« dürfte sich vielmehr auf den Herkunftsort seiner Mutter und wohl seinen Geburtsort Lorch beziehen. Die in Schutt und Asche gesunkene Stadt hält der Ulmer Stadtmaler Christoph Nikolaus Kleemann (1737–1797) in seiner biederen Handwerklichkeit in einem Ölbild fest (Abb. 148). Der Göppinger Magistrat fand »das Stuck sehr schön und gut gemalt« und beschloß 1785, dieses »zum Gedächtnuß solchen Brandts in das Rathaus als ein Surport aufzumachen und 10 Gulden zu bezahlen«. Das Ölgemälde wurde 1871 und 1982 restauriert. Bereits im 19. Jahrhundert war es in etwas abgewandelter Art lithographisch vervielfältigt worden.

Mit zu den besten Ansichten, die im 19. Jahrhundert von Göppingen entstanden, zählt die noch dem Klassizismus verhaftete Radierung des Stuttgarter Künstlers Friedrich Müller (Abb. 149). Die um 1816 geschaffene Vedute unterstreicht ihren künstlerischen Wert in dem kräftigen alten Kolorit. Friedrich Müller wetteiferte vor allem in seinen zahlreichen Stuttgarter Ansichten mit anderen Künstlern in der Eleganz der Staffage. In unserem Göppinger Beispiel blickt ein Vertreter des gehobenen Bürgertums mit Zylinder, blauem Rock, Beinkleidern und seiner in einem langen Gewand gekleideten Gattin von der Anhöhe des Eichert auf die in der Talaue sich ausbreitende Stadt. Die gleiche Ansicht wird von dem Stuttgarter Verleger Georg Ebner in der 1816 begonnenen und etwa 220 Blatt zählenden Serie »Erinnerungen oder interessante Ansichten Württembergs« in Miniaturformat herausgegeben. Eine weitere in diese Serie aufgenommene Radierung zeigt die Stadt von Nordosten, einem neuen und ungewöhnlichen Standort, mit Blick auf den Albtrauf (Abb. 150). Urheber dieser Ansicht ist wohl ebenfalls Friedrich Müller. Die Ebnerschen Ansichten waren mit ihrem Kleinformat für bürgerliche Stuben berechnet und für den erwachenden Sammeleifer des Bürgers im neuen Königreich Württemberg ein lohnendes Objekt. Die Göppinger Ansicht von Nordosten ist mehr realistisch, weniger idealisierend gesehen.

Den Oberen Bierkeller (Dreikönigs-Bierkeller) am Rande des Oberholzes, das Schloß von Nordosten wie auch die Oberhofenkirche von Südosten hat von ebenso ungewöhnlichen Standpunkten 1833 der schon öfters genannte einheimische Zeichner Louis Kolb in feinen Federzeichnungen überliefert (Abb. 151, 159, 161, 162). Von nicht geringer Bedeutung für die Baugeschichte des Schlosses ist die Ansicht vom Schloßgarten aus. Den noch tiefen Schloßgraben überspannt die Zuleitung des Stadtbachs. Der sog. Küchenbau, auf der Ostseite zum

Königreich Württemberg

Stadt Göppingen

Der ledige Leonhard Nothdurft Weber Sohn des verstorbenen Balthasar Nothdurft von Bartenbach Oberamts Göppingen hat bei dem [illegible] Leonhard [illegible] zu Bartenbach die Lehrzeit ordnungsmäßig erstanden, und bei der mit ihm nach dem Gesetz vorgenommenen Lehrlings-Prüfung [illegible] Kenntniße in dem Handwerk gezeigt, was ihm zu seiner Legitimation anmit beurkundet wird.

Göppingen, den 20. Marz 1836

Der Obmann der Zunft.

[illegible]

Die Ächtheit der Ausstellung beurkundet der Königl: Oberamt.

Die Vorsteher der Zunft.

[illegible]

XXVI Lehrbrief der Weberzunft für den Gesellen Leonhard Nothdurft aus Bartenbach vom 20. März 1836. Lithographie von Joh. Georg Schrank, Göppingen, um 1835

Marstall hin, zeigt seine ursprüngliche Form vor der Ausführung des Oberbaus in Fachwerk. Der oberste Stock des von einem Zeltdach gekrönten Nordturms der Oberhofenkirche besteht gleichfalls noch aus Fachwerk. Er wurde 1884 und der Südturm 1899 im neugotischen Stil ausgebaut.
Zwischen dem 25. und 31. August 1834 schuf Pfarrer Eduard Keller das siebenteilige, 294 cm breite Rundumpanorama der Stadt, auf dem Turm der Stadtkirche. Drei Ausschnitte aus diesem Panorama werden in diesem Band erstmals veröffentlicht. Ein Ausschnitt zeigt den Blick über das Wohngebäude des Freihofs (mit Dachausbau) zur außerhalb der Stadtmauer gelegenen Oberhofenkirche, hinüber in die Friedrichstraße und zu dem langgestreckten Wohnhaus des Adelberger Pfleghofs, der sich an der Stelle des Parkhauses beim Friedrichsbau erhob und zu dem das Adelberger Kornhaus gehörte (Abb. 155). Ganz unten am rechten Bildrand erkennt man das heutige »Bierhaus Maier« in der Kirchstraße. Das eindrucksvolle und für die Stadtgeschichte so aussagekräftige Panorama wird fortgesetzt mit dem weiteren Blick in die Kirchstraße auf den Giebel des Adelberger Kornhauses und über das Türmchen des Rathauses zur Karlstraße (Abb. 154). Der Ausschnitt aus dem Südteil zeigt den Blick auf den sog. Schüsselgraben, den heutigen Schillerplatz (Abb. 156). Vom Schüsselgraben führt die Sauerbrunnengasse über die Sauerbrunnenbrücke zum Christophsbad. Am rechten Bildrand schließt das Gasthaus zur »Krone« den Platz ab.
Wohl als eine besondere Art von Ladenreklame zu betrachten ist der überdimensionale, 44 cm hohe Pfeifenkopf aus Porzellan im Städt. Museum Göppingen, den in Porzellanmalerei eine Ansicht von Schloß und Stadtkirche schmückt (Abb. XXIX). Vielleicht war dieser Pfeifenkopf der Ladenschild des in Göppingen um 1840 nachweisbaren Porzellanmalers Gustav Wolff, über dessen Tätigkeit sonst bislang nichts bekannt ist. Als Vorlage diente eine Lithographie nach dem wohl von der Göppingerin Rösle Raith gemalten Bild. In Wolff haben wir wahrscheinlich auch den Schöpfer von bemalten Boller Badetassen zu sehen.
Um die Mitte der 30er Jahre des 19. Jahrhunderts läßt sich der Einheimische Johann Georg Schrank (1810–1872) als Zeichenlehrer und Lithograph in Göppingen nachweisen. Mit ihm beginnt eine stattliche Reihe von am Ort tätig gewesenen Lithographen und lithographischen Werkstätten. Eine von Schrank gefertigte Stadtansicht schmückt die von ihm verlegte Lithographie eines Gesellenbriefs von 1836 (Abb. XXVI). Er ist auch der Verfertiger des Sammelbilds mit 9 Ansichten von Göppingen und Umgebung (Abb. XXVII). Dieses auch koloriert vertriebene Sammelbild aus der Zeit um 1847 zeigt in der Mitte die Ansicht der Stadt umgeben von Bildern des Göppinger und Boller Bades, des Göppinger Marktplatzes, der Faurndauer Stifts- und der Göppinger Oberhofenkirche, der Papierfabrik Beckh in Faurndau, des Göppinger Schlosses mit der Stadtkirche und der Göppinger Papierfabrik Schwarz. Neben einem von dem Lithographen Georg Kurfeß 1854 geschaffenen Sammelbild ist es die erste derartige Darstellung der Stadt und ihrer Umgebung. Georg Kurfeß (1815–1864) hatte 1840 von der Witwe des Carl Friedrich Schauffele dessen lithographische Werkstätte in Göppingen übernommen. Er stammte aus Neuhausen auf den Fildern und war Maler und Lithograph. Zu seinem Sortiment zählten bereits anfangs der vierziger Jahre Gesellen- und Meisterbriefe mit Stadtansichten von Geislingen, und Göppingen. Auch Briefbogen mit Ansichten von Göppingen (Abb. XXX) und des Christophsbads (Abb. 152) fertigte er in jener Zeit.
Zu den beiden lithographischen Werkstätten von Johann Georg Schrank und Georg Kurfeß gesellte sich anfangs der 50er Jahre die Buchhandlung des 1838 nach Göppingen eingeheirateten Buchbinders Friedrich Stoz (1814–1876) aus Sulz am Neckar. Er verlegte 1857 die von dem Lithographen Johannes Woelffle in Faurndau in Stein gestochene Ansicht der Stadt (Abb. 158), die von Gottfried Küstner in Stuttgart gedruckt wurde. 1860 erschien im Verlag von Stoz das von dem früheren Hohenstaufener Pfarrer Eduard Keller verfaßte Büchlein »Der Hohenstaufen und seine Fernsicht«. Diese Schrift ziert auf der Vorderseite des Umschlags eine Ansicht der »Kaiserkapelle« (Barbarossakirche) in Hohenstaufen und auf der Rückseite eine Innenansicht der Lorcher Klosterkirche. Außerdem ist dem Bändchen als Frontispiz eine Ansicht des Hohenstaufen mit Salach im Vordergrund sowie eine 9 bzw. 14,3 x 133 cm lange, gefaltete Panoramaaussicht vom Hohenstaufen beigegeben (Abb. XXVIII). Die Vorlagen zu den Abbildungen und der Panoramakarte hatte gleichfalls Pfarrer Keller beigesteuert.
Zu den späten, von Johannes Woelffle auf seinem Alterssitz in Faurndau geschaffenen Arbeiten zählt die erwähnte lithographische Ansicht der Stadt Göppingen aus dem Jahre 1857. Eine weitere Darstellung der Stadt entsteht von Woelffles Hand um 1860. Zum Vergleich mit dieser schon mehrfach veröffentlichten Lithographie sei an dieser Stelle die noch in Familienbesitz erhaltene Entwurfszeichnung abgebildet (Abb. 157). Sie zeigt von der Jebenhäuser Steige die vor den Drei-Kaiser-Bergen ins Tal der Fils eingebettete Stadt vor ihrem Aufbruch in das industrielle Zeitalter.
Nur selten scheint das alte Göppingen in Öl gemalt worden zu sein. Zu den wenigen Ölbildern, die es gibt, gehört die im Städt. Museum Göppingen verwahrte Ansicht mit dem Blick vom

XXVII Sammelbild mit neun Ansichten von Göppingen und Umgebung. Lithographie von Johann Georg Schrank in Göppingen, um 1847

Christophsbad zur Stadt (Abb. 153). Das um 1850 entstandene Bild ist zwar künstlerisch nicht hochstehend, doch zeigt es die Stadt von einer reizvollen Partie aus.

Zu den großen Seltenheiten zählen Straßenansichten. Eine dieser Raritäten verdanken wir dem schon in einem Lebensbild gewürdigten Carl Philipp Heinrich Bach. Seine Eltern verbrachten ihre letzten Lebensjahre in Göppingen. Zuletzt wohnten sie in der heutigen Friedrichstraße. Das reizvolle, um 1860 entstandene Aquarell zeigt uns die nördliche Zeile der Hauptstraße (Abb. 160). Sehr genau hat er hier die klassizistischen Gebäude zwischen Hauptstraße 21 (Samen-Gehrke) und dem Rathaus am rechten Bildrand aufgenommen. Auch den Begräbnisort seiner Eltern, den Friedhof bei der Oberhofenkirche mit

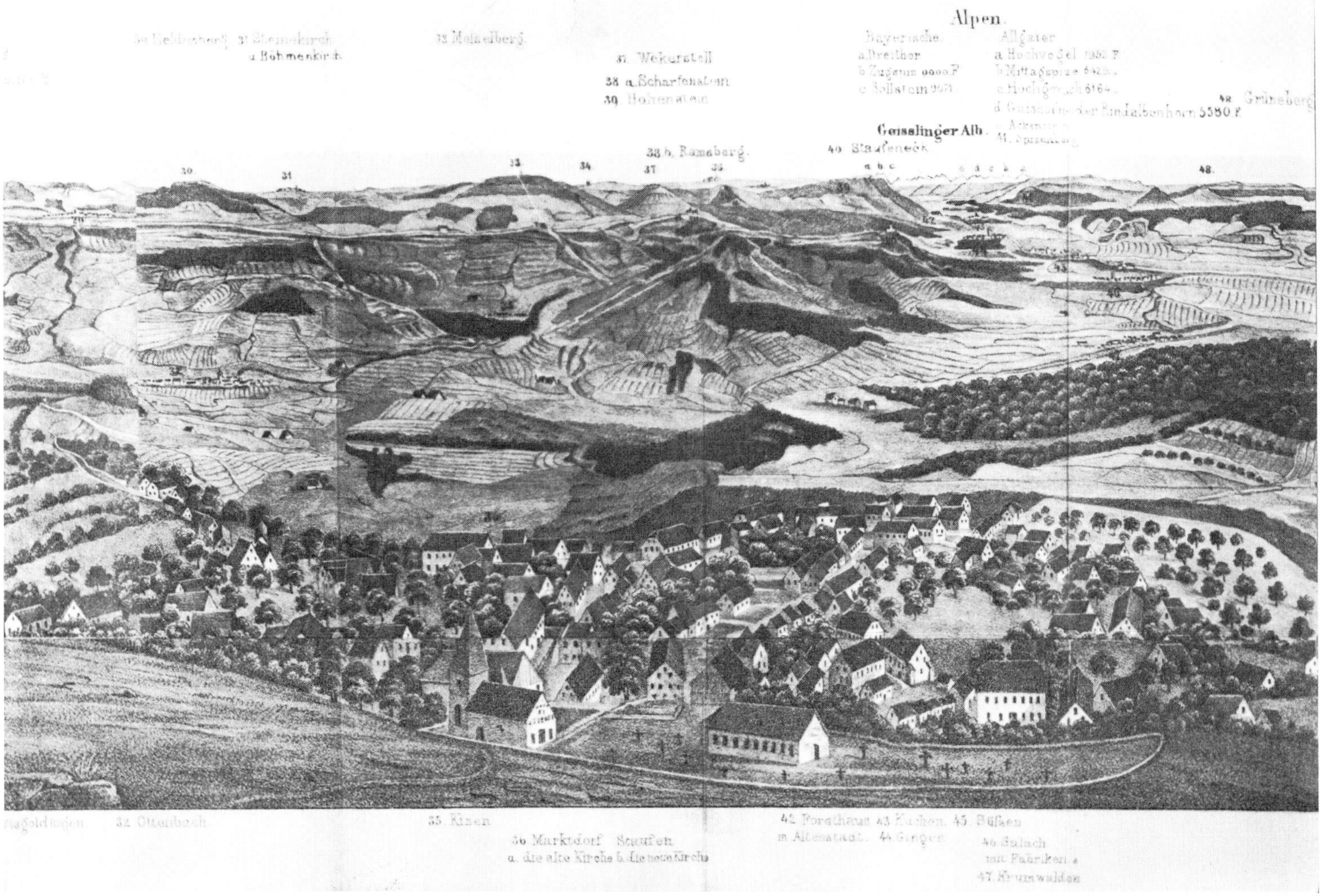

der alten Chorherrenstiftskirche, verleibt er in Aquarellen seinem »Album Schwäbischer Dorfkirchen« wie auch seinem Familienbuch ein. Nicht zuletzt Dank dieser familiären Bindungen ist wohl auch das reizvolle Aquarell der Pfarrkirche von Hohenstaufen entstanden (Abb. 167). Es zeigt diese vor dem 1859 durchgeführten Umbau zur Gedenkstätte des staufischen Geschlechts, zur Barbarossakirche.

Mit dieser Ansicht ist die Verbindung zu dem Maler wie auch Wanderer seit dem frühen 19. Jahrhundert mehr und mehr anziehenden Kaiserberg Hohenstaufen geschlagen. Man kann beinahe von »Wallfahrten« sprechen, die einsetzen, seit am Ende des alten Heiligen Römischen Reiches Deutscher Nation Kurfürst Friedrich von Württemberg (1803) und andere Herrscher den geschichtsträchtigen und sagenumwobenen Berg aufsuchten. Mit einer der ersten lokalen Verehrer des von hier ausgegangenen Kaisergeschlechts ist der örtliche Pfarrer J. F. Ammermüller, der 1805 über dieses »Ein Lesebuch für biedere Schwaben, Sachsen und Franken« herausgibt. Diesem Büchlein ist neben einer Ansicht des Wäscherschlosses auf dem Frontispiz (Abb. XXXII) auch eine Radierung des Berges mit

XXVIII
Ausschnitt aus einer Panoramarundsicht vom Hohenstaufen mit dem Dorf Hohenstaufen im Vordergrund.
Nach einer Zeichnung von Eduard Keller lithographiert, Stuttgart, 1860

dem Blick von Hohrein aus beigegeben (Abb. 163). Als Meister der Vorlagen dürfen wir den Gmünder Zeichenlehrer Johann Sebald Baumeister annehmen. Dieser malt zur gleichen Zeit zwei reizvolle Aquarell-Miniaturen von der Gipfelfläche des Berges. Eine dieser Ansichten, betitelt »Kratter des Hohenstauffen«, zeigt diese von Nordwesten mit dem Hohenrechberg und Stuifen (Abb. 165). Von den vornehm gekleideten Besuchern des Berges heben sich zwei Wanderer ab, die, auf dem damals einzig noch erhaltenen Mauerstück ausruhend, ihren Blick über die Dorfkirche in die Weite schweifen lassen. Die nach Baumeisters Vorlage 1810 entstandene Umrißradierung »Der Hohenstauffen« widmet der Künstler »Seiner Königlichen Majestät Friderich König von Württemberg in tiefster Ehrfurcht« (Abb. 164). In ähnlicher Weise wie Baumeister hat August Seyffer um 1816 sein Blatt vom Hohenstaufen dem nachfolgenden Herrscher, König Wilhelm I. von Württemberg, gewidmet (Abb. 123). Baumeister wie auch Seyffer kommt mit diesen Blättern ein maßgeblicher Anteil an der künstlerischen Entdeckung und Erschließung des Kaiserberges zu. Die altkolorierte Umrißradierung von Baumeister zeigt den Bergkegel noch in seiner festungstechnisch bedingten Kahlheit. Der Hohenstaufen dürfte damals wie die meisten anderen Burgberge der Schwäbischen Alb mit ihren gleichfalls baumfrei gehaltenen Kuppen einen eindrucksvolleren und kühneren An- wie auch Ausblick geboten haben als heute. Erst in der zweiten Hälfte des 19. Jahrhunderts wird seine Aufforstung vorangetrieben. Auf der Spitze des Berges hebt sich der letzte Mauerrest der Burg Hohenstaufen, den Baumeister in seiner Aquarell-Miniatur festgehalten hat (Abb. 165), gegen den Horizont ab.

1843

Exakte Landschaftsstudien stellt der Hohenstaufener Pfarrer Eduard Keller während seines dortigen Wirkens in den Jahren 1825–1834 an und nimmt sie in sein Skizzenbuch auf. Sein Schaffen ist in dem kurzen Lebensabriß bereits dargestellt worden. In dem Skizzenbuch sind auch Ansichten von verschiedenen Gebäudegruppen in Hohenstaufen enthalten. Von besonderem Reiz ist eine lavierte Federzeichnung vom Markt-

XXIX
Schloß und Stadtkirche von Göppingen auf einem als Werbeschild gestalteten überdimensionalen Pfeifenkopf.
Auf Porzellan, vermutlich von Gustav Wolff, Göppingen, gemalt, um 1840

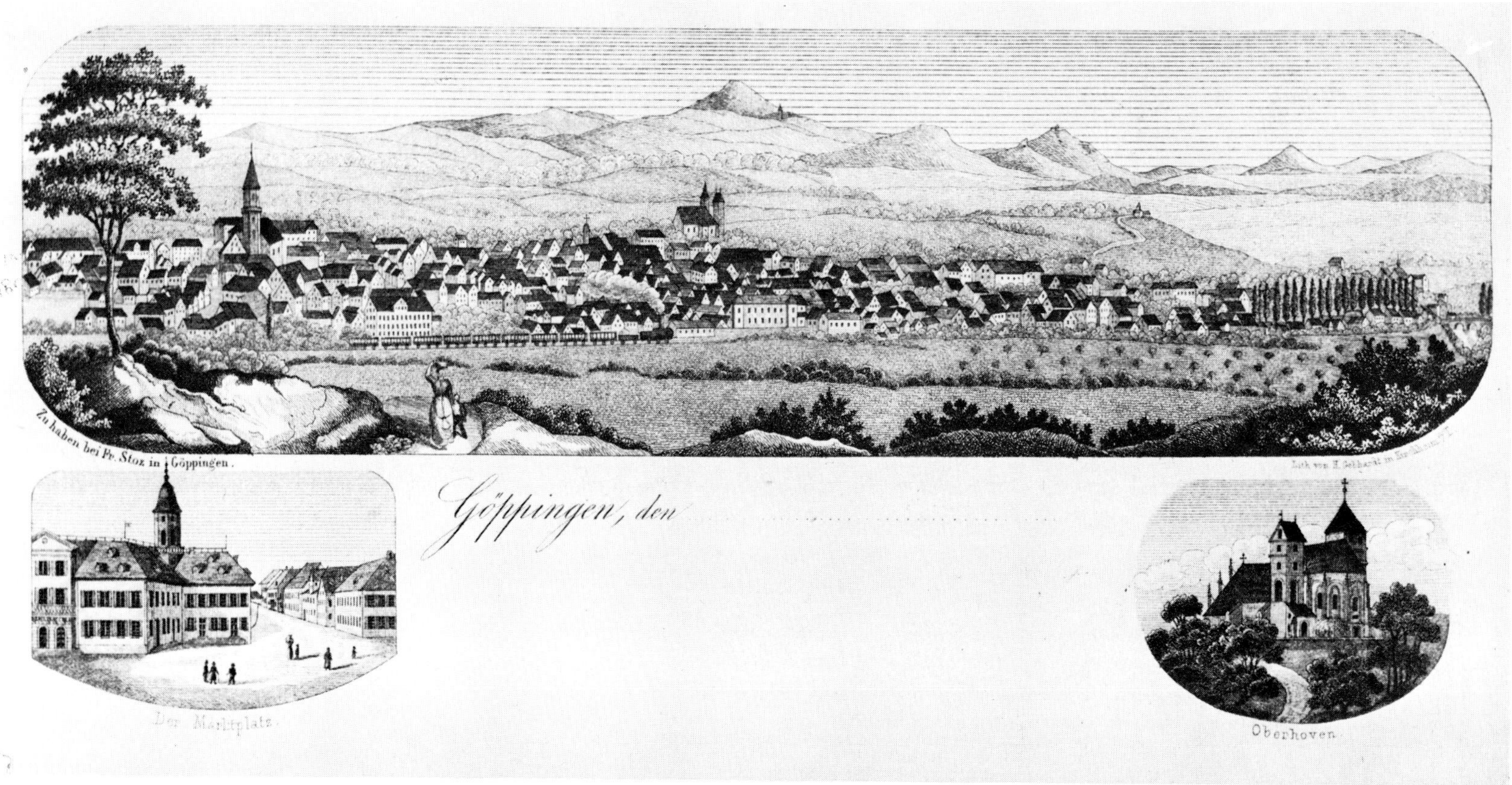

XXX
Briefkopf mit der Ansicht der Stadt Göppingen, des Marktplatzes und der Oberhofenkirche.
Lithographie von Heinrich Gebhardt in Kirchheim/Teck, um 1850

147 (rechts)
Die Stadt Göppingen vor dem Stadtbrand vom 25. August 1782 von Südwesten. Lavierte Tuschezeichnung von Joseph Laichinger, 1782

platz aus dem Jahre 1830 (Abb. 166). Den Platz bilden vor allem das Forsthaus (zweites Haus von links) und das Gasthaus zum »Lamm« (Bildmitte), das Ende des 19. Jahrhunderts durch einen Neubau ersetzt wurde. Am rechten Bildrand schließt das Rat- und Schulhaus den Marktplatz ab. Der Dichter Albert Knapp, ein Bruder des Amtsnachfolgers von Pfarrer Keller, des Geistlichen Eduard Knapp, gibt 1839 im Cotta'schen Verlag in Stuttgart das Werk »Hohenstaufen – Ein Cyklus von Liedern und Gedichten« heraus. Für die darin abgebildeten sechs Lithographien liefert Pfarrer Keller ebenfalls die Vorlagen. Als einer der wenigen Künstler hat er hierbei seine ehemalige Pfarrei vom Aasrücken, beim Eintritt in den Tannenwald, gezeichnet (Abb. 168). Dank dieser genauen Landschaftsaufnahmen konnte Eduard Keller seinem 1860 erschienenen Büchlein »Der Hohenstaufen und seine Fernsicht« die erwähnte, heute noch unübertroffene Panoramakarte der Aussicht vom Gipfel des Kaiserberges beigeben. Auch abseits der Hauptverkehrsstraßen gelegene Dörfer, wie z. B. Bartenbach (Abb. 169), hält er fest und verhilft ihnen damit zu deren einzigen bildlichen Zeugnissen aus dem vergangenen Jahrhundert.

Göppingen. Anno 1782 der 25. August am Sonntag abends zwischen 7 und 8 Uhr kam ein Wetter und von Ansehen nicht gefährlich. Wie aber das Wetter kam, so schlug es mitten in die Stadt in des Rotgerbers Widmanns Haus, welcher das Bad genannt worden. Zum größten Unglück war kein Tropfen Wasser in der Stadt. Der unsägliche Knall bei dem Einschlagen erschreckte alle Leute; denn er war außerordentlich. Mitten in die Stuben fuhr der Blitz, da saß eine Magd und hatte ein Kind auf dem Arm. Diese wurde auf dem Buckel verbrannt und in 18 Tagen starb sie unter schrecklichen Schmerzen. Dem Kinde geschahe nichts, obgleich der Strahl dem Kind von dem Fuß hinunter fuhr und der Strumpf und Schühle vom Fuß fiele. Das Schühlein ist in die Kunstkammer gekommen. Die Magd ist eine Bürgers-Tochter gewesen. Ihr Vater hieß Johannes Zendel, Weißgerber. Ich wohnte an dem Pfaffen-Tor und glaube nicht, daß ich Gefahr hatte. Bliebe also lange bei dem Feuer, sprache auch den Leuten zu und sie folgten und wollte einreißen lassen. Aber es war kein Leben und Kraft. In einer halben Stunde brannte hinten und vornen alles, das ganze Eck, endlich der Pflug, darnach das große Rathaus. Das war ein entsetzlicher

Bau. Seine Höhe überragte alle Gebäude in vielem. Und stunden ganze Eichen von Säulen da. Der Bau war ganz besonders groß, hoch und stark von Holz. Und in ¾ Stunden lage es auf einem Haufen, das war grausam anzusehen. Alsdann breitete sich das Feuer in alle Gassen aus. Alle Bürger flohen in ihre Häuser, man rettete so gut man konnte. Ich warfe vieles in den Graben. Als ein Zeugmacher besonders Wollen, Zeug, Bettwerk. Das ist gut geblieben, füllete auch den Keller, da war alles hin. Etwa um 2 Uhr flohen wir zum Tor hinaus, um 3 Uhr brannte mein Haus und sahe es in dem Garten verbrennen. Da sollte man die Bürger gesehen haben mit Jammer, Weinen und Heulen…

In dem Retten wurde alles verwirrt, man war nicht bei sich. Doch wenn ich warnen solle, wer auf der Mauren wohnt (Gott verhüte solche Not), der werfe seine Sache in den Graben. Denn die Keller wurden meistenteils beschädigt und haben arme Leute gemacht, wer sich ganz dahin gewendet. Nun am Morgen, als es Tag wurde, dachte ich, wohin? Dein Haus ist verbrannt und alle Wohnungen bis an die Kirch, Schloß und Kellerei und der oberste Hof. In der Wiehle sinds etwa 13 Häuser geblieben.

Ernst Jakob Vaihinger, Erster Anfang von dem Göppingerischen Vaihingerischen Stamm, Eintrag 1782, in: Heimatblätter, Beilage zum Hohenstaufen, 1. Jg., Nr. 9, vom 21. 7. 1934

Göppingen. Mit so vielem Danke es die abgebrannten Göppinger hätten erkennen sollen, daß der Herzog selbst sich die Mühe gab, sich bei dem neuen Anbau ihrer Stadt durch Vorschläge und Befehle zu verwenden; so wurde mir doch gesagt, daß es große Mühe gekostet habe, über die Bürger, deren geringste Sorge die Schönheit ihres künftigen Wohnorts, die Egalität der Häuser, die Breite der Straßen, usw. war, Meister zu werden. Sie wollten ihre Häuser gerade wieder an dem nämlichen Platze

148 Die Stadt Göppingen nach dem Stadtbrand vom 25. August 1782 von der Wühle aus, Ölbild von Christoph Nikolaus Kleemann, 1782

haben, wo sie vorhin gestanden hatten, es möchte herauskommen, wie es wollte. Doch der Anlage nach, und da schon viele Häuser vollkommen ausgebaut sind, müssen die Widersprecher mit ihrem tollen Eigensinn abgewiesen worden sein. Das Rathaus muß ein für eine solche Landstadt ausnehmend schönes Gebäude werden. Es soll dem Vernehmen nach 20000 Reichstaler kosten. Wenn zum Schaden der gemeinen Kasse keine Schulden gemacht werden dürfen, und sonst sehr verarmten Leuten wieder aufgeholfen werden kann, so läßt sich dieser allerdings beträchtliche Aufwand wohl verteidigen. Es wird aber an Leuten doch nicht fehlen, die, wenn sie auch sonst nicht dazu geneigt sind, wie es die Gewohnheit des Pöbels ist, alles, was die Ortsobrigkeit verfüget, zu tadeln, und noch gerade es deswegen zu tadeln, weil sie es verfüget, doch sich des Gedankens vielleicht nicht erwehren können, für 10000 Reichstaler oder gar für eine noch geringere Summe, könnte man immer ein schönes und der Stadt Ehre machendes Rathaus erbauen und die anderen 10000 Reichstaler zur Unterstützung derer anwenden, die bei allen milden Beiträgen und der Konkurrenz aus der Brandassecurationskasse doch noch lange über ihren erlittenen Verlust nicht getröstet werden seien.

Johann Friedrich Gaum, Reisen eines Curländers durch Schwaben – Ein Nachtrag zu den Briefen eines reisenden Franzosen, Ulm 1784, S. 211–213

Göppingen. Die Anlage dieser neugebauten Stadt ist nach dem Plane des Baumeisters Groß. Sie ist, wie fast alle neuern Städte in lauter Quadraten, deren 36 sind, gebaut. Die Straßen, die alle breit sind und von einem Ende der Stadt zum andern laufen, durchkreuzen sich in rechten Winkeln. Sie sind mit wohlgebauten Häusern besetzt, denen nichts als gleiche Höhe fehlt. Das erste Stockwerk eines jeden Hauses in der Stadt ist von Stein. In den Vorstädten aber sind aber auch ganz hölzerne Häuser. Die Grenzen der alten, abgebrannten Stadt, sind bei der

149 Göppingen von Süden mit Hohenstaufen und Hohenrechberg. Altkolorierter Kupferstich von Friedrich Müller, um 1816

150
Blick auf die Stadt Göppingen von Nordosten mit der Oberhofenkirche im Vordergrund. Altkolorierte Radierung, wohl von Friedrich Müller, um 1820
151
Blick über den Dreikönigs-Bierkeller am Oberholz bei Göppingen zum Albtrauf. Federzeichnung von Louis Kolb, 1833

neuen Einteilung geblieben. Gegenwärtig aber fängt man an einigen Orten an, die Mauern einzureißen, den Graben auszufüllen, und mit Häusern zu bebauen. Die Stadt hat 5 Tore. Einige der Tore, über welchen hohe Türme standen, die bei dem Brande, die Not und das Unglück am meisten vermehrten, sind eingerissen, so daß Göppingen gegenwärtig meist ein offener Ort ist. An den Einlässen sind nur hölzerne oder eiserne Gitter. Auf dem Mittelpunkte des großen regulären Marktplatzes, durchkreuzen sich die beiden Hauptstraßen, die sich durch ihre Breite auszeichnen. Sie führen zu den 4 Haupteingängen der Stadt, wo vormals Tore waren.

Röder, Geographie und Statistik Wirtembergs, Ulm 1787, S. 300f

Göppingen. Göppingen, Nürtingen und Kirchheim sind unstreitig die schönsten Landstädte in Wirtemberg, und zwar verdient unter diesen Göppingen wieder bei weitem den Vorzug. Diese Stadt wurde im Jahre 1782 fast ganz von einer schrecklichen Feuersbrunst verzehrt und doch stieg das wohlhabende, betriebsame und glücklich gelegene Städtchen allmählig schöner aus seiner Asche empor. Die Straßen sind breit und regelmäßig. Die neuen Häuser weichen natürlich in Rücksicht auf Breite von einander ab; hingegen in Rücksicht auf Höhe und gefällige Bauart sind sie einander alle ähnlich. Lebhaft wird Göppingen nicht bloß durch seine blühenden Gewerbe, sondern auch durch die unaufhörlichen Fuhren, die von oder nach Ulm, Augsburg und Italien durchgehen. Manche Frachtwägen, welche diese Straße fahren, sind alle Verbote ungeachtet mit acht, zehn, zwölf und noch mehrern Pferden bespannt. Auf Göppingen folgt in Ansehung der Schönheit der Häuser und Straßen unter den Wirtembergischen Landstädten zunächst Nürtingen.

Christoph Meiners, Kleinere Länder- und Reisebeschreibungen, Band 2, Berlin 1794, S. 342/343

Göppingen. Göppingen ist auf vier Punkten von Bierkellern umgeben, welche um ihrer schönen Lage willen im Sommer die Sammelorte der städtischen Geselligkeit bilden.
Diese nächsten Höhenpunkte um die Stadt her, namentlich der Bierkeller auf dem Weg nach Bartenbach, gewähren schöne Aussichten in dem interessanten Becken, in dessen Mittelpunkt die Stadt liegt. In einem schönen Bogen von Nordost bis gegen Südwest reiht sich ein stattlicher Berg an den andern ...

Friedrich Vogt, Die Schwäbische Alp, Stuttgart 1854, S. 17f

152
Das Christophsbad in Göppingen von Nordosten. Altkolorierte Lithographie von Georg Kurfeß, um 1846

Göppingen. Was aber die weitern Reize und Annehmlichkeiten dieses Kurorts betrifft; so gibt ihm schon das gesellige Zusammensein in dem Kurgebäude und die gute Bedienung einen großen Reiz und Vorzug. Am Abend finden sich gewöhnlich Beamte und Honoratioren aus der Stadt in dem Speisesaal in der Absicht ein, um den Kurgästen durch Geselligkeit die Zeit zu verkürzen und zu versüßen. Am Sonntag ist meistens, während der Kurzeit, Tanzmusik in dem Tanzsaal des Kurhauses, wobei sich Tanzlustige sowohl aus der Stadt als der Umgegend einfinden, und die Kurgäste hieran, entweder durch Mittanzen oder durch Zuschauen, Anteil nehmen und sich ergötzen können. An schönen Tagen kommen auch öfters Kurgäste von Boll und zum Teil auch aus Überkingen auf Besuche. Außer dem Kurhause bietet den Kurgästen zunächst die schöne Stadt Göppingen alle möglichen Annehmlichkeiten dar; denn in dieser findet man mehrere schöne und vorzügliche Gasthöfe, Professionisten fast aller Art, und gute Kaufläden, so daß man in dieser alle seine Wünsche und Bedürfnisse befriedigen, und jeder hier seine Rechnung und volle Befriedigung finden kann, der sich auf einige Zeit dem Gedränge und Wogen der Residenz entziehen, oder sein einfaches Landleben gegen ein angenehmes und ungezwungenes Stadtleben umtauschen will. Die Einwohner sind durchgehends gefällig, höflich, dienstwillig und menschenfreundlich. Und was für den Kurkranken die Hauptsache ist, so findet man hier, – neben vorzüglichen Ärzten auch zwei gut eingerichtete Apotheken...

Sehr einladend sind die Spaziergänge in der Nähe des Kurhauses und außerhalb der Stadt, die von den schönsten Obstbäumen oder Lindenalleen umgeben und beschattet sind. Entferntere Lustpartien kann man ohne Anstrengung zu Fuß nach Faurndau, Filseck, Jebenhausen, Holzheim und Eislingen machen; besonders wird der in der Nähe der Stadt auf einer sanften Anhöhe befindliche Bierkeller fleißig besucht; indem die schöne Aussicht und die vorhandene Lauben- und Gartenanlagen, so wie die neu errichtete Schießstatt einen angenehmen Aufenthalt gewähren.

Jakob Dangelmaier, Über die Gesundbrunnen – Die Gesundbrunnen und das Heilbad in Göppingen sowie die Mineralquellen in Jebenhausen, Hattenhofen und Faurndau, Gmünd 1822, S. 34–36

Göppingen. Seit einem Jahre ist nun die Anstalt glücklicherweise in bessere Hände gekommen; sie wurde von zwei Ärzten angekauft, die es an nichts werden fehlen lassen, um das Bad seines alten Rufes wieder ganz würdig zu machen. Bereits hat das alte Badgebäude, das sehr traurig beschaffen war, eine vollständige Umwandlung erfahren und ist sowohl mit freundlichen Wohnzimmern für Kurgäste, als mit 25 teils zu gewöhnlichen, teils zu Douche-, Regen- und Staubbädern eingerichteten Badekabineten ausgestattet; dasselbe enthält zugleich das zum Wirtschaftsbetrieb nötige Lokal; außerdem hat bereits ein zweites Gebäude, in welchem gleichfalls Kurgäste Aufnahme finden und an welches ein Konversationssaal anstößt, seine Vollendung erreicht.

V. A. Riecke, Die Heilquellen und Bäder Würtembergs, ihre Geschichte und ihr gegenwärtiger Zustand, in: Württembergisches Jahrbuch 1839, S. 236f

Göppingen. Von der Stadt aus führt der Weg zur Anstalt über die untere Filsbrücke, die Sauerbrunnenbrücke und auf dieser stehend sieht man sich einem stattlichen und noch stets wachsenden Komplex von Gebäuden gegenüber, die sämtlich zur Anstalt gehören und ihren Zwecken dienen. Ein gut angelegter und gehaltener parkartiger Garten, der sich diesen Gebäulichkeiten anschließt, teilt dieselben in zwei sofort erkennbare Hauptgruppen; wir bemerken rechts (westlich), wenn wir die Brücke passieren, das sog. Männerhaus, und links (östlich) das Frauengebäude, jedes mit einer Anzahl von Adnexen. Im Rücken dieser Gebäude steigt sofort der Boden terrassenförmig an, hier liegen die Gärten der Anstalt, durch Zäune und lebendige Gehege in verschiedene Parzellen abgeteilt, wie sie die Zwecke der Anstalt erfordern. Von einzelnen Punkten dieser Gärten genießt man eine wirklich reizende Aussicht auf den vorüberfließenden Fluß, die freundliche Stadt, auf die schönen gegenüber liegenden Hügel mit ihren Wäldern und Feldern im bunten Wechsel und über das Alles hinweg auf die entfernteren höher ansteigenden Bergkegel.

Landenberger, Die Irrenanstalt Göppingen. Erster Bericht über den fünfzehnjährigen Bestand und die Leistungen der Privatanstalt des Dr. Landerer, Stuttgart 1866, S. 2

Nebenstehende Seite
153 *Göppingen mit dem Christophsbad im Vordergrund von Süden. Ölbild, um 1850*
154 *Ausschnitt aus einer Panoramarundsicht vom Turm der Göppinger Stadtkirche mit Blick zum Adelberger Kornhaus über das Rathaus zur Karlstraße und zum Marktplatz. Lavierte Federzeichnung von Eduard Keller, 1834*

Nro: 52.
Thurm-Außicht

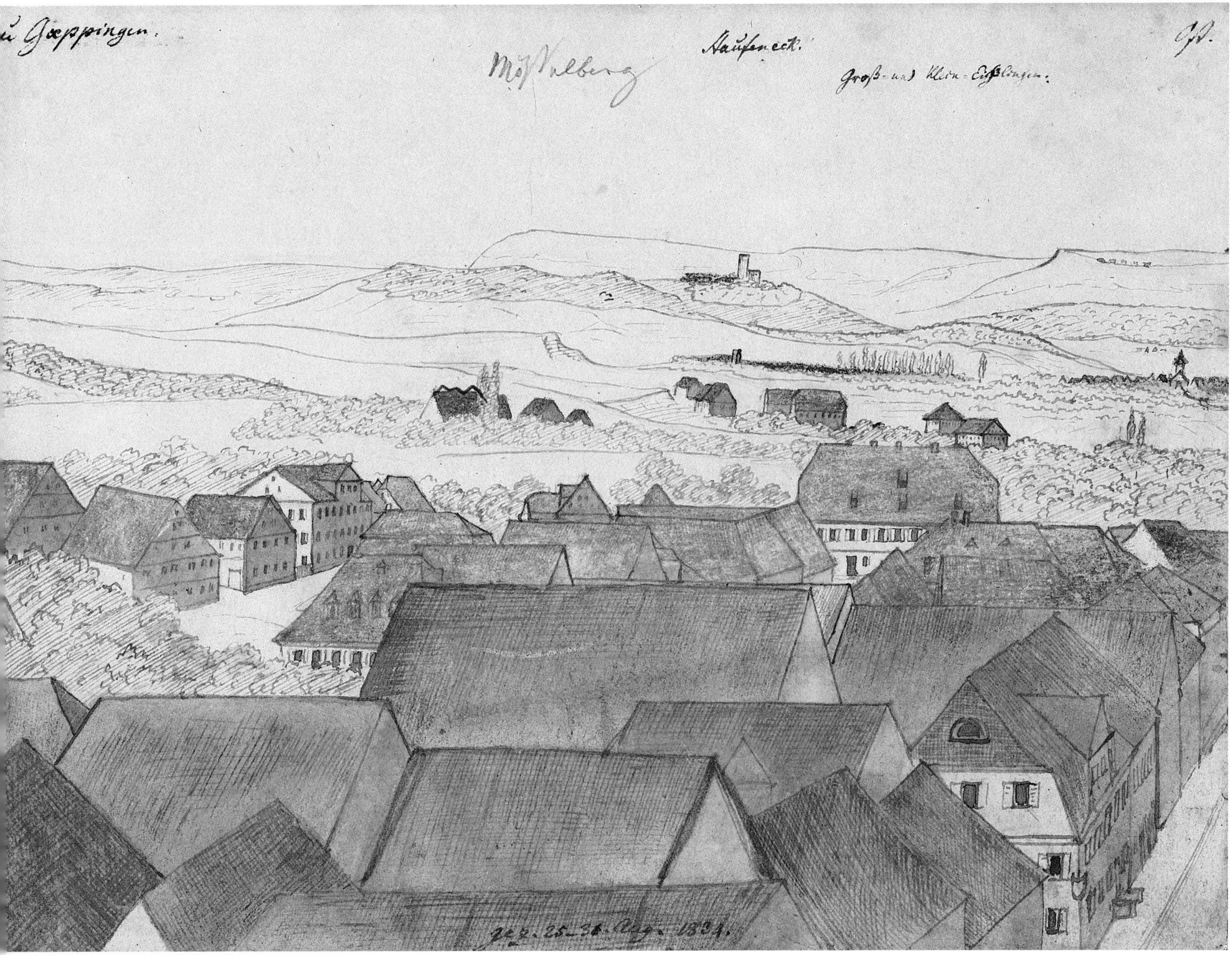

155 *Ausschnitt aus einer Panoramarundsicht vom Turm der Göppinger Stadtkirche mit Blick über den Marstall beim Schloß zur Oberhofenkirche und zum Adelberger Freihof. Lavierte Federzeichnung von Eduard Keller, 1834*

nro: 52.
Süd.
108
Thurm = Aussicht.

156 Ausschnitt aus einer Panoramarundsicht vom Turm der Göppinger Stadtkirche mit Blick über den »Alten Kasten« zum »Schüsselgraben« (Schillerplatz) und das Sauerbrunnengässle zum Christophsbad. Lavierte Federzeichnung von Eduard Keller, 1834

Göppingen. ...In der oberen Vorstadt ist eine hübsche Allee von Pappeln und Linden. Die Stadt hat eine vorzügliche Wasserleitung, so daß beinahe durch aller Straßen derselben Wasser fließt, wodurch teilweise der Übelstand der ungepflasterten Straßen und die damit verbundene Unreinlichkeit vermindert wird... Die ortsansässige Bevölkerung der Stadt betrug am 15. Dezember 1841 im Ganzen 5 258 (2 557 männliche und 2 701 weibliche)... Die Religion der Einwohner ist die evangelisch-lutherische; Katholiken sind nur wenige, Juden gar nicht vorhanden. Die Einwohner sind sehr arbeitsam und fleißig und erfreuen sich eines ziemlichen Wohlstands. Es werden sich wenige Städte von diesem Umfang finden, wo Groß und Klein so rührig ist, wie hier. Bei zunehmender Fabrikindustrie sind sie nun aber auch für den Lebensgenuß empfänglicher geworden.

Moser, Beschreibung des Oberamts Göppingen, Stuttgart 1844, S. 109 und 115/116

157 Göppingen von der Jebenhäuser Straße. Bleistiftzeichnung von Johannes Woelffle, um 1860

Göppingen. Die Einwohner Göppingens nähren sich vorzüglich vom Ackerbau, der Viehzucht und dem Betriebe verschiedener Handwerke, besonders der Leinwand-, Wollen- und Zeugmacher-Weberei, wovon 197 Stühle und zwar 21 Leinwand-, 12 Wollentuch-, 44 Strumpf- und 120 Zeugmacher-Webereien im Gange sind. Außer diesen sind noch 3 Bierbrauereien, 1 Essigsiederei, 38 Branntweinbrennereien, eine Leinwand- und eine Baumwollbleich vorhanden. Die Anzahl der Professions-Meisterschaft ist 471, der Gesellen 240 und der Lehrjungen 107. Ackerleute 23, Taglöhner 60, Hirten 12. Der Viehstand besteht in 160 Pferden, 330 Stück Rindvieh, 1 450 Schafen, 104 Schweinen, 18 Ziegen und 12 Bienenständen. Auf der Grundfläche der Markung, die meistens aus schwerem und leimigen zum Teil aber auch aus kiesigem Boden besteht, befinden sich 1 531 Morgen Ackerfeld, 948 Morgen Wiesen, 102 Morgen Gärten, 61 Morgen Länder, 478 Morgen Allmanden, 40 620 fruchtbare Obstbäume außerhalb der Gärten, 1 414 Morgen Kommunwaldungen, von denen ⅞ aus Laubholz und ⅛ aus Nadelholz bestehen.
Die Einwohner Göppingens treiben auch Handel sowohl im In-

158 Blick auf die Stadt Göppingen von Süden. Lithographie von Johannes Woelffle, 1857

als Ausland mit feinen Hüten, Barchent, Zeug, Strümpfen, Leder, Dreher- und Sattlerarbeiten, sowie mit Rindvieh und Schafen. Eine besonders rühmliche Erwähnung verdienen, die feine Herrn- und Damenhüte, die in Göppingen verfertigt werden.

Jakob Dangelmaier, Über die Gesundbrunnen – Die Gesundbrunnen und das Heilbad in Göppingen, sowie die Mineralquellen in Jebenhausen, Hattenhofen und Faurndau, Gmünd 1822, S. 6/7

Göppingen. Das geschäftige, fabrikreiche Göppingen mit seinen geraden, schönen Straßen lassen wir nicht ohne einen kurzen Anblick. Es liegt in Gärten und fruchtbarem Gelände; das Tal, in dessen Schoße es heimisch sich birgt, ist weit geöffnet und lachend; die Fils, ein rasches und breites Albflüßchen belebt mit ihrem Schlangenlaufe die Gegend. Die Bewohner der Stadt gehören zum größten Teil der gewerbetreibenden Klasse an; die Tuch- und Zeugweberei, die Gerberei und

159 Blick auf das Schloß in Göppingen von Nordosten, im Vordergrund der Schloßgraben und Teile des Schloßgartens. Federzeichnung von Louis Kolb, 1833

Drechslerei blühten schon im vorigen Jahrhundert und heute noch werden diese Zweige der Industrie mit Nachdruck betrieben, obgleich die fabrikmäßige Bearbeitung der Tücher, Baumwollstoffe etc. den Meistern keinen geringen Schlag versetzte.

Johann Philipp Glökler, Land und Leute Württembergs, Band 3, Stuttgart 1863, S. 279

Göppingen. Das königliche Schloß, von dem Oberamtsrichter, Oberamtmann und Kameralverwalter mit ihren Kanzleien bewohnt. Es steht an der nordwestlichen Seite der Stadt, zunächst bei der Kirche und wurde von Herzog Christoph im damaligen Geschmacke, massiv und in der Form eines Vierecks erbaut. Es enthält in seinen 3 Stockwerken 65 Zimmer.

Moser, Beschreibung des Oberamts Göppingen, Stuttgart 1844, S. 109

160 Die nördliche Seite der Hauptstraße in Göppingen zwischen Gebäude Nr. 21 und dem Rathaus. Aquarell von C. Ph. Heinrich Bach, um 1860

Göppingen. Im Jahre 1815 und 16 bewohnte Catharine, Tochter König Friedrichs von Württemberg und Gemahlin des Königs Jerome von Westfalen, eines Bruders von Napoleon I., das hiesige Schloß, nachdem Jerome nach dem Sturze Napoleons seiner Krone hatte entsagen müssen. Als aber deren Gemahl in seinem Exil auch hieher kam, so mußten sie wenige Wochen nach seiner Ankunft ihren hiesigen Wohnsitz mit dem in Ellwangen vertauschen. Sie wurden hier sehr strenge bewacht; zu ihrer Bewachung war stets eine Abteilung Militaire hier, und ohne Eskorte durften sie nie ausfahren.
Während ihrer Anwesenheit wurden im Schloßgarten manche Verschönerungen und Anlagen angebracht... Etwas später wurden die Mauren des Schloßgrabens abgetragen, sowie auch die früher gewölbte, in den Garten führende steinerne Brücke, weil sie schadhaft war, durch einen hölzernen Steg ersetzt.
Johannes Betz (1784–1881), Collectaneen über Göppingen, Abschrift S. 15

162
Die Oberhofenkirche in Göppingen von Südosten.
Federzeichnung von Louis Kolb, 1833

161 (links)
Blick auf die Göppinger Oberhofenkirche von Norden.
Federzeichnung von Louis Kolb, 1833

Göppingen. Die Stiftskirche Oberhofen, außerhalb der ehemaligen Ringmauern, etwas höher als die Stadt, auf dem allgemeinen Gottesacker gelegen. Sie ist massiv, im gotischen Stile schön ausgeführt und noch gut beschaffen, war bis 1620 Stadtpfarrkirche und wurde von da an lange Zeit nur zu Leichenpredigten benützt; seit 1839 aber werden alle Festtage und seit 1841 auch Sommers alle 14 Tage Frühpredigten hier gehalten.

Moser, Beschreibung des Oberamts Göppingen, Stuttgart 1844, S. 113

J. Hohenstauffen

Göppingen. Nicht nur die sehr beträchtliche Höhe des Staufenberges, sondern auch seine Figur zeichnet ihn schon von ferne sehr aus, und gewährt einen herrlichen Anblick. Er steht nämlich, ganz vereinzelt, und wie eine durch Kunst hervorgebrachte und symmetrisch aufgeführte Pyramide majestätisch da... Es ist nicht die mindeste Übertreibung, wenn ich sage, daß ich, bestürmt von namenlosen Gefühlen, lange von allem dem nichts recht genossen habe, was sich hier einer Seele, die für Naturszenen nicht stumpf und in der Geschichte der Vorzeit nicht ganz fremde ist, anbietet oder vielmehr aufdringt. So sehr stören sich wechselweise der Anblick der unbeschreiblich schönen Aussicht und die Erinnerung an die Schicksale des mächtigen Hohenstaufenschen Hauses, das hier seinen Sitz hatte, hier Jahrhunderte hindurch Hof hielt und von dessen ganzer Herrlichkeit nichts mehr übrig ist, als ein kleines Stückchen Mauer, das von dem Zahn der Zeit in kurzem vollends aufgerieben sein wird. Wenn ich nicht besorgte, es möchte zu schöngeisterisch und zu empfindsam klingen, so möchte ich wünschen, daß dieser kümmerliche Überrest von dem Stammschlosse der mächtigen schwäbischen Herzoge und des großen Friedrichs I., daß dieses unansehnliche Stückchen Mauer, so lang als möglich erhalten und durch eine sorgfältige Veranstaltung vor der zerstörenden Witterung, dem Mutwillen und dem Unverstande der Landleute geschützt würde. Denn der Regen und die Heftigkeit der Winde, die in dieser Höhe sehr reißend und fast ununterbrochen fortwehen, muß natürlich ein so vereinzeltes Gemäuer, so fest es auch ist, geschwinde auflösen; und der Mutwille und Langeweile der Dorfknaben, die hier Vieh weiden oder spielen, mag dazu redlich helfen.

Philipp Wilhelm Gottlieb Hausleutner, Schwäbisches Archiv, Band 1, Stuttgart 1790, S. 256f

Nebenstehende Seite
163 *Blick über Hohrein auf den Hohenstaufen mit der Spielburg. Kupferstich, wohl nach Johann Sebald Baumeister, 1805*
164 *Berg und Dorf Hohenstaufen beim Austritt aus dem Wald von Süden. Altkolorierte Umrißradierung von Johann Sebald Baumeister, 1810*

165
Die Gipfelfläche des Hohenstaufen von Nordwesten, im Vordergrund der letzte Mauerrest der Kaiserburg. Aquarell von Johann Sebald Baumeister, um 1805

Hohenstaufen. Hat man nach einer halben Stunde den Weg (von Göppingen) zwischen fruchtbaren Feldern zurückgelegt und eine große Viehweide hinter sich, wo sich der Weg immer unvermerkt höher zieht, so tritt man in einen großen Eichwald ein, der selbst zum Lustwandlen angenehm ist. Die Straße durch denselben scheint eine Kunststraße zu sein, aber der Reisende fühlt es im Frühling und Herbst nur zu sehr, daß es keine ist. Er muß Nebenwege suchen, um durchzukommen. Zwar ward sie vorigen Sommer vortrefflich geebnet, aber die nasse Herbst-Witterung setzte sie wieder in den alten elenden Zustand. Je mehr man sich Staufen nähert, desto höher steigt der Weg, jedoch aber nicht sehr merklich. Der Eichwald hört auf, die grünen Gipfel der Tannen ragen weit hervor und man glaubt sich in eine Gegend des Schwarzwalds versetzt. – Bald aber kommt man in ein düsteres Erlen-Wäldchen, in welchem der Gesang mancherlei Vögel und selbst der Nachtigallen nicht wenig überraschend und angenehm ist. Unvermutet wird es heller und man sieht links ein Wiesental, meist mit Bäumen bepflanzt, und unten daran ein liebliches Dörfchen oder Weiler, Hohrein genannt. Aber der Hinaufblick gegen Staufen hat im Anfang etwas Finsteres und Wildes. Man steht nun am Fuß des Bergs, der sich über diesem Flecken auftürmt. Wenige Häuser fallen ins Gesicht. Links sieht man auf einem Hügel, die Spielburg genannt, hängende Kalksteinfelsen, als ob sie die Lava wären; die ein ehemaliger Vulkan heruntergestürzt hätte. Eine Ziegelhütte liegt einsam darneben. Eine schöne Straße führt den Wandrer, unter einer vortrefflichen Aussicht die beträchtliche Anhöhe hinauf. Er atmet etwas stärker, doch in wenigen Minuten ist er mitten in Staufen.

J. F. Ammermüller, Hohenstauffen oder Ursprung und Geschichte der Schwäb. Herzoge und Kaiser aus diesem Hause, samt den Schicksalen der Burg und einer Berg- und Ortsbeschreibung. Ein Lesebuch für biedere Schwaben, Sachsen und Franken, Stuttgart 1805, S. 2f

Hohenstaufen. Bis ich vollends den höchsten Gipfel bestieg, kostete es noch manchen Schweißtropfen; denn der Weg ist steil und bös zu gehen. Alles Beschwerliche aber wird hinlänglich belohnt, wenn man die Höhe erreicht hat. Hier, Bruder, hatte ich eine Aussicht, die zum Erstaunen ist, und Bewunderung und Anbetung des großen Schöpfers erregt und das empfindungsloseste Geschöpf zum Gefühl bringen muß. Man sieht so viel Mannigfaltiges und Schönes, daß man gar nicht weiß, was alles man sieht. Eine unbegrenzte Aussicht bietet sich unseren Augen dar, die so abwechselnd und vortreflich und reizend ist, daß der größte Maler nicht imstande wäre, nur etwas weniges gut und richtig nachzuahmen...
Vom ehemaligen Schloß sieht man nichts mehr, außer den Platz gegen Nordosten, auf welchem es stund, eine Mauer, 25 Schritte lang, 28 Schritte breit. Von den Nebengebäuden bemerkt man nichts mehr. Von der Ringmauer, die eine kleine Viertelstunde im Umfang mag gehabt haben, sieht man nur noch ein kleines Stück, 25 Fuß hoch und 15 Fuß lang, aus trefflichen Steinen erbaut.

Michael Dietrich von seiner Albwanderung aus Großsüßen in einem Brief an seinen Bruder vom 18. 9. 1789. StA Ulm, Handschriften, Nachlaß Michael Dietrich, II. Briefbuch

Hohenstaufen. Vom Fuß des Berges an braucht man im Gehen eine kleine Viertelstunde bis in die Mitte des Fleckens und von da an eben so weit bis auf die höchste Höhe. Die Straße hinauf ist im vorigen Sommer vortrefflich bearbeitet worden. Sie ist so breit und bequem, daß man ohne alle Gefahr hinauffahren kann. Sie zieht sich Zickzack an dem Berg hinauf und ist auf der abhangenden Seite mit Schranken eingefaßt und nun mit jungen Tannenbäumchen besetzt. Auch einem Fußgänger wird der Weg wenig sauer; nur kann es geschehen, daß es ihm bei immer weiterer Aussicht schwindelt, weil es ihm scheint, als ob er auf einer Brücke gegen die Wolken hinaufsteige.

J. F. Ammermüller, Hohenstauffen oder Ursprung und Geschichte der Schwäb. Herzoge und Kaiser aus diesem Hause, samt den Schicksalen der Burg und einer Berg- und Ortsbeschreibung. Ein Lesebuch für biedere Schwaben, Sachsen und Franken. Stuttgart 1805, S. 4

Hohenstaufen. Zwischen dem Lamm und der Wohnung des Försters zieht sich der steile, enge Weg an ziemlich armseligen Hütten vorüber hinauf zum Kirchlein, am Ende des Dorfs und nahe bei der Schule, wo der Schlüssel dazu sich befindet, auch nicht weit von dem Pfarrhaus und der neuen Kirche, welche für die sich vergrößernde Gemeinde Bedürfnis war. Das alte Kirchlein, St. Jakob geweiht, am Fuße des Bergkegels, mit seinem Grund in die Tiefe gestellt, daher sehr feucht, enthält das Bild von Kaiser Friedrich Barbarossa. Auf dem zugemauerten Eingang, der vom Berg her in die Kirche führte, ist dieses Bild 1723 gemalt, und, nachdem es fast verwischt war, 1814 von Karl Heideloff in Stuttgart erneuert worden.

Friedrich Vogt, Die Schwäbische Alp, Stuttgart 1854, S. 19f

166 Der Marktplatz in Hohenstaufen mit dem Forsthaus, dem Gasthaus »Lamm« und dem Rathaus. Lavierte Federzeichnung von Eduard Keller, 1830

Hohenstaufen. Ich stieg den Bergkegel hinauf, es war sehr heiß, aber doch luftig auf dem Gipfel, der ganz in Blumen eingehüllt war. Süßer Honiggeruch von den vielen gelben Blumen erfüllte die Luft. Schmetterlinge gaukelten herum: Trauermantel, Zitronenvogel, Molkendiebe, sie umspielten den Hohenstaufen-Blumengipfel. Welche Aussicht! Prachtvoll, besonders nach Rechberg hinüber. Und kein Stein mehr, oder doch nur ein Dutzend, von all der alten Herrlichkeit! Und wenn ich an die Wappen an der Kirche dachte, auch ausgebrochene Edelsteine aus der deutschen Kaiserkrone, da kamen mir die Tränen in die Augen. Ferne Stimmen aus dem Dorfe, Flachsbrechen, Geläute aus der Tiefe, Bienensummen, Windrauschen im Grase. Der Weg auf dem Kamme des Berges war reizend; ringsum herrliche Aussicht. Rechberg, ganz erhaltene kleine Burg; soll noch römische Grundmauern haben. Der kleine Rechberg ist geblieben, und die große Hohenstaufenburg ist spurlos verschwunden. In der Kirche. Der kleine Gottesacker, darüber die Berge der Alb. Ein Klausner hat hier oben gewohnt an dem Fels über der Burg. Das Wunderbild rührt von ihm her, ein hübsches, altdeutsches Madonnenfigürchen mit dem Kind auf Gold-

grund. Zwei starke Stunden einsamer, schöner Weg auf der Höhe hin bis zur Burg Staufeck.

Ludwig Richter, Auf dem Hohenstaufen, den 1. August 1861, in: Heinrich Richter, Lebenserinnerungen eines deutschen Malers. Selbstbiographie nebst Tagebuchniederschriften und Briefen von Ludwig Richter, Frankfurt 1895, S. 132 f

167 (links)
Die ev. Pfarrkirche St. Jakobus, die sog. »Barbarossakirche«, in Hohenstaufen. Aquarell von C. Ph. Heinrich Bach, um 1860

168
Berg und Dorf Hohenstaufen von Osten, vom Aasrücken her. Lithographie nach Eduard Keller, 1839

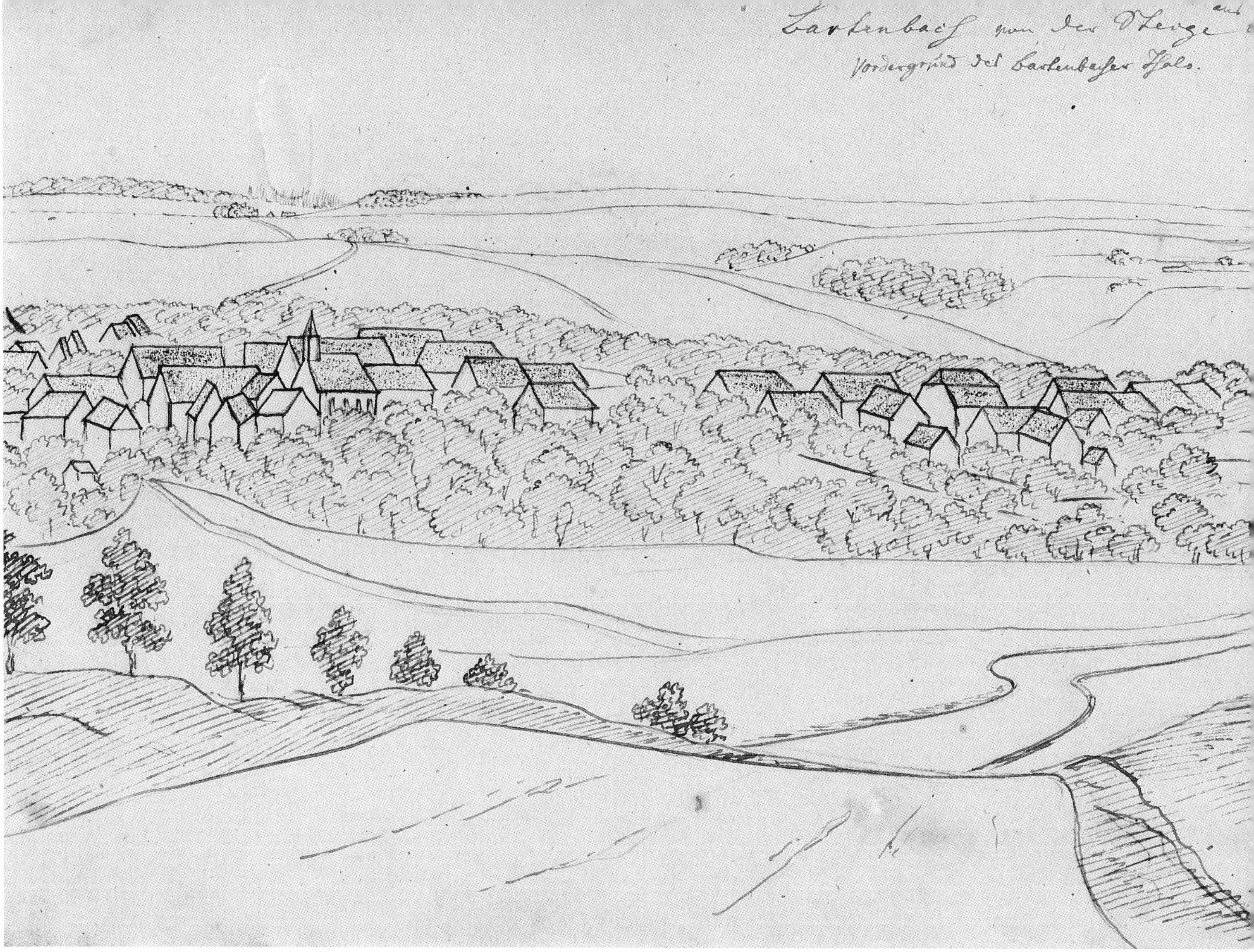

Hohenstaufen. So kam ich durch guten Rat zu den Gräbern der Hohenstaufen nach Lorch und mir gegenüber ging der Hohenrechberg mit dem Schlosse und der Kirche auf, ein Land wie ich es nie gesehen, und weiter fuhr ich in der Nacht über den Hohenstaufen, ein dreieiniger Berg über der Welt, völlig kahl und von einer Wunderlichkeit im Mondschein, vor der das Wort schaudert. Ich wollte von da zu Rechbergs nach Donzdorf, aber sie waren abgereist, so kehrte ich über Göppingen und das schöne Filstal, über Esslingen und den Rotenberg nach Stuttgart zurück.

Achim von Arnim an Bettina Brentano, Frankfurt, 2. 11. 1820, in: Werner Vordtriede, Achim und Bettina in ihren Briefen, Band 1, 1961, S. 233–242

169
Blick von der Bartenhöhe beim Oberholz auf Bartenbach von Süden. Lavierte Federzeichnung von Eduard Keller, 1831

Bartenbach. Durch Bartenbach fließt der Marbach, der hier ›das Meer‹ heißt, weil er bei anhaltendem Regen so anschwillt, daß er in die höher gelegenen Häuser eindringt. Es hat 87 Haupt- und 43 Nebengebäude. Die fast in der Mitte liegende Kirche zu St. Ottmar ist ziemlich gut beschaffen und vom Heiligen zu unterhalten. Sie wurde im Dreißigjährigen Krieg abgebrannt und erst 1651 mit Hilfe einer Brandsteuer wieder zu bauen angefangen. Der Boden ist weniger fruchtbar, als der in Göppingen, die Lage aber gesund. Die Einwohner sind arbeitsam und ziemlich wohlhabend, hängen aber noch sehr am Herkömmlichen. Der Obstbau ist in Bartenbach und Lerchenberg bedeutend; die Früchte sind sehr schmackhaft. Die Gewerbe sind unbedeutend; 20 Weber arbeiten für die Fabriken in Jebenhausen.

Moser, Beschreibung des Oberamts Göppingen, Stuttgart 1844, S. 151f

Östlicher Schurwald

Die bestimmende Herrschaft im Östlichen Schurwald war jahrhundertelang das Kloster Adelberg. Nach dessen Aufhebung und dem Übergang an Württemberg in der Reformationszeit wurde für die Klosterorte ein besonderes württembergisches Klosteroberamt gebildet. Dieses bestand bis 1807 und wurde dann vor allem auf die angrenzenden Oberämter Göppingen und Schorndorf aufgeteilt. Den bekannteren und wohlklingenderen Namen des Klosters legte sich 1851 das dem Kloster benachbarte Dorf Hundsholz zu.

Das schon von den Herzogen von Teck mit Stadtrechten ausgestattete Rechberghausen gehörte nur in kirchlicher Beziehung längere Zeit zum Kloster Adelberg. Weltliche Stadtherren waren die namengebenden Herren von Rechberg. Die rechbergischen Besitzungen gingen 1789 an die Grafen von Degenfeld-Schonburg in Eybach über. Um die Wende des 18./19. Jahrhunderts verlor der Ort aus unbekannten Gründen seine Stadtrechte. Während Wangen stets zum württembergischen Oberamt Göppingen gehörte, war Oberwälden Teil des erwähnten Klosteroberamts Adelberg. Rechte und Besitzungen in Birenbach besaß Württemberg vor allem durch Adelberg. Daneben waren an der Ortsherrschaft die Inhaber des Ritterguts Wäschenbeuren beteiligt. Letzteres gehörte seit dem 17. Jahrhundert als österreichisches Lehen verschiedenen Adelsfamilien, wie z. B. den Geizkofler, Freyberg-Eisenberg und Thurn-Valsassina und Taxis. Anfangs des 19. Jahrhunderts gelangte das Rittergut unter die Oberhoheit Württembergs und wurde wenig später dem Oberamt Welzheim zugeteilt.

Die hälftige Wäschenbeurer Ortsherrschaft befand sich von 1648 bis zum Ende des Alten Reichs, 1806, als österreichisches Lehen im Besitz der Grafen von Thurn-Valsassina und Taxis. Ein Angehöriger dieses Geschlechts, Thaddäus Graf von Thurn und Taxis, malt 1796 das reizvolle Aquarell des Familienbesitzes (Abb. 172). Das Bild trägt den Titel »Ansicht des Marktfleckens Waeschenbeuren im Rittercantone am Kocher in Schwaben« und nimmt damit Bezug auf die Zugehörigkeit dieser Herrschaft zu der in Kantonen organisierten Reichsritterschaft. Der Gmünder Zeichenlehrer Johann Sebald Baumeister hat um 1805 nicht nur das Wäscherschloß in zwei reizvollen Aquarellminiaturen festgehalten, sondern auch das Dorf Wäschenbeuren. Diese Ansicht ist zwar verlorengegangen, doch hat sie uns Pfarrer Eduard Keller in einer Abzeichnung in seinem Skizzenbuch im Jahre 1832 überliefert (Abb. 171).

Der Hohenstaufener Pfarrer J. F. Ammermüller befaßte sich schon früh mit der Geschichte des staufischen Geschlechts und verlegte 1805 in Stuttgart das Büchlein »Hohenstauffen, oder Ursprung und Geschichte der Schwäbischen Herzoge und Kaiser aus diesem Hause . . .«. Neben einer Ansicht des Berges (Abb. 163) ist darin als Frontispiz auch eine Radierung des Wäscherschlößchens enthalten, deren Vorlage gleichfalls der Gmünder Zeichenlehrer Johann Sebald Baumeister beigesteuert hat (Abb. XXXI). Der in Stuttgart wirkende niederländische Maler Pieter Francis Peters bezieht das Wäscherschloß in seinem 1855 entstandenen Aquarell in einen stark überhöhten Hintergrund mit dem Hohenstaufen ein (Abb. 170).

Von 1867 bis 1869 wohnte der Dichter Eduard Mörike mit seiner Frau und Tochter in Lorch. Am 13. August 1867 schrieb er von hier an Karl Wolff u. a.: »Den größten Teil des Tags ist man im Freien, besonders auf den Höhen, auch im Garten. Auf dem Wäscherschlößchen war ich zweimal . . . Es ist ein angenehmes Wirtshaus dort, der Wäscherhof, mit der prächtigen Aussicht auf den Rechberg, Staufen usw. Vom Schlößchen konnten wir uns abends kaum losreißen . . .«. Heimgekehrt von einer dieser Wanderungen zeichnet Mörike mit Bleistift den nach damaliger Kenntnis »ältesten Wohnsitz der Hohenstaufen« aus dem Gedächtnis nieder. Auf das im Schiller-Nationalmuseum in Marbach erhaltene Albumblatt klebte er eine von seiner Tochter Marie im Schloßhof aufgehobene Raubvogelfeder (Abb. XXXII).

Birenbach mit seiner das Ortsbild weithin dominierenden barocken Wallfahrtskirche nimmt 1878 der 21jährige Karl Zobel auf, der später Baurat und Leiter des Tiefbauamts der Stadt Göppingen wurde (Abb. 173).

Zu der großartigen Serie rechbergischer Besitzungen des Münchner Porzellan- und Landschaftsmalers Felix Bockhorni gehört das 1828 entstandene Ölbild von Rechberghausen (Abb. 175). Das Ortsbild des Dorfes beherrscht noch der mit einer

XXXI
Ansicht des Wäscherschlosses auf dem Frontispiz der Schrift »Hohenstauffen«, herausgegeben von Pfarrer J. F. Ammermüller in Hohenstaufen, 1805. Nach einer Zeichnung von Johann Sebald Baumeister radiert, Stuttgart

XXXII
Ansicht des Wäscherschlosses auf einem Albumblatt. Bleistiftzeichnung von Eduard Mörike, um 1867

Zwiebelhaube bekrönte Turm der alten, 1912 durch einen Neubau ersetzten katholischen Pfarrkirche Mariä Himmelfahrt. Darüber erheben sich links der Torturm des ehemaligen Schlosses im jetzigen Schloßhof und der kahle Kegel des Hohenstaufen. Obwohl der Ort 1831 längst degenfeldisch war, nimmt Gräfin Hippolythe von Rechberg das Blumenparterre mit den Statuen von Kastor und Pollux im Park des Schlosses im Dorf (heutiges Rathaus) in einem Aquarell auf (Abb. 174). Das 1721 erbaute Schloß war 1920 von der Gemeinde als Rathaus erworben worden.

Das schwerste Unglück, das Rechberghausen betroffen hat, war ohne Zweifel die Hochwasserkatastrophe vom 12. Mai 1853. Im Südwesten und Nordosten des Ortes hatten sich zwei Gewitter zusammengezogen, die hintereinander in mit Hagel vermischten Wolkenbrüchen über und um Rechberghausen niedergingen. Der Herren-, Kretten- und Marbach ergossen ihre todbringenden Fluten in den Ort; der Marbach schwoll allein in Rechberghausen um mehr als sieben Meter an. In seinen Fluten ertranken 37 Menschen; acht Häuser wurden weggespült. Der Jebenhäuser Pfarrer Dieterich hielt dieses Hochwasser in und um Rechberghausen wie auch dessen verheerende Auswirkungen im Unteren Filstal in einer Gedenkbroschüre fest. Die Ausmaße des schrecklichen Hochwassers in Rechberghausen verdeutlicht die Lithographie von C. Späth in Stuttgart, die dieser unmittelbar nach der Überschwemmung nach den Angaben eines Augenzeugen gefertigt hat (Abb. 176).

Wohl noch während seiner Hohenstaufener Pfarrerszeit malt Eduard Keller die Gouache mit der Ansicht der evangelischen Pfarrkirche und des Pfarrhauses von Oberwälden vor dem Hintergrund von Hohenstaufen und Hohenrechberg (Abb. 177). Das in einem alten Kirschbaumrahmen erhaltene Bild war wohl ein Geschenk von Keller an den Pfarrkollegen Eberhard Ludwig Pichler in Oberwälden. Dieser wirkte seit 1822 als Pfarrer in Wangen und ab 1829 bis 1843 in Oberwälden. Seine Tochter ist die bekannte Schriftstellerin Luise Pichler, die ihre Jugendzeit im Oberwäldener Pfarrhaus verbrachte und die hierüber die in den Beschreibungen enthaltene reizende Schilderung verfaßt hat.

1858/59 besucht der aus Kirchheim unter Teck gebürtige Max Eyth in unserem Raum nicht nur die Burgruinen Reußenstein und Scharfenberg bei Donzdorf, sondern auch das Kloster Adelberg. Er war zu jener Zeit bei der damals größten Maschinenfabrik in Württemberg, der Firma Gottlieb Kuhn in Berg bei Stuttgart, als Technischer Zeichner beschäftigt. Auf seinen Wanderungen wie auch später bei seinen zahlreichen Auslandsreisen führt er stets Zeichenblock und Malkasten bei sich. Seine Zeichnungen zeigen uns, zu welch empfindsamer Beobachtung der junge, technisch ungemein versierte Eyth in der Lage war. Bei seinem Besuch in Adelberg im September 1859 hält er die spätgotische Ulrichskapelle mit ihrem barocken Türmchen im Kloster in einem zarten Aquarell fest (Abb. 178). Eigenartigerweise ist es die einzige bislang bekannte Ansicht dieses damals wohl noch vielfach unbekannten kulturgeschichtlichen Kleinods geblieben.

Wäscherschloß. Dermalen besteht die Burg nur noch aus einem einzigen Hause, das 85 Schuh lang und 38 Schuh breit oder tief ist. Das Erdgeschoß, welches ganz von großen Quadern ist, hält 20 Schuh in der Höhe.

Das erste und ältere Stockwerk ist durchaus von Eichenholz und 16 Schuh hoch. Das obere oder zweite Stockwerk 14 Schuh hoch, wurde 1699 von Tannenholz erbaut, war zu Wohnungen angelegt, ist aber jetzt ein Fruchtkasten.

Nur in der nördlichen Ecke ist ein zu heizendes Zimmer für den herrschaftlichen Rentbeamten, da er sich bei der Gültfruchtlieferung aufhält. Die alte Burg wurde 1377, so viel bekannt ist, im Städtekrieg erobert, ausgebrannt und seitdem nicht mehr ganz hergestellt. Damals gehörte sie Konrad von Rechberg zu Wäschenburg. Unter dem Erdgeschoß befindet sich ein vortrefflicher Keller. In den ersten Stock kommt man durch eine Treppe von außen und in demselben in den obersten Stock.

An dieses Haus schließt sich eine sechs Schuh dicke Mauer von Quadern an, die einen Hof einschließt. Diese Mauer, sowie der Grundstock des Hauses kündiget aus seiner ganzen Bauart ein hohes Altertum an.

Wenn man östlich durch das Tor hineingeht, so stehet rechts eine kleine Wohnung eines sogenannten Hausmannes, der noch einzige Wächter und Bewohner dieser ehrwürdigen Burg. Im vordern Eck ist zu seinem Bedürfnis, links an der Mauer, ein Viehstall, errichtet.

Auf der sechs Schuh dicken und noch ziemlich hohen Mauer lief allem Anschein nach ein bedeckter Gang herum.

Die ganze Burg war mit einem doppelten Graben umgeben, einer zunächst der Burg und der andere weiter entfernt.

Zwischen dem ersten Graben an der Burg in der Richtung gegen das Dorf hin und dem zweiten liegt eine ziemlich große Strecke, die jetzt als Land und Garten benutzt wird.

Außer diesem noch übrigen Burggebäude und der Mauer entdeckte man, besonders in der Gegend des Tors, noch hier und da einige Überbleibsel von Mauerwerk, woraus man aber nicht urteilen kann, ob es Türme oder andere Gebäude waren.

Etliche hundert Schritte gegen Norden befindet sich der Wäscherhof, der eine vortreffliche, ebene Lage hat, und ohne Zweifel der ehemalige Burghof war. Er besitzt blühende Gärten, Wiesen und Äcker, welche letztere sich meistens gegen das Dorf hinziehen.

Joseph Alois Rink, Die Stammburg Büren oder die ursprüngliche Heimat der nachmaligen Herzoge von Schwaben und Kaiser aus dem Hohenstaufischen Hause, in: Württembergisches Jahrbuch 1824, S. 186–188

Wäschenbeuren. Der jetzige Marktflecken Wäschenbeuren liegt an der nördlichen Seite des von Osten nach Westen laufenden Rehgebirges im Tale, eine Stunde von Hohenstaufen und eine Stunde von Lorch.

Das Tal, worin es liegt, ist sehr uneben und durchschnitten, feucht und kalt, ohne von einem Bach durchströmt zu werden, außer zur Regenzeit, wo das Wasser überall zusammen lauft. Es ist dermalen von 1045 Menschen bewohnt, die sich vom Feldbau, der Viehzucht und einigen Handwerken ernähren.

Vom Dorfe aus zieht sich das Erdreich gegen Osten aufwärts, das nördlich von dem Remstal begrenzt wird, gegen Süd und Ost wird es vom Rehgebirge durch ein Tälchen getrennt, welches sich nördlich schlingt und ebenfalls dem Remstal zulauft. Da wo dieses Tälchen, das nun bald ein tieferes Tal bildet, die stärkste Biegung nach Norden macht, stehen am äußersten Ende die noch übrigen Ruinen der Wäschenburg.

Joseph Alois Rink, Die Stammburg Büren oder die ursprüngliche Heimat der nachmaligen Herzoge von Schwaben und Kaiser aus dem Hohenstaufischen Hause, in: Württembergisches Jahrbuch 1824, S. 186

Wäschenbeuren. Die Straße von Göppingen nach Lorch führt durch den Ort; er ist etwas eng gebaut, hat aber einen geräumigen Marktplatz. Es wird auf Reinlichkeit und Verschönerung hingewirkt. Es ist ein ¾ Morgen großer Feuersee vorhanden ... Der Ort zählt mehrere wohlhabende Einwohner, welche sich durch den Betrieb der Landwirtschaft und lebhafte Teilnahme an dem Bezirksverein auszeichnen. Die Markung ist groß; sie begreift etwa 3000 Morgen. Es wird meistens Dinkel, Haber und Roggen gebaut; der Bracheinbau aber ist des großen Areals und der rauhen Lage der Äcker wegen verhältnismäßig unbedeutend. Der Obstbau, welcher 1759 noch gleich Null war, ist auffallend gut; namentlich hat sich Gemeindepfleger Kuhn, welcher 20 Morgen mit Bäumen bepflanzte, Verdienste darum erworben. Derselbe betreibt auch die Ochsenmastung. Von Gewerben sind außer den Käsefabriken, welche ihre Fabrikate nach Schweizerart bereiten, und mehreren Händlern mit Bierhefen, auch solche mit Gmünder Waren und zwei Bierbrauereien zu erwähnen.

Moser, Beschreibung des Oberamts Welzheim, Stuttgart 1845, S. 247/248

170 Blick auf das Wäscherschloß und den Hohenstaufen von Nordwesten. Aquarell von Pieter Francis Peters, 1855

171 Wäschenbeuren von Südwesten mit Wäscherhof und Wäscherschloß im Hintergrund, Ausschnitt. Lavierte Federzeichnung von Eduard Keller nach einer Zeichnung von Johann Sebald Baumeister, 1832

172 Blick auf Wäschenbeuren und den Hohenstaufen von Nordosten. Aquarell von Thaddäus Graf von Thurn und Taxis, 1796

173
Dorf und Wallfahrtskirche von Birenbach mit dem Hohenstaufen im Hintergrund. Aquarell von Karl Zobel, 1878

174 (nebenstehende Seite)
Die Statuen von Castor und Pollux im ehemaligen Schloßpark vor dem heutigen Rathaus von Rechberghausen. Aquarell von Hippolythe von Rechberg, 1831

Birenbach. Die hübsche Kirche wurde 1690 zu bauen angefangen und am 7. Oktober 1698 zu Ehren der schmerzhaften Mutter Gottes eingeweiht. Sie hat eine geschmacklose innere Einrichtung, aber einen hohen, schön geformten Turm, der jedoch etwas zur Seite hängt. Außer einer wöchentlichen Messe wird kein Gottesdienst in der Kirche gehalten. Zuvor stand hier eine sehr besuchte Wallfahrtskirche, mit deren Opfern jener Bau ausgeführt ward...
Die Markung von Birenbach ist die kleinste der Gemeinden des Bezirkes. Auch hier sind von den Gewerben nur die Weber hervorzuheben. Das Vermögen der Kirche ist vor etwa 90 Jahren mit dem der Kirche in Wäschenbeuren vereinigt worden, daher der Fonds der letztern die hiesige Kirche zu erhalten hat.

Moser, Beschreibung des Oberamts Göppingen, Stuttgart 1844, S. 185

Rechberghausen. Rechberghausen stellt sich von Göppingen aus als ein freundliches Bild dar, welches durch den Adelberger Wald im Hintergrunde noch mehr gehoben wird...

Der Ort teilte sich früher in das Dorf und Städtchen ab. Das Dorf fängt im Tale mit der ehemaligen Burgmühle an und erhebt sich gegen Norden stets bergan, wo sich unmittelbar das Städtchen anreiht, das sich mit Kirche, Pfarr- und Mesnerhaus bis zum Schloßberg hinaufzieht. Das Städtchen war völlig ummauert und hatte 3 Tore; die Mauern sind längst verschwunden und von jenen steht nur noch eines an der westlichen Seite. Als Scheidewand zwischen Städtchen und Dorf ist noch der Stadtgraben gegen Süden und Westen sichtbar; der sogenannte Schloßweiher aber längst in eine fette Wiese umgewandelt. Die durch den Ort führende Hauptstraße ist ziemlich breit. Durch denselben fließt der von Adelberg herkommende Aalbach, hier Jackersbach genannt, der noch auf der Markung in den Marbach fällt. Rechberghausen zählt 130 Haupt- und 24 Nebengebäude. Unter denselben zeichnet sich nur das 1721 im neueren Stile von Fachwerk erbaute Schloß aus. Neben dem Wirtshause zum Hirsch soll in alten Zeiten auch ein Schloß gestanden haben, wo die Besitzer des Dorfes saßen. Die Pfarrkirche zur Maria Himmelfahrt steht mit dem Turme auf Felsen und ist gut erhalten.

Moser, Beschreibung des Oberamts Göppingen, Stuttgart 1844, S. 269

Rechberghausen. Der Pfarrort Rechberghausen ist eine Stunde von der Oberamtsstadt Göppingen entfernt, wohin eine gute Straße führt. Die Anlage des Orts ging von dem hochgelegenen, jetzt zerfallenen Schlosse aus. Die Lage ist gesund und angenehm, nur fehlt im Ort Brunnenwasser, das von der Markung Oberwälden hergeleitet werden muß und bei Regenwetter trüb und schlammig ist. Die Bürger haben wenige eigene Güter; ihr Wohlstand ist mittelmäßig; die Gemeinde hat außer der unbedeutenden Schafweide keine andern Mittel zur Bestreitung ihrer Ausgaben als die Umlagen auf die Bürger. Charakter und Sitten der Einwohner sind durch die Nachbarschaft und teilweise Abhängigkeit von Göppingen nicht in melius influenziert. Erwerbsquellen sind einige Handwerker, Taglöhner, Arbeiter in den benachbarten Fabriken, Corsettnäher und Weber.

Beschreibung der kath. Pfarrstelle Rechberghausen vom 22. 7./21. 8. 1868, Seite 10/11. Kath. Pfarrarchiv Rechberghausen

Rechberghausen. Eben komme ich von Rechberghausen zurück, dem Orte der gräßlichen Verwüstung und des tiefsten Jammers, und will nun versuchen, zu berichten, was ich dort gesehen und über das unglückliche Ereignis von Augenzeugen gehört habe. An dem untern Teile von Rechberghausen, einem eine Stunde von hier entfernten, nordöstlich vom Filstale an einem Bergabhang liegenden, ziemlich großen Pfarrdorfe fließt ein von dem nahe gelegenen Weiler Zell kommendes unscheinbares Bächlein vorbei, das in südwestlicher Richtung sich der Fils zuwendet, vor seiner Mündung aber in der Nähe von Faurndau die Eisenbahnlinie passiert. Dem Bette dieses Bächleins folgend wälzte sich bald nach dem Ausbruche des furchtbaren, mit wolkenbruchartigem Regen verbundenen Gewitters eine ungeheure 15–20 Fuß hohe

Wassermasse gegen die Häuser des untern Dorfes mit donnerähnlichem Gebrause und solcher Geschwindigkeit daher, daß die Bewohner derselben teils erstarrt vor Schrecken die rechtzeitige Flucht versäumten, teils auch nicht mehr Zeit zur Flucht fanden. Neun Häuser mit sämtlichen darin befindlichen Menschen wurden weggerissen und vom reißenden Strome fortgeführt. Von 38 Personen konnte sich nur ein Mann dadurch retten, daß er den herabhängenden Ast eines Apfelbaumes erfaßte, von da aus den Baum selbst erkletterte und auf demselben das Fallen des Wassers abwartete. Unter den Umgekommenen ist auch der Schulprovisor des Orts, der eben in einem der dem Unglück verfallenen Häuser auf Besuch war.

Das wütende Bergwasser strömte nun das Tal hinab, Menschen, Vieh, Häusertrümmer, Gerätschaften und ausgerissene Bäume mit sich führend, zerriß einen großen Teil des Eisenbahndammes und nahm die Schienen eine Strecke weit mit fort. Greulich ist an dieser Stelle der Anblick der Zerstörung und Verwüstung.

Schwäbische Chronik vom 17. Mai 1853, S. 845

Rechberghausen. Welch ein trauriger Anblick in der Rathausscheune zu Rechberghausen! Da liegen sie still und friedlich neben einander alle frisch und doch tot, von denen keines gestern an einen so nahen Tod gedacht hätte. Dort der allbekannte Fletschinger, der Musikant, der in Göppingen so oft frohen Leuten zum Tanz aufgespielt, neben ihm des Adlerwirts Knecht von Eislingen mit seinem jungen Weibe, erst seit einigen Monaten verheiratet, neben ihnen der junge Provisor des Orts, dann weiter der Zeller Müller mit zwei Töchtern. Er hatte geglaubt, Wetter und Wasser würden ihm seine Mühle zusammenreißen und hatte zu Freunden in ein anderes Haus sich geflüchtet. Seine Mühle steht noch, das andere Haus brach zusammen; er und seine Töchter kamen um. Am traurigsten ist wohl aber das Schicksal des alten Maurers Franz. Der Mann ist nun achtzig Jahre alt und seit sechzig Jahren kommt er alle Tage von Rechberghausen nach Göppingen zur Arbeit. Auch gestern war er in Göppingen, und als er heimkehrte, da fand er von allen den Seinen niemand mehr am Leben. Seine Söhne und Schwiegersöhne waren mit ihren Familien ein Raub der Wellen geworden, auch sein Weib war mit den Kindern und Kindeskindern ertrunken. Nun steht der achtzigjährige Maurer einsam da. – Der Marbach ist ein ganz geringes Wasser, aber entsetzlich war die Verheerung, die er gestern in Rechberghausen angerichtet. Die Häuser, die er umriß, sind so spurlos verschwunden, daß man jetzt den Ort gar nicht mehr herausfinden kann, wo sie gestanden. Sechsunddreißig Personen aus Rechberghausen werden vermißt, fünfundzwanzig davon sind bereits aufgefunden und liegen tot in der Rathausscheune. Unter diesen ist auch ein Weib, die ein Kind im Arme trug, eins an der Hand hielt. Sie hatten alle drei auch im Tode nicht von einander gelassen. Auch eine Wiege ward aufgefunden. Man kann sich keinen traurigeren Anblick denken, als Rechberghausen mit seiner Rathausscheune.

Sieben Häuser, darunter zwei Doppelwohnungen, eine Scheuer, einige Schuppen, ein Back- und Waschhaus, sind ganz weggewaschen. Wo gestern noch eine Gassenreihe gestanden, da erblickte man heute bei Tagesanbruch einen See, von Ruinen umgeben. Von fünf Familien ist niemand mehr übrig, von einigen nur je eine Person. Zwei sind bei Rettungsversuchen verunglückt. Mehrere Familien haben auf dem Dachboden ihrer von unten mit Wasser angefüllten und teilweise unterhöhlten Häuser unter Todesangst den Tag erwarten müssen. Heute früh konnte man den Schauplatz der Zerstörung übersehen. Eine Sündflut im Kleinen. Starke Obstbäume sind geknickt, Tannen entwurzelt, eine auf Felsen eingehauene Steige wie abrasiert. Auch viel Vieh ist zu Grunde gegangen. An manchen Stellen sah man heute früh Körper liegen, die man für große Quadersteine hielt, bis man sie berührte und fand, daß es Massen zusammengeballter Hagelkörner waren bis auf 1½ Fuß Dicke. Mit einer solchen Rinde war anfangs die heranströmende Flut bedeckt wie in einem starken Eisgang. Weiter oben, bei Zell, muß dieser fürchterliche Hagel gefallen sein.

Schwäbische Chronik vom 17. 5. 1853, S. 845 f

175 (nebenstehende Seite)
Blick auf Rechberghausen von Südwesten, im Hintergrund der Torturm des Schloßhofs und der Hohenstaufen.
Ölbild von Felix Bockhorni, 1828

176
Die Überschwemmung von Rechberghausen am 12. Mai 1853. Lithographie von C. Späth, 1853

Oberwälden. Ein stilles Pfarrhaus steht auf waldumkränzter Höhe. In die Fenster blickt vom Morgen schlank und hoch der Hohenstaufen, so nahe, daß jeder Felsbrocken der alten ›Spielburg‹ kenntlich ist; hinter ihm winken seine getreuen Vasallen, der Rechberg mit Schloß und Kapelle und der im Morgenduft schimmernde Rosenstein herüber. Gegen Mittag zieht sich die schwäbische Albkette bis zum fernen, von der Abendsonne umleuchteten Hohenzollern vor den Blicken hin.
Vor dem Pfarrhause breiten sich der Hof und der Garten aus, umgeben von blühenden Wiesen, schattenden Obstgärten und wogenden Kornfeldern, die rings von dunklem Tannenwald eingehegt sind. Auf der Rückseite lehnt sich das Pfarrhaus an den sonnigen Kirchhof, den Spielplatz der Dorfkinder, auf dem, nur wenige Schritte von dem Pfarrhaus, die Kirche mit schlank emporstrebendem Turme sich erhebt. – Das war mein Vaterhaus.

Luise Pichler, Das Vaterhaus, Bilder aus der Kindheit, verfasst vor ihrem Tode im November 1889, in: Jugendblätter, hrsg. v. G. Weitbrecht, 1891, S. 27 f

177 *Die ev. Pfarrkirche von Oberwälden und das Pfarrhaus mit Hohenrechberg und Hohenstaufen im Hintergrund. Gouache von Eduard Keller, um 1830*

Adelberg. Der Pfarrweiler Adelberg, jetzt Adelberg, Kloster, Sitz des Pfarrers und eines Revierförsters, liegt eine kleine ¼ Stunde südlich von Hundsholz, auf einer sanften Anhöhe, die sich in südöstlicher Richtung zwischen Talschluchten fortsetzt. Früher Sitz eines eigenen Oberamtes, jetzt Sitz eines Revierförsters, besteht er aus den Überbleibseln des vormaligen Klosters Adelberg oder Madelberg, und ist mit Hundsholz durch den sogenannten Tobelgrund, – eine sanfte Talsenkung – verbunden, über welche ein angenehmer Dammweg führt, von dessen alten Linden aus der Hohenstaufen, Stuifen und Rechberg dem Auge sich darbieten. Das Ganze ist mit einer alten Mauer, über deren Eingang ein Türmchen mit dem Klosterwappen, umgeben.

Beschreibung des Oberamts Schorndorf, Stuttgart 1851, S. 155

178 Ulrichskapelle im Kloster Adelberg. Aquarell von Max Eyth, 1859

Unteres Filstal

Die Orte am Unterlauf der Fils, zwischen Faurndau und Plochingen, wie auch auf den Talhöhen gehörten im 18. und 19. Jahrhundert, und schon früher, zum altwürttembergischen Oberamt Göppingen. Eine kleinere Herrschaft besaßen bis ins 14. Jahrhundert die Grafen von Aichelberg. Durch die Reformation gelangten dann die Besitzungen des Chorherrenstifts Faurndau sowie der Klöster Adelberg und Kirchheim an Württemberg. Einzige Ausnahme war das der Reichsritterschaft am Kanton Kocher einverleibte Rittergut Filseck. Dieses gehörte von 1749 bis 1920 den Freiherren von Münch in Augsburg.
Ein unbekannter Künstler hat in einem noch dem Klassizismus anhaftenden Aquarell um 1815 die Nahtstelle zum Unteren Filstal, das Dorf Faurndau mit dem Schloß Filseck im Hintergrund, festgehalten (Abb. 180). Besonders reizvoll dargestellt sind im Vordergrund zwei Vertreter des gehobenen Bürgertums in ihren langen Beinkleidern, der eine mit Hängepfeife, der andere mit Gewehr und Jagdhund. Das breit ausgezogene Bett der Fils mit den zahlreichen Kiesbänken wurde erst Mitte der fünfziger Jahre des 19. Jahrhunderts begradigt und grub sich dann in der Folgezeit tiefer ein. Der nur mit seinem westlichen Dorfrand dargestellte Ort wird überragt von der Stiftskirche.
Als Bilderuhr gestaltet hat Pfarrer Johann Georg Rösch, der von 1814 bis 1824 in Faurndau als Seelsorger wirkte, die hübsche Partie um die Stiftskirche (Abb. XXXIII). Längst verschwunden sind die Fachwerkgebäude von Pfarrhaus und -scheuer sowie der vorbeifließende Mühlbach. Geblieben ist die Stiftskirche mit ihrem reichen spätromanischen Figurenschmuck und der Blick auf das nun wohl wieder bald zur Blüte erwachende Schloß Filseck. Der mit dem Musiker Friedrich Silcher befreundete Faurndauer Ortsgeistliche scheint technisch sehr begabt gewesen zu sein, trägt doch ein Messingteil im Federkasten der Bilderuhr seinen Namen. Wir gehen wohl nicht fehl, wenn wir ihm auch die Urheberschaft für das 70 x 104 cm große Ölbild zuschreiben.
Von der Anhöhe bei Schloß Filseck nimmt der in Faurndau wohnende Lithograph Johannes Woelffle um 1855 die Papierfabrik Beckh vor dem Hintergrund der Stadt Göppingen und dem Albtrauf in einer sorgfältigen Sepiazeichnung auf (Abb. 181). In dieser Fabrik lief bereits 1830 eine der ersten Papiermaschinen zur Herstellung von endlosem Papier in Württemberg, die aus England importiert worden war. 1835 waren in dieser Keimzelle der Industrialisierung des Filstals etwa 35 bis 40 Arbeiter beschäftigt.
Von Woelffle stammt auch die gleichzeitig entstandene Sepiazeichnung mit dem Blick über die Mühlbachbrücke auf die spätromanische Stiftskirche mit der so eindrucksvoll aufsteigenden Gliederung in Apsis, Chor und Ostgiebel des Hauptschiffs (Abb. 183). Meisterhaft versteht es der bedeutende Künstler, seiner Zeichnung Raum und Tiefe sowie – durch eine bewegte Staffage – Atmosphäre zu verleihen. Daß er zu den bedeutendsten Lithographen Süddeutschlands gerechnet werden muß, verdeutlichen die Sepiazeichnungen und die von ihm teils nach diesen, teils nach Bleistiftskizzen geschaffenen Lithographien. Von der lithographischen Ansicht seines Wohnorts Faurndau hat sich die dazugehörige Sepiazeichnung erhalten. Die Lithographie zeigt den Blick von der Talhöhe, nahe dem Schloß Filseck, auf das Dorf und die durch ihre Kahlheit etwas überhöht wirkenden Drei-Kaiser-Berge (Abb. 182). Am linken Bildrand erkennen wir die talaufwärts fahrende Eisenbahn, deren Strecke unmittelbar an der Villa des Künstlers, dem damals einzigen nördlich der Bahn gelegenen Wohngebäude, vorbeiführt.
Unter den von Woelffle verwendeten Staffagefiguren finden wir meistens die auf seinen Arbeiten häufig zu beobachtende Darstellung eines Mannes mit Hund – sicherlich ein Hinweis auf die Jagdleidenschaft des Künstlers.
Wohl im Auftrag des Freiherrn Christian III. von Münch in Augsburg sucht der dortige Landschaftsmaler Johann Michael Frey um 1800 dessen Rittergut Filseck auf und hält es in zwei lavierten Federzeichnungen fest (Abb. 179, 184). Es sind wohl die Vorzeichnungen zu Ölbildern unbekannten Verbleibs, wie sie Frey beispielsweise von Eybach für die Grafen von Degenfeld geschaffen hat (Abb. 36). Dies belegen zum einen die angebrachte Bildquadrierung, zum andern eine Reihe von Farbvermerken. Von der Anhöhe grüßt der in barocker Fassadenmalerei gegliederte nordöstliche Eckturm des Schlosses, in dessen

XXXIII
Als Bilderuhr gestaltete Ansicht der Stiftskirche Faurndau mit Pfarrhaus und -scheuer. Öl auf Leinwand, vermutlich von Johann Georg Rösch in Faurndau, um 1820

Turmlaterne die Glocke der darunter befindlichen Uhr hängt, ins nahe, im Tal gelegene Faurndau hinab. Der Weg aus dem Schloßgarten führt hinüber zu den längst verschwundenen Gebäuden der ehemaligen Ziegelhütte. Das an der Nahtstelle des Mittleren zum Unteren Filstal auf der südlichen Talhöhe gelegene Schloß stellt eine gewichtige Landmarke dieses Raums dar, die zugleich von dieser reichsritterschaftlichen Enklave im altwürttembergischen Gebiet kündet.

Obwohl Johannes Woelffle im weiter filsabwärts gelegenen Ebersbach geboren wurde, scheint er seinen Heimatort nicht im Bilde festgehalten zu haben, zumindest ist bislang, trotz intensiver Beschäftigung mit seiner Person und seinem Werk, keines bekannt geworden. Dessen unbewußt füllt ein anderer, dem Dorf gleichfalls familiär Verbundener, diese Lücke: Carl Philipp Heinrich Bach. Wie in dem kurzen Lebensabriß über ihn ausgeführt wird, wurde sein Vater 1787 in Ebersbach geboren, wo die väterlichen Vorfahren seit langer Zeit als Sägmüller ansässig waren. Im Bach'schen Familienbuch finden diese Ebersbacher Bande in drei prachtvollen Aquarellen aus der Zeit um 1860 ihren Niederschlag. Carl Philipp Heinrich Bach hat uns damit nicht nur die einzige künstlerische Ortsansicht von Ebersbach aus dem 19. Jahrhundert (Abb. 185) hinterlassen, sondern in seinen Bildzeugnissen auch zwei Gebäudegruppen überliefert: das Geburtshaus des Vaters, welches an der Stelle des heutigen Coop am Hinteren Viehmarktweg 8 stand, und auf unserer Ansicht in der Bildmitte als Fachwerkgebäude zu sehen ist (Abb. 187) sowie das Elternhaus der Mutter (Abb. 186), die dem Geschlecht der drei Generationen in Ebersbach bestimmenden Amtmanns-Familie Geyer entstammte. Dieses Gebäude, mit Hausgarten in der Bildmitte, stand an der Stelle der heutigen Kreissparkasse an der Ludwigstraße 3 in Ebersbach. Eine Ansicht der Ebersbacher Kirche von seiner Hand erscheint auf dem Stammbaum der Familie Bach (Abb. XXXIV). Der Sohn Max Bach besuchte um 1860 ebenfalls den großelterlichen Heimatort, vielleicht zusammen mit dem Vater. Hierbei erfaßt er das aus dem 16. Jahrhundert stammende Rathaus in einer klaren Federzeichnung (Abb. 188). Er dokumentierte damit die 1886 durch einen Neubau ersetzte großväterliche Ausbildungsstätte, wo dieser beim Schwiegervater, dem Amtmann Geyer, die Verwaltungsgeschäfte erlernt hatte.

Pieter Francis Peters, der fleißige holländische Maler aus Nymwegen, der in Stuttgart lebte, hat in unserem Raum nicht nur Altenstadt (Abb. 31, 32), Hausen im Täle (Abb. 51) und das Wäscherschloß (Abb. 170), sondern auch – und wohl mit am frühesten hiervon – 1842 Roßwälden in einem großformatigen, weiß gehöhten Aquarell, das von ihm signiert und datiert ist, festgehalten. Das im Juni 1982 auf einer Versteigerung bei einem Münchner Kunstauktionshaus veräußerte Blatt konnte aus finanziellen Gründen zwar nicht für ein heimisches Museum erworben, doch aber wenigstens durch eine fotografische Reproduktion gesichert werden (Abb. 189). Das Aquarell zeigt das im Albvorland gelegene Dorf mit seiner das Ortsbild beherrschenden evangelischen Pfarrkirche vor dem Hintergrund des Albtraufs zwischen Teck und Hohenneuffen.

Wieder ist es das »Album Schwäbischer Dorfkirchen« von Carl Philipp Heinrich Bach, dem wir die dieses Kapitel wie auch die romantische Reise durch unsere Heimat abschließenden Aquarelle der evangelischen Pfarrkirchen von Roßwälden, Hochdorf und Reichenbach/Fils entnehmen können (Abb. 190, 192, 191). Die ursprünglich dem hl. Benedikt geweihte Kirche von Roßwälden zeigt sich mit ihrem in der Barockzeit vergrößerten Langhaus, das jedoch auf der Südseite noch spätgotische Teile bewahrt. Das Aquarell der Martinskirche von Hochdorf bietet aufgrund seiner weiträumigeren Darstellung einen hübschen Einblick in den alten Ortskern mit der 1775 neu gebauten Kirche und dem dabei gelegenen Pfarrhaus. Ein ähnliches Bild vermittelt die Ansicht der Mauritiuskirche von Reichenbach/Fils. Diese wurde 1906/07 mit Ausnahme des Turms neu erbaut. Das 1740 errichtete Pfarrhaus hingegen überdauerte die Zeiten.

Die Ansichten der Orte Hochdorf und Reichenbach/Fils wurden in das vorliegende Kapitel mit aufgenommen, um einerseits ihrer jahrhundertelangen Zugehörigkeit zum Göppinger Amt bzw. Oberamt gerecht zu werden, wie auch um das Untere Filstal topographisch abzuschließen.

XXXIV
Ansicht der ev. Pfarrkirche von Ebersbach mit der Gewerbeschule am Fuße des Kirchbergs. Ausschnitt aus dem aquarellierten Stammbaum der Familie Bach von Carl Philipp Heinrich Bach, um 1860

179 Blick von Schloß Filseck auf Faurndau und die Kaiserberge. Lavierte Tuschezeichnung von Johann Michael Frey, um 1800

180 Blick auf Faurndau und die breit ausgezogene Fils im Vordergrund von Norden, rechts Schloß Filseck. Aquarell, um 1815

Faurndau. Jetzt sehe ich ins Tal hinab und auf die Landstraße, die sich quer vor mir unten vorüberzieht. Dort wird mir, je mehr ich mich aus meinem Hohlweg herauswende, ein lebhaftes Treiben sichtbar und hörbar: ich sehe, wie es drauf eilt mit Gehen und Fahren, ich höre das Klingeln der Schlittengeschirre, Knallen und Antreiben, Wiehern und Bellen, – freilich ja, heute ist der Ebersbacher Markt gewesen; und dem Strom der von dorther heimwärts kehrt, entgegen – gehe ich Einzelner, seit ich bei Faurndau in die große Straße eingebogen. Es war eine Weile Sonnenschein eingetreten. Die Schneebahn war hier unten durch Auftauen und zu vieles Fahren schon teilweise aufgegangen. Es kamen Viehhändler daher mit langen Zügen zusammengejochter Stiere. Dann eine Reihe Männer, die ganze Breite des Wegs einnehmend, alle mit hohen Stecken weit ausgreifend, aber in Gang und Fußgestaltung die bunteste Auswahl darstellend; der eine mit einwärts gekehrten Füßen, der andere mit auswärts gebogenen Beinen; der dritte hinkte mit seinem krummstehenden Bein so unbarmherzig eifrig, daß es den Vorübergehenden schmerzte; einer rutschte, ein anderer stampfte schwer in seinen großen Stiefeln; ihre Reiseunterhaltung wird mit so lauter Stimme geführt, daß es scheint, sie hätten alle vergessen, die starken Register wieder einzuziehen, die sie unter dem Lärm des Markts und Wirtshauses nötig gehabt, um sich hörbar zu machen. Jetzt ein Reiberschlitten, auf ihm Mann hinter Mann festsitzend, so daß immer der hintere seine Brust hart auf des Vordermanns Rücken, und das deshalb zur Seite gewandte Gesicht nahe in dessen Nacken hat. Dann wieder ein einzelnes Bäuerlein, das ein unverkauftes Joch Ochsen hinter sich hergehen hat, an der Tabakspfeife ziehend, sonst ganz einsam, etwas gesenkten Hauptes fürbaß schreitend, in Gedankenvertiefung wiederholend und berechnend, was ihm auf dem Markte begegnet ist; vielleicht zwanzigmal, so weit ich den Mann sehen kann, wendet er sich zu seinen zurückbleibenden Ochsen um, ruft ihnen, wartet auf sie, und geht dann wieder voran. Ein Einspänner-Wägelchen mit nicht weniger als neun Bäckern, Gerbern und andern Handwerksleuten, mit und ohne Geldgurten; sie sind wohl so nacheinander einzeln der Gelegenheit aufgesessen, die ersten auf ordentliche Sitze, die andern auf die stoßenden Leitern, auf Säcke und dergleichen. Eiligen Schrittes kommen ein paar wohlgekleidete rotbackige Metzger mit großen Hunden; sie grüßen im Vorübergehen, mit leichtem Weltmannston, als bekannt, wogegen gleich darauf einige ältere Bauersleute zu ihrem freundlichen Guten Abend respektvoll den Hut lüpfen, vielleicht den geistlichen Herren in meiner Erscheinung ahnend. Ein Kastenschlitten mit Mann, Weib und Kind, letztere in unzählige schützende Tücher vermummt, gezogen von zwei schweren Zugrossen, die wie leichte Klepper rennen sollen; hinten ist ein nacktes junges Pferd angebunden, das munter schief über den Weg hintanzt und lustig wiehert. Auf hohem Apfelschimmel trottend ein Bauer in dunklem kurzen Mantel, den Fuß tief im Bügel, den Absatz fast unterm Bauch des Pferdes abgesetzt. Jetzt, durch volles silberhelles Rollenspiel schon von ferne herrenmäßig angekündigt, mit geputzten Pferden und eleganten Schlitten Allen vorfahrend, der stattliche Inhaber eines Gasthofs aus der Stadt, ein Hausfreund zu seiner Seite, hier ist die Fahrt Selbstzweck, sie ist ein wahrer Triumphzug.

Karl Schmidlin, Gedichte und Bilder aus dem Leben, Stuttgart 1851, S. 119–121

Faurndau. Das Faurndauer Pfarrhaus gehört mit den Erinnerungen, die sich mit ihm für mich verknüpfen, zu den am festesten umrissenen Gedächtnisbildern, welche mir aus meiner Knabenzeit geblieben sind. Ich kam sehr oft, später regelmäßig, immer zu Fuß, meist den Ranzen auf dem Rücken, in das einfach behagliche Großelternhaus mit seinen rotbraunen Fensterläden und Türen; frohen Kindermutes und guter Dinge wanderte ich an den Samstag-Mittagen dem heimelig gelegenen Dorf mit seiner alten romanischen Kirche und dem kühlen Mühlkanal zu. Meistenteils wählte ich den sogenannten hinteren, auf der einen Seite mit kleinen Kohlenabfällen aus der Beckh'schen Papierfabrik beschütteten Weg den Mühlbach entlang, an welch letzterem zu beiden Seiten Weidenbäume angepflanzt waren, die mich immer in eine eigenartige stille Stimmung versetzten. Da, wo dieser Weg sich der Beckhschen Fabrik zuwendet, führte links ein schmaler Fußpfad über eine kleine Anhöhe hinter der oberen Mühle vorüber in die Dorfstraße, die auf das Pfarrhaus bzw. auf die im rechten Winkel zu diesem, mitten im ummauerten Friedhof gelegene Kirche zulief. Dieser Fußpfad hieß das ›Romantische Wegle‹. An der mehrfach erwähnten Beckh'schen Papierfabrik zog ich immer mit einem gewissen frommen Schaudern vorüber; denn es kam mir dorthin und dahinterherum alles so großartig und vornehm vor. Man stand ja auch mit der Familie in einem besonders wohlwollenden und wohlgewollten Verhältnis; und es war zudem noch die Zeit, da sich allgemeinerweise das Wesen eines ›Fabrikanten‹ anfing, dem Bewußtsein als der Inbegriff einer besonders hohen und reichen Herrlichkeit in den Rahmen der Ahnung zu spannen.

Theodor Mauch (1863–1933), Faurndauer Erinnerungen, in: Karl Kirschmer/ Walter Ziegler, Faurndau 875–1975, Göppingen 1974, S. 380ff.

Faurndau. In das vornehme, villenartige Anwesen des Kunstmalers Woelffle, das über dem Bahngeleise an der Straße nach Wangen gelegen ist, kam ich nur einigemale. Woelffle war ein kleiner, untersetzter, stiller, zurückgezogen lebender Mann, der von München mit seiner Familie nach Faurndau gezogen war. Die Villa mit ihrer ganzen Einrichtung machte mir immer einen besonders vornehmen künstlerischen Eindruck, dessen Wesen ich mir damals freilich nicht recht erklären konnte, und das mir deshalb, da mir meine eigene ästhetische Empfindungsweise noch nicht ins Bewußtsein gekommen war, etwas unnahbar, unergründlich und traumhaft vorkam. Es hat mir oft, noch in viel späteren Jahren, von diesem ›Miliö‹, das für mich etwas Märchenhaftes hatte, eigentümlich geträumt. Ähnlich verhielt es sich mit dem Garten, der das Gebäude umschloß und durch den es immer düsterte.

Theodor Mauch (1863–1933), Faurndauer Erinnerungen, in: Karl Kirschmer/ Walter Ziegler, Faurndau 875–1975, Göppingen 1974, S. 380 ff.

Faurndau. Mit dem Mesner kam ich gelegentlich auch an Wochentagen in die Kirche, wo ich ihm beim Läuten helfen durfte und mich dabei vom Glockenseil in die Höhe ziehen ließ. Wenn er die Uhr aufzog, nahm er mich zuweilen mit auf den Turm und ließ mich durch eine Öffnung, welche durch ein kleines Türchen verschließbar an dem blauen Zifferblatt angebracht war, hinaus- und hinuntersehen: so erblickte ich einmal auf einer grünen Wiese den Storchenpaterfamilias, der auf dem steilen Kirchengiebel mit seiner Familie ein geräumiges Nest bewohnte, mit Würde einherstolzieren und gelegentlich auf einen Frosch oder sonstige Jagdbeute mit seinem Schnabel losfahren, was mir unvergeßlich blieb, wie mich denn überhaupt die Storchen, namentlich wenn die Störchin auf ihren Eiern brütete, und dann die kleinen Brüderlein und Schwesterlein von der Ornithologie unter Führung der Alten das Mitausfliegen begannen, stark interessierten, wenn ich das alles von meinem Fenstertischchen aus im Wohnzimmer beobachtete.

Theodor Mauch (1863–1933), Faurndauer Erinnerungen, in: Karl Kirschmer/Walter Ziegler, Faurndau 875–1975, Göppingen 1974, S. 380 ff.

Nebenstehende Seite
181 *Blick von Westen auf die Papierfabrik Beckh in Faurndau mit Göppingen im Hintergrund. Sepiazeichnung von Johannes Woelffle, um 1855*
182 *Blick auf Faurndau von Westen mit den Kaiserbergen im Hintergrund, rechts Schloß Filseck. Lithographie von Johannes Woelffle, um 1855*

183
Die ev. Stiftskirche Faurndau mit dem Pfarrhaus und dem Mühlkanal. Sepiazeichnung von Johannes Woelffle, um 1855

Schloß Filseck und Uhingen. Filseck, ein Schloß auf einem Berg, hat eine vortreffliche Aussicht ins Filstal, ein Viertelstund entfernt, der Weg dahin ist ziemlich gut, gehört dem Baron von Münch, allwo Württemberg immer, so wie auch auf den nachfolgenden Höfen, die hohe und nunmehr seit 1802 auch die niedere Jurisdiktion hat. Die Seelenzahl, welche in die hiesige Bevölkerungsliste aufgenommen, ist 5, zwei Katholische und 3 Lutherische. Es befindet sich daselbst auch, außer dem münchischen Vogt und Jäger, ein Beständer mit Weib und Kindern, katholischer Religion; ferner ein Ziegler mit Weib und Kindern, welcher in dem nahegelegenen Faurndau verbürgert, in dasiger Bevölkerungsliste vorkommt, aber in die Uhinger Parochie gehört. So gehört auch Filseck mit allen seinen Höfen in die Gerichtsbarkeit Uhingen. Hat, so wie auch die übrigen nachfolgenden Höfe keinen Mangel an Wasser und besonders schöne, große Waldungen ...
Der Mutterort Uhingen liegt in einem angenehmen breiten Tal, Filstal genannt, von dem Fluß Fils, welcher mitten durchs Ort fließt, 3 Mühlen treibt, in welchen außer dem Mehl auch Kochgerste, Öl und Gips gemahlen und Holz geschnitten wird, welcher Fluß aber durch Anschwellen großen Schaden an Gebäuden und Feldern öfters anrichtet. Wohltätig sind für das Ort die in der Nähe vorhandene Sauerbrunnen zu Göppingen und Jebenhausen, letzteres eine halbe Stund entfernt und ersteres eine Stund.
Durch das Ort geht eine ganz gute und frequente Chaussee von Stuttgart nach Ulm.
Die Gegend ist angenehm, zu Winterszeit aber etwas feucht wegen des Wassers und den Nebeln. Es wachst hier gutes und vieles Futter auch gutes Getreid, besonders viele Ackerbohnen, Obst mittelmäßig, wie auch Hanf und Flachs. An Holz ist etwas Mangel, man kann es aber in den nahegelegenen Adelberger Waldungen bekommen und kaufen von der Herrschaft.

Pfarrbeschreibung Uhingen, 1827, Ziff. 6 und 9. Ev. Dekanatsarchiv Göppingen, Büschel 236

184 Schloß Filseck von Nordosten mit Uhingen im Hintergrund. Lavierte Tuschezeichnung von Johann Michael Frey, um 1800

Nebenstehende Seite
185 Blick auf Ebersbach von Süden. Aquarell von C. Ph. Heinrich Bach, um 1860
186 Das Geyer'sche Haus, ehemaliges Amtshaus an der Ludwigstraße 3 in Ebersbach. Aquarell von C. Ph. Heinrich Bach, um 1860

Ebersbach. Ebersbach liegt ganz eben am südlichen Ufer der Fils, über welche hier eine 1700 erstmals gebaute Brücke führt. Im Orte mündet der zwischen Büchenbronn und Krapfenreut entspringende Ebersbach in die Fils ein, welcher bei anhaltendem Regen sehr reißend und gefährlich wird. Das Oberamt Kirchheim grenzt nahe hier an. Die Gemeinde hat, nächst Göppingen, die meisten Einwohner und Gebäude. Das Aussehen des Ortes ist freundlich, wozu die Reinlichkeit und die stattlicheren, meist mit steinernen Unterstöcken versehenen, Wohngebäude Vieles beitragen. An Wasser ist kein Mangel und das Klima der Gesundheit zuträglich. Es sind 271 Haupt- und 72 Nebengebäude in der Gemeinde.

Die Einwohner gleichen den Städtern und sind etwas verzärtelt. Der Boden ist gemischt und dem Getreidebau zuträglich. Die Landwirtschaft ist zwar Hauptnahrungsquelle, die Markung aber zu klein, daher an Brotfrüchten und Haber mehr als 1000 Scheffel jährlich eingeführt werden. Auch wird etwas Hopfen gebaut. Ein Morgen erträgt 7–9 Scheffel Dinkel und 4–5 Scheffel Haber. Der Obstbau wird etwa seit 30 Jahren mit Fleiß betrieben; wegen der häufigen Frühlingsreifen gedeiht aber das Obst weniger, als in Büchenbronn und Krapfenreut. Die Allmand ist mit alten Eichen besetzt; der Fils und den Bächen entlang aber stehen Erlen und Weiden. Nächst Göppingen zählt Ebersbach die meisten Pferde; und auch die Rindviehzucht ist von Bedeutung.

Moser, Beschreibung des Oberamts Göppingen, Stuttgart 1844, S. 178

187
Das Geburtshaus von C. Ph. Heinrich Bach im Hinteren Viehmarktweg 8 in Ebersbach. Aquarell von C. Ph. Heinrich Bach, um 1860

188
Das ehemalige Ebersbacher Rathaus von Süden. Federzeichnung von Max Bach, um 1860

Ebersbach. Der Pfarrort Ebersbach liegt ganz eben im Filstale; hat Wasser genug, eine gesunde Lage, erzeugt gutes Getreide, hauptsächlich Dinkel. Ebersbach hat wenige eigentliche Bauern, sondern mehr Handwerksleute, die jedoch meistens zugleich vom Feldbau leben; aber, weil die Markung verhältnismäßig klein ist, und die Gewerbe gegenwärtig stocken, sich größtenteils nur kümmerlich nähren, daher auch die Anzahl der Armen ungewöhnlich groß ist.

Pfarrbeschreibung Ebersbach 1827. Ev. Dekanatsarchiv Göppingen, Büschel 218

Roßwälden. Der Ort ist weitläufig gebaut und ganz mit Obstgärten umgeben; im Jahre 1841 zählte er 135 Haupt- und 30 Nebengebäude, worunter ein Armenhaus. Die frei und mitten im Orte stehende Kirche wurde, da die alte baufällig war, 1726 mit einem Aufwande von 1400 fl. neu erbaut. Die Baulast liegt der gemeinschaftlichen Stiftungspflege ob. Das nebenstehende Pfarrhaus hat der Staat zu unterhalten. Die Einwohner sind sittlich und religiös. Vorzügliches Quellwasser ist auch im höchsten Sommer im Überfluße vorhanden, und die Luft ist der Gesundheit zuträglich.

Moser, Beschreibung des Oberamts Kirchheim, Stuttgart 1842, S. 263

189 Roßwälden von Nordwesten mit Teck und Hohenneuffen im Hintergrund. Aquarell von Pieter Francis Peters, 1842

190 Ev. Pfarrkirche Roßwälden von Norden. Aquarell von C. Ph. Heinrich Bach, um 1860
Nebenstehende Seite
191 Ev. Pfarrkirche Reichenbach/Fils von Süden. Aquarell von C. Ph. Heinrich Bach, um 1860

Reichenbach/Fils. Reichenbach ist eines der schönsten Dörfer, reinlich und ziemlich regelmäßig gebaut. Die Wohngebäude haben größtenteils steinerne Unterstöcke. Wasser ist überflüssig vorhanden. Die Gemeinde zählt 122 Haupt- und 36 Nebengebäude. Die am nördlichen Ende des Ortes auf einer Anhöhe stehende Kirche ist ziemlich gut erhalten, aber zu klein; sie ward 1684 repariert. An dem massiven, unverhältnismäßig großen Turm ist die Jahreszahl 1525 zu sehen. Die Baulast liegt dem Heiligen, St. Moritz, und der Gemeinde ob. Das danebenstehende, vom Staate zu erhaltende Pfarrhaus gewährt eine schöne Aussicht.

Moser, Beschreibung des Oberamts Göppingen, Stuttgart 1844, S. 274

Hochdorf. Der Ort liegt im Filstal, nicht ferne vom linken Ufer der Fils, in welche der am Dorfe vorüberfließende Dammbach oder Talbach, der hier eine kleine Mahlmühle treibt, sich ergießt. Die Häuser (129 Haupt- und 60 Nebengebäude) stehen teils im Tale, teils auf kleinen Anhöhen. Die am obern Teile des Dorfes liegende Kirche zum hl. Martin wurde 1775 neu gebaut, ist gut erhalten, bietet aber nichts Sehenswertes. Die Baulast haben die örtlichen Kassen. Das angenehm dabei gelegene Pfarrhaus hat der Staat zu erhalten. Der Vermögensstand der fleißigen Einwohner ist nur mittelmäßig. Die Stallfütterung besteht längst. Flachs, welcher besonders gerät, und Hanf werden viel gepflanzt. Die Wiesen liefern gutes Futter. Die wenigen Weinberge werden mehr und mehr gerodet.

Moser, Beschreibung des Oberamts Göppingen, Stuttgart 1844, S. 300 f

192 Ev. Pfarrkirche Hochdorf von Norden. Aquarell von C. Ph. Heinrich Bach, um 1860

Anhang

Katalog

Vorbemerkung

Der Katalog enthält in Anführungszeichen die Originalbeschriftung bzw. die erschlossene Beschreibung. Danach folgt die Angabe des Künstlers, der angewandten Technik und die Datierung. Das Maß (Höhe vor Breite), der Hinweis auf den Verfertiger der Repro-Aufnahme, die Angabe des Standorts des Originals und die Angabe über den Nachweis bzw. das Fehlen der Ansicht in dem Werk von Max Schefold, Alte Ansichten aus Württemberg, Stuttgart 1956 und 1974, runden die Beschreibung der Ansicht ab.

Abkürzungen

Verwendet wurden folgende Abkürzungen:

Techniken

B	Bleistiftzeichnung
F	Federzeichnung
H	Holzschnitt, Holzstich
K	Kupferstich
Lith.	Lithographie
Rad.	Radierung
St.	Stahlstich

Sammlungen

KA	Kreisarchiv Göppingen
LB	Landesbibliothek Stuttgart
MGe	Museum Geislingen an der Steige
MGd	Museum Schwäbisch Gmünd
MGp	Museum Göppingen
MLb	Museum Ludwigsburg
MUl	Museum Ulm
Slg. A	Sammlung Akermann, Heidenheim
Slg. B I	Sammlung Bach, Familienbesitz
Slg. B II	Sammlung Bach, Ulm
Slg. K	Sammlung Kolb, Geislingen an der Steige
Slg. R	Sammlung Graf Rechberg, Donzdorf
Slg. W	Sammlung Woelffle, Eislingen/Ellwangen/Kirchheim
Slg. Z	Sammlung Ziegler, Göppingen
StA	Stadtarchiv
StG	Staatsgalerie Stuttgart

Bildnachweis der Abbildungen außerhalb des Katalogs

Vorderer Vorsatz	Schiller-Nationalmuseum Marbach
Frontispiz	aus Abb. 62
Hinterer Vorsatz	aus Abb. XVI
I	Slg. B II/KA
II	MGd
III	MGe/Uhland-Clauss
IV	Blätter des Schwäbischen Albvereins 1929, Sp. 304
V	Leube, Geislingen/KA
VI	Slg. W/KA
VII	MGp/Uhland-Clauss
VIII	MGe/Uhland-Clauss; nicht bei Schefold
IX	MGe/Uhland-Clauss; nicht bei Schefold
X	Ev. Kirchengemeinde Gruibingen/KA; nicht bei Schefold
XI	MGe/Uhland-Clauss
XII	MGe/Uhland-Clauss; nicht bei Schefold
XIII	StA Ulm
XIV	MUL/StA Ulm
XV	MGp/Uhland-Clauss; nicht bei Schefold
XVI	Kath. Kirchengemeinde Wiesensteig/Uhland-Clauss; nicht bei Schefold
XVII	KA/Uhland-Clauss; nicht bei Schefold
XVIII	Gemeindearchiv Kuchen/Uhland-Clauss; nicht bei Schefold
XIX	Britisches Museum London; nicht bei Schefold
XX	Keckenburgmuseum Schwäbisch Hall
XXI	Slg. R/Uhland-Clauss; nicht bei Schefold
XXII	Zeller & Gmelin, Eislingen, nicht bei Schefold
XXIII	Ev. Kirchengemeinde Boll/Uhland-Clauss; nicht bei Schefold
XXIV	LB
XXV	W. Jäckh, Stuttgart/KA; nicht bei Schefold
XXVI	MGp/Uhland-Clauss; nicht bei Schefold
XXVII	MGp/Uhland-Clauss; Schefold Nr. 2197
XXVIII	LB/KA; nicht bei Schefold
XXIX	MGp/Uhland-Clauss; nicht bei Schefold
XXX	MLb; nicht bei Schefold
XXXI	KA; Schefold Nr. 10532
XXXII	Schiller-Nationalmuseum Marbach; nicht bei Schefold
XXXIII	S. Rösch, Wetzlar; nicht bei Schefold
XXXIV	Slg. B II/KA; nicht bei Schefold

Geislingen

1
»Stättlein Geisslingen Löblicher Statt Ulm zu gehörig.«
nach Antoine du Chaffat, gestochen von Joh. Georg Hertel, Augsburg
K um 1740
19x 28,8 Repro MLb
MLb
Schefold 2082

2
Geislingen von Osten
Michael Knoll
Aquarell um 1760/70
21x42 Repro Uhland
MGe
Schefold 2083

3
Ausschnitt Kern- und Obere Vorstadt von Geislingen
aus Nr. 2, Repro Uhland

4
»GEISLINGEN IM ULMISCHEN«
Jacob Früholz
Aquarell um 1790
28,5x44,3 Repro MLb
MLb
Schefold 2088

5
»Prospect des Staedchens Geislingen von Morgen mit verbundener Aussicht ins Filsthal, aufgenommen am Oedenthurm Berge von Jacob Früeholz in Geisslingen«.
Jacob Früholz, gestochen von B. F. Leizelt, Augsburg
K altkoloriert 1808
21,4x46,2 Repro MLb
MLb
Schefold 2087

6
»Geisslingen«
Jacob Früholz
Öl auf Holz 1830
35x74 Repro Uhland
MGe
Schefold 2090

7
Stadtkirche Geislingen mit Kapellmühle und dem Ödenturm im Hintergrund
C. Ph. Heinrich Bach
Aquarell um 1860
15x20 Repro Ziegler
Slg. B I
Schefold 2096a

8
»Prospect der sog. Steingrube ohnweit Geislingen einer mit Linden besetzten schönen Aue, auf welcher das dortige Schützencorps des ehemaligen Königl. Baierschen Bürgermilitairs sein erstes solennes Scheiben Schiessen haelt. Sein Hauptmann eröffnet dasselbe mit einem tiefen Schwarzschusse, und wird durch einen Pöller und zwey sich praesentierende Schüzen salutiert Am St. Bartholomaeus Tage 1809«
Jacob Früholz, gestochen von Oberländer, Augsburg
K altkoloriert 1810
21x45 Repro MLb
MLb
Schefold 2129

9
»Prospect von einem Theil der Oberamts Stadt Geisslingen; anzusehen aus dem Krämerschen Hause, wie dessen bedrängte Einwohner nach zwey erduldeten Theurungs-Jahren ihren Erstling des Feldseegens mit Freuden-Thränen des Dankes gegen die gütige Vorsehung mit religiöser Feierlichkeit am 23. Juli 1817 eingeholt und aufgenommen haben«
Jacob Früholz
Aquarell 1817
40x45 Repro Uhland
MGe
nicht bei Schefold; Kopie von David Fahr bei Schefold 2109

10
Geislinger Spitaltor mit einem Teil des Spitals und dem Rest der Spitalkirche St. Leonhard an der heutigen Karlstraße
Jacob Früholz
Aquarell 16. 9. 1810
19x28,5 Repro Uhland
H. Scheible, Geislingen
nicht bei Schefold, Version vermutlich identisch mit Nr. 2108

11
Hansengasse in Geislingen mit Blick auf die Stadtkirche
Karl Weysser
F laviert und leicht gehöht
1879
22x13,5 Repro Uhland
MGe
nicht bei Schefold

12
Ehemalige Obere Apotheke in der Geislinger Hauptstraße mit Dekanat und Kohn'schem Haus
Jacob Früholz
Aquarell um 1810
7,3x10,2 Repro Ziegler
Dr. Heinz Adae, Stuttgart
nicht bei Schefold

13
Ehemalige Thurn- und Taxis'sche Post in der Langen Gasse in Geislingen
Georg Herbert
F um 1860
21,5x28 Repro Uhland
Slg. Z
nicht bei Schefold

14
Schubartstraße in Geislingen mit Blick auf das Alte Rathaus und den Alten Zoll
Karl Weysser
F laviert und leicht gehöht
1879
22x13,5 Repro Uhland
MGe
nicht bei Schefold

15
Lange Gasse in Geislingen mit Blick zur Stadtkirche
Karl Weysser
F laviert und leicht gehöht
1879
22x13,5 Repro Uhland
MGe
nicht bei Schefold

16
Kapellmühle in Geislingen
Albert Kappis
Öl auf Holz um 1862
15x21 Repro Uhland
Mihal, Geislingen
nicht bei Schefold

17
Metallwarenfabrik von Straub und Schweizer (WMF) in Geislingen
Albert Kappis
Öl auf Leinwand 1862
48x62 Repro WMF Geislingen
WMF Geislingen
nicht bei Schefold

18
»Geislingen«, von Süden mit Rorgensteig und Rötelbad
Fr. Biberstein
Lith. 1842
16x29 Repro Uhland
MGe
Schefold 2093

19
Südliche Vorhalle an der Geislinger Stadtkirche mit Schubartschulhaus
G. G. Lechner
Aquarell 1859
20,8x16,2 Repro Ziegler
Antiquitäten-Haisch, Göppingen 1982
nicht bei Schefold

20
»Ansicht des Röthelbads zu Rorgensteig bei Geisslingen und des dortigen Wasserfalls«
Leonhard Allgöwer
Aquarell 1820
15,5x28,5 Repro KA
MGe (z. Zt. nicht auffindbar)
Schefold 2127

21
Geburtshaus von Jacob Früholz, daneben die spätere Lateinschule, in der heutigen Schillerstraße, rechts das »Steinhaus«
Jacob Früholz
Aquarell um 1802
19,5x23,5 Repro Ziegler
Unseld, Ulm
nicht bei Schefold

22
»Prospect der Schimmelmühle, anzusehen von der Strasse an den Schranken«
Jacob Früholz
Aquarell 1818
20,5x32 Repro Uhland
MGe
Schefold 2130

23
»Mühle an der Geisslinger Steige«, Obere Steigmühle
Johann Sigmund Köhler
Aquarell 1821
18x27,3 Repro StA Ulm
MUl
Schefold 2132d

24
»Ansicht der Geisslinger Steige«
Louis Kolb
F 27. August 1828
10x16 Repro Ziegler
Slg. A
Schefold 2130d

25
»Geisslinger Staige«
Caspar Obach
Aquarell 1851
17,5x22,5 Repro LB
LB
Schefold 2095c; mit 2131a identisch

26
»Geislingen a. Staig 1872«, Stadtansicht von Osten, Ausschnitt
T. Buforink
Farblith. 1872
40,5x65,5 Repro Uhland
MGe
nicht bei Schefold

27
»Geislinger Steige« kurz vor dem Erreichen der Albhochfläche
Johannes Woelffle
B um 1862
23,6x32,8 Repro Ziegler
Slg. W
nicht bei Schefold

28
Ödenturm mit Weiler Steige
N. N.
Farblith. um 1850
29,6x21,7 Repro Uhland
MGe
nicht bei Schefold

29
»Bei Weiler oberhalb Geisslingen«
Louis Kolb
F 27. Juli 1828
11x21 Repro Ziegler
Slg. A
Schefold 2130a

30
Geislingen von Norden
Johannes Woelffle
Sepiazeichnung um 1865
25,5x40 Repro MLb
MLb
Schefold 2095

31
»Altenstatt« Blick auf die ev. Martinskirche
Pieter Francis Peters
B laviert um 1860
22x29,7 Repro HStA Stuttgart
LB
Schefold 132

32
»Adlerwirth Köpff in Altenstath«, Blick zum Forsthaus auf dem Lindenhof in Altenstadt
Pieter Francis Peters
B laviert um 1860
22x29,7 Repro HStA Stuttgart
LB
Schefold 134

33
Ansicht der Kirche und des Pfarrhauses in Stötten
A. W. (vielleicht Albert Wagner)
aquarellierte B um 1850
16x21 Repro Uhland
MGe
Schefold 7720

34
Blick auf Eybach mit Schloß Hoheneybach
Adolf Friedrich Harper
Öl auf Leinwand um 1770
Supraporte
75x150 Repro Uhland
Schloß Eybach
Schefold 1742

35
»Das Schloß Eybach bey Geißlingen«, Dorfansicht von Süden
Johann Michael Frey
34,5 × 75
B um 1800
Entwurf zu Ansicht Nr. 36
Repro Konrad Verlag
Fürst Fugger, Babenhausen
nicht bei Schefold

36
Schloß und Dorf Eybach
Johann Michael Frey
Öl auf Leinwand um 1800
49,5x62,5 Repro Uhland
MGe
Schefold 1745

37
Schloß und Dorf Eybach
Adam Gatternicht
Lith. altkoloriert 1855
11,3x18,2 Repro Uhland
MGe
Schefold 1746

38
»Das Schießhaus in Eybach«
F. Fleischhauer
Lith. 1843
18x29 Repro Uhland
MGe
Schefold 1744

39
Roggental bei Eybach mit Gabelfelsen und Albanusfelsen
Felix Bockhorni
Öl auf Leinwand um 1826
29x38 Repro Uhland
Slg. R
nicht bei Schefold

40
»Situation und Schloß Raffenstein«, im Roggental bei Steinenkirch
nach Antoine du Chaffat
K um 1740
19,3x29,7 Repro MLb
MLb
Schefold 6303

41
Ravensteiner Felsen im Roggental bei Steinenkirch
Felix Bockhorni
Öl auf Leinwand um 1826
29x38 Repro Uhland
Slg. R
nicht bei Schefold

42
»Treffelhausen abgebrannt den 14. Juli 1859«
vermutlich von Johann Evangelist Ling
Farblith. 1859
23,8x32,6 Repro Uhland
MGe
Schefold 9212

43
»Felsenquelle bey Treffelhausen«, Eybquelle
Johann Sebald Baumeister
Aquarell um 1805
7,8x10,6 Repro MGd
MGd
Schefold 9210

44
»Röthenbach in Kohlmanns-Wald Anno 1805«
Z. J. R. B. Schulmeister
Aquarell 1805
11x15,6 Repro StA Ulm
StA Ulm
nicht bei Schefold

Oberes Filstal

45
»Iberkingen sambt dem Baad und Saurbrunnen«
nach Antoine du Chaffat
K um 1740
19x29,8 Repro StA Ulm
StA Ulm
Schefold 9584

46
»Prospect zu dem Herrschafftlichen Sauer-Brunnen Bads mit Linden besetzten Platzes zum Spatzieren Gehen Kegel Schieben Auch anderer Ergötzlichkeiten zu gebrauchen«
nach Johann Georg Schneider, gestochen von Martin Gottfrid Grophius
K 1750
16x33,4 Repro StA Ulm
StA Ulm
Schefold 9586

47
Badgebäude Überkingen, »Speissaal, 2. Baadhaus, 1. Baadhaus.
Das neue Haus. Scheure zum Baad gehörig.«
J. F. Hauer
altkolorierte Umrißradierung
um 1805
15,6x26,3 Repro MLb
MLb
Schefold 9588

48
»Die Heilquelle zu Ueberkingen«
A. F. Farr
Lith. 1839
9,5x15 Repro Uhland
MGe
Schefold 9592; aus Anton Ruesz, Die Heilquelle zu Ueberkingen, Ulm 1839

49
Überkingen von Süden
Johann Michael Frey
B um 1800
34,5×75 Repro Konrad Verlag
Fürst Fugger, Babenhausen
nicht bei Schefold

50
Badgebäude Überkingen mit Kahlenstein im Hintergrund
F. Wagner
Aquarell 1852
22x29,7 Repro StG
StG
Schefold 9596

51
»Hausen bei Geißlingen«
Pieter Francis Peters
Aquarell um 1860
27,7x22 Repro Uhland
MGe
Schefold 2401

52
»Königreich Württemberg. Deggingen Oberamt Geißlingen«
nach J. G. Schweizer, lith. von C. Gersbach
Lith. 1837
19x35,4 Repro Konrad Verlag
LB
Schefold 1078

53
»Ave Maria bei Deggingen Oberamt Geisslingen, gestiftet vom Grafen Friederich von Helfenstein«
N. N.
Lith. 1838
8x14,8 Repro Ziegler
LB
nicht bei Schefold; aus Abele, Beschreibung der Dizenbacher Heilquelle, Kirchheim 1838

54
»Filsthal bei Deckingen«
Louis Kolb
F 15. Juli 1828
11x16 Repro Ziegler
Slg. A
Schefold 1076b

55
»Bad Dizenbach«
N. N.
Lith. um 1838
8x14,7 Repro Uhland
MGe
nicht bei Schefold

56
Kirche von Bad Ditzenbach
C. Ph. Heinrich Bach
Aquarell um 1860
14,5x20 Repro Ziegler
Slg. B I
Schefold 1123

57
»Ganslosen«, Auendorf
Louis Kolb
B 15. Juni 1828
7,5x16 Repro Ziegler
Slg. A
Schefold 257a

58
»Auf der Hiltenburg bei Ditzenbach«
Louis Kolb
F 28. Sept. 1827
18x21 Repro LB
LB
Schefold 1119

59
Unterdrackenstein
C. Ph. Heinrich Bach
Aquarell um 1860
14,5x20 Repro Ziegler
Slg. B I
Schefold 1171

60
Kirche, Pfarrhaus und Wasserfall in Unterdrackenstein
Caspar Obach
Sepiazeichnung um 1850
13,5x19 Repro StA Stuttgart
StA Stuttgart
Schefold 1170a

61
»Wiesensteig«, Stadtansicht von Westen
C. Ph. Heinrich Bach
Aquarell um 1860
18×24,5 Repro Konrad Verlag
Slg. B II
Schefold 11 124

62
Wiesensteig von Südwesten
Franz Schnorr
Lith. um 1840
31x47 Repro Konrad Verlag
MLb
Schefold 11 123

63
Wiesensteig mit Stiftskirche von Nordwesten
Max Bach
F um 1860
15x20 Repro Ziegler
Landesdenkmalamt Stuttgart
nicht bei Schefold

64
»Steinernes Haus bei Wiesensteig«
Eduard v. Kallee
lavierte F 17. Sept. 1875
12,4x20,4 Repro Ziegler
Hagmayer, Stuttgart-Bad Cannstatt
Schefold 11 124b

65
Blick von der Heimensteinhöhle zum Reußenstein
Louis Mayer
Gouache um 1836
9,7x15 Repro StG
StG
Schefold 6436

66
»Die Burg Reisenstein auf der Alp oberhalb Neidlingen«
August Seyffer
Sepiazeichnung um 1815
43x52 Repro StG
StG
Schefold 6425

67
Reußenstein vom östlichen Nachbarfelsen aus
Ernst Fries
Lith. um 1825
24,6x19,4 Repro Konrad Verlag
Slg. Z
Schefold 6427

68
Die Erlegung des letzten Luchses in Württemberg beim Reußenstein
R. E., vermutlich Robert Eberle
Öl auf Leinwand 1847
57x50 Repro Mayer, Stuttgart
Gerd Mayer, Stuttgart
nicht bei Schefold

Mittleres Fils- und Lautertal

69
»Baumwoll-Spinnerei u. Weberei von A. Staub in Kuchen«
Caspar Obach, gedruckt von G. Küstner
Lith. um 1865
11,6x18,4 Repro HStA Stuttgart
LB
Schefold 4156b

70
Websaal der Baumwollspinnerei und -weberei Staub in Kuchen
Caspar Obach
Aquarell um 1865
19,8x63,5 Repro Uhland
Foto bei der Fa. ESBI Kuchen, Original verschollen
nicht bei Schefold

71
»Die Staub'sche Fabrik in Kuchen (Württemberg). Die Schule.«
vermutlich von E. Kirchhoff
H 1868
11,8x17,3 Repro Uhland
KA
nicht bei Schefold

72
»Sonntagskonzert der Arbeiterkapelle der Fabrik Kuchen« von A. Staub
nach Foto von C. Schwarz von E. Kirchhoff
H 1868
22,5x27,5 Repro Uhland
KA
nicht bei Schefold

73
»Kuchen. Gingen. Spitzenberg«, Blick auf Gingen von Nordwesten
Louis Kolb
F 1828
21x16 Repro Ziegler
Slg. A
Schefold 2155a

74
»Gingen von der Mittagseite beim sogenannten Hörnle im Hintergrunde zeigen sich: 1. Salach 2. Gross-Süssen 3. Klein-Süssen 4. Hohenstaufen 5. Staufen-Eck 6. Bayerhof 7. Hohen-Rechberg 8. Rams-Berg 9. Stuifenberg 10. Messelberg 11. Scharfenhof 12. Scharfen-Schloss«
Michael Villforth
Aquarell 1832
30x51 Repro Konrad Verlag
LB
Schefold 2155

75
»Oestliche Aussicht von dem Schwarzschen Hause«, Blick auf den Dorfplatz von Süßen mit Kirche und Pfarrhaus
Eduard Keller
lavierte F 16. Sept. 1834
17x44 Repro Ziegler
Slg. Z
nicht bei Schefold

76
Süßen mit Staufeneck und Ramsberg
Adolf Friedrich Harper
Öl auf Leinwand um 1770
Supraporte
75x150 Repro Uhland
Schloß Eybach
Schefold 9053

77
»Groß- und Kleinsüßen von der Mittagsseite«
F. F. Wagner, gedruckt von G. Küstner
altkolorierte Lith. um 1850
24x37 Repro HStA Stuttgart
LB
Schefold 9055

78
Ruine Staufeneck mit Feldkapelle zum Gegeißelten Christus
Caspar Obach
Sepiazeichnung um 1850
9,2x12,2 Repro Ziegler
StA Göppingen
nicht bei Schefold

79
»Schloss Stahffeneck«, Staufeneck nach Antoine du Chaffat
K um 1740
19,3x29,7 Repro Konrad Verlag
MLb
Schefold 7641

80
Schloß Staufeneck von Norden
N. N.
Aquarell um 1810
40x60,5 Repro Konrad-Verlag
Slg. Z
nicht bei Schefold

81
»Die Ruinen der Burg Staufeneck von der Seite der Maierey«
Eduard Keller
F 16. September 1834
17x22 Repro Ziegler
Slg. Z
nicht bei Schefold

82
Blick von Norden auf die Ruine Staufeneck mit Ziegelhütte
Johannes Woelffle
Sepiazeichnung um 1855
11,6x16,3 Repro Ziegler
Slg. W
nicht bei Schefold

83
»Stauffenek«, Blick von Osten auf Ramsberg und Staufeneck, im Mittelgrund Süßen und der Albtrauf
Johann Sebald Baumeister
Aquarell um 1805
7,8x10,6 Repro MGd
MGd
Schefold 7643

84
»Schlos Ramsperg«, tatsächlich Schloß Staufeneck
Karl Urban Keller
Aquarell um 1805
14,8x21 Repro StG
StG
Schefold 6180

85
Schloß Ramsberg von Nordwesten
N. N.
Aquarell um 1810
40x60,8 Repro Konrad-Verlag
Slg. Z
nicht bei Schefold

86
»Vom Wasserberg aus Stuifen, Staufeneck, Gross- und Klein-Süssen«
Louis Kolb
F 12. Aug. 1830
17x22 Repro Ziegler
Slg. K
nicht bei Schefold

87
»Vue du chateau de Ramsberg«, Schloß Ramsberg mit Martinskapelle von Norden
Max Emanuel Jacker
Sepiazeichnung 30. Juli 1830
25x35 Repro Konrad-Verlag
Slg. Z
nicht bei Schefold

88
»Vue du chateau de Ramsberg«, Schloß Ramsberg mit Martinskapelle von Nordosten
Max Emanuel Jacker
Sepiazeichnung 1830
24x33,5 Repro Konrad-Verlag
Slg. Z
nicht bei Schefold

89
»Une partie du Village de Reichenbach«, Reichenbach von Nordwesten, im Hintergrund der Messelberg
Max Emanuel Jacker
Sepiazeichnung 1830
24x35 Repro Konrad-Verlag
Slg. Z
nicht bei Schefold

90
»Une partie du Village de Reichenbach«, Bauernhof in Reichenbach mit Messelberg am rechten Bildrand
Max Emanuel Jacker
Sepiazeichnung 1830
22,5x34 Repro Konrad-Verlag
Slg. Z
nicht bei Schefold

91
Blick auf Donzdorf von Süden
Maximilian Jacker
lavierte F um 1790
15,2x24,2 Repro Uhland
Slg. R
nicht bei Schefold

92
Donzdorf von Osten mit Scharfenberg (rechts) und Staufeneck sowie Ramsberg
Felix Bockhorni
Öl auf Leinwand um 1826
46x62 Repro Uhland
Slg. R
Schefold 1150

93
Ruine des Schlosses Scharfenberg von Südosten
Felix Bockhorni
Öl auf Leinwand um 1826
46x62 Repro Uhland
Slg. R
Schefold 6828

94
»Der Marktplatz von Donzdorf aufg. in der kritischen Zeit. Bild der Natur 1866«, Marktplatz Donzdorf von Süden
J. Schmid
aquarellierte F 1866
40x62 Repro J. Walter
Schmid, Donzdorf
nicht bei Schefold

95
»Vue de la maison du chasseur et de la Chapelle de Hirbelsbach«, Hürbelsbacher Kapelle mit Jägerhaus von Nordosten
Max Emanuel Jacker
Sepiazeichnung 15. 6. 1830
23x34 Repro Konrad-Verlag
Slg. Z
nicht bei Schefold

96
»Vue du Hameau d'Unterweckerstell«, Weiler Unterweckerstell von Westen
Max Emanuel Jacker
Sepiazeichnung 1830
24x34,5 Repro Konrad-Verlag
Slg. Z
nicht bei Schefold

97
»Le Hameau de Grünbach«, Weiler Grünbach von Norden mit der Lauter im Vordergrund
Max Emanuel Jacker
Sepiazeichnung, leicht gehöht
1830
24x34,5 Repro Konrad-Verlag
Slg. Z
nicht bei Schefold

98
»Scharfenberg auf der Höhe zwischen Mösselberg u. Hohenstein«
Louis Kolb
F 1828
16x21 Repro Ziegler
Slg. A
Schefold 6827f

99
Ruine Scharfenberg mit Staufeneck, Hohenstaufen und Ramsberg in Gewitterstimmung vermutlich von Daniel Fohr
Öl auf Leinwand um 1845
74x96 Repro Uhland
Slg. Z
Schefold 6829

100
»Winzingen vom Wege nach Hohenrechberg aus«
Hippolythe von Rechberg
Aquarell 29. 7. 1831
25x34 Repro Siegel
Slg. R
nicht bei Schefold

101
»Wisgoldingen«, Blick von Norden über Wißgoldingen zum Albtrauf
Louis Kolb
F 18. Juli 1828
10,7x21 Repro Ziegler
Slg. A
Schefold 11 283a

102
Das Städtchen Weißenstein von Norden
Johann Sebald Baumeister
Aquarell um 1805
24x42 Repro Uhland
Slg. R
nicht bei Schefold

103
»La Cascade à Niningen«, Lauter-Wasserfall bei der Friedhofskapelle in Nenningen
Max Emanuel Jacker
Sepiazeichnung 1830
23,5x34,5 Repro Konrad-Verlag
Slg. Z
nicht bei Schefold

104
»Village de Niningen«, Nenningen von Süden mit dem Kalten Feld im Hintergrund
Max Emanuel Jacker
Sepiazeichnung 1830
28x36 Repro Konrad-Verlag
Slg. Z
nicht bei Schefold

105
»Vue du chateau et de la petite ville de Weissenstein«, Weißenstein von Norden
Max Emanuel Jacker
Sepiazeichnung, leicht gehöht
1830
28x44 Repro Konrad-Verlag
Slg. Z
nicht bei Schefold

106
»Le Chateau de Weissenstein«, Schloß Weißenstein mit Stadtkirche von Norden
Max Emanuel Jacker
Sepiazeichnung, leicht gehöht
1830
24,5x34,5 Repro Konrad-Verlag
Slg. Z
nicht bei Schefold

107
Blick auf Weißenstein von Südosten
Karl Urban Keller
lavierte F um 1805
14,5x20,5 Repro StG
StG
Schefold 11 053

108
»Schloss Weisenstein«, Schloß Weißenstein von Nordwesten
Johann Sebald Baumeister
Aquarell um 1805
7,8x10,6 Repro MGd
MGd
Schefold 11 055

109
»S. Bernhardusberg«, Blick auf den Bernhardus von Nordwesten mit Herdtlinsweiler im Vordergrund
Johann Sebald Baumeister
Aquarell um 1805
7,8x10,6 Repro MGd
MGd
Schefold 472

110
Stadt und Schloß Weißenstein von Nordosten
Felix Bockhorni
Öl auf Leinwand um 1826
46x62 Repro Uhland
Slg. R
Schefold 11 058

111
»Die Aussicht nach West auf dem St. Bernhardusberg«
Alexander Ruf
Lith. 1838
18,8x36 Repro Uhland
Slg. R
nicht bei Schefold; B im MGp Schefold 7728

112
»Das Reichs-Freiherrliche Schloss Hohenrechberg von der Mittags Seite«
Johann Sebald Baumeister
Aquarell 1805
25,5x45 Repro Uhland
Slg. Z
nicht bei Schefold

113
Schloß Hohenrechberg von Südosten
Caspar Obach
lavierte B um 1850
25,3x34 Repro Uhland
Slg. R
nicht bei Schefold

114
Schloß Hohenrechberg mit Hohenstaufen von Südosten
vermutlich von Anton Doll
Öl auf Leinwand um 1860
45,8x32,8 Repro Uhland
Slg. R
nicht bei Schefold

115
Schloß Hohenrechberg und Hohenstaufen von Osten
Louis Mayer
Öl auf Leinwand um 1833
68x93 Repro Ziegler
Dr. Auberlen, Stuttgart
Schefold 6339, identisch mit 3448

116
»Brand von Schloß Rechberg«, mit Rechberg-Hinterweiler im Vordergrund
Louis Braun
lavierte B, gehöht um 1865
19,7x26,3 Repro MLb
MLb
Schefold 6367

117
»Hoehe von Hohen Rechberg«, Wallfahrtskirche mit Linde und Mesnerhaus
Eduard Keller
lavierte F 1831
17x44 Repro Ziegler
Slg. Z
nicht bei Schefold

118
»La Paroisse de Hohenrechberg«, Wallfahrtskirche mit Pfarrhaus von Hohenrechberg
Max Emanuel Jacker
Sepiazeichnung 1830
23,5x34 Repro Konrad-Verlag
Slg. Z
nicht bei Schefold

119
Das Ottenbacher Tal mit Hohenrechberg und Stuifen sowie Ottenbach im Mittelgrund
Johann Michael Frey
lavierte F um 1800
37x47,2 Repro HStA Stuttgart
LB
Schefold 6309

120
»Ottenbach«, Ottenbach mit Hohenstaufen von Nordosten
Johann Sebald Baumeister
Aquarell um 1805
7,8x10,6 Repro MGd
MGd
Schefold 6087

121
Die Firma Kolb & Schachenmayr (links) und das Gasthaus »Traube« in Salach
Lith. nach Louis Kolb wohl von Johannes Woelffle
Lith. 1836
9,6x12,3 Repro Ziegler
Slg. K
nicht bei Schefold

122
»Salach«, Blick über Salach von Norden auf den Albtrauf
Louis Kolb
F 13. Juli 1829
15,5x20,2 Repro Ziegler
Slg. K
nicht bei Schefold

123
»Hohen-Stauffen am Abend – Seiner Majestät dem König Wilhelm von Württemberg in allertiefster Ehrfurcht gewidmet von August Seyffer«
August Seyffer, verlegt von K. Seyffer
K um 1816
38x63,2 Repro LB
LB
Schefold 3437

124
Blick auf Salach und den Hohenstaufen von Südosten
Carl Schott
Aquarell 15. 9. 1859
12x19 Repro Konrad Verlag
Slg. A
Schefold 3468a

125
»Hohenstaufen v. Süd-Ost bey Klein-Eißlingen im Filsthal«
Eduard Keller
lavierte F 4. September 1832
17x22 Repro Ziegler
Slg. Z
nicht bei Schefold

126
»Rechberg, Stuifen, Gross-Eisslingen von Heiningen her«
Louis Kolb
F 14. Mai 1828
15,5x20,2 Repro Ziegler
Slg. A
nicht bei Schefold

Albvorland

127
»Zwischen Hohenstaufen und Göppingen beim Austritte aus dem Oberholz«
Louis Kolb
F 19. Juli 1831
18x25,5 Repro Ziegler
Slg. K
nicht bei Schefold

128
»Schlatt«, Schlat von Südwesten mit Hohenrechberg und Stuifen
Louis Kolb
F 15. Juni 1828
9,5x16 Repro Ziegler
Slg. A
Schefold 6871b

129
Kirche von Eschenbach
C. Ph. Heinrich Bach
Aquarell um 1860
14,5x20 Repro Ziegler
Slg. B I
Schefold 1466

130
Kirche von Gammelshausen mit Schul- und Rathaus
C. Ph. Heinrich Bach
Aquarell um 1860
14,5x20 Repro Ziegler
Slg. B I
Schefold 2059

131
Kirche von Dürnau mit Pfarrhaus
C. Ph. Heinrich Bach
Aquarell um 1860
14,5x20 Repro Ziegler
Slg. B I
Schefold 1188

132
»Boll«, altes Badgebäude in Bad Boll mit Boll von Süden
Georg Ebner
altkolorierte Rad. um 1820
7,2x13,1 Repro Konrad Verlag
LB
Schefold 780

133
»Boll«, altes Badgebäude in Bad Boll von Nordwesten
vermutlich von Georg Ebner
Rad. um 1820
7x13,2 Repro HStA Stuttgart
LB
Schefold 778a

134
»Das Boller Bad«, mit Aichelberg im Hintergrund und Zimmerleuten bei der Arbeit im Vordergrund
N. N.
Öl auf Leinwand um 1830
35x56,5 Repro Konrad-Verlag
MGp
Schefold 779

135
»Der Promenade Saal«, Wandelhalle mit Aichelberg von Nordosten
nach C. H. von Zieten, lithographiert von Eberhard Emminger
Lith. um 1830
21,6x30,4 Repro HStA Stuttgart
LB
Schefold 787

136
»Die Schweizerey«, Molkenkuranstalt bei der heutigen Silberpappel mit Blick über Boll auf Hohenstaufen, Hohenrechberg und Stuifen
nach C. H. von Zieten, lithographiert von Eberhard Emminger
Lith. um 1830
20,7x30,2 Repro HStA Stuttgart
LB
Schefold 786

137
»Das Belvedere«, Pavillon auf der Anhöhe bei Bad Boll mit Blick über Boll auf Hohenstaufen, Hohenrechberg und Stuifen
nach C. H. von Zieten, lithographiert von Eberhard Emminger
altkolorierte Lith. um 1830
20,7x30,4 Repro Uhland
MGp
Schefold 785

138
Blick über Bad Boll und Boll auf Hohenstaufen, Hohenrechberg und Stuifen
N. N.
Öl auf Leinwand um 1830
47,5x67,5 Repro Uhland
Kurhaus Bad Boll
Schefold 789

139
»Bad Boll«, Kurhaus mit Park von Westen nach C. Ph. Heinrich Bach, lithographiert von Caspar Obach
Lith. um 1860
14,2x21 Repro Ziegler
R. Jente, Kirchheim
Schefold 796

140
»Betsaal in Bad Boll«, ehemaliger Festsaal des Badhauses
Christian Septimus von Martens
Aquarell 26. Januar 1867
13x19 Repro Ziegler
R. Mayer, Geislingen
Schefold 799a

141
Stiftskirche von Boll
C. Ph. Heinrich Bach
Aquarell um 1860
14,5x20 Repro Ziegler
Slg. B I
Schefold 798

142
Zell u. A., Ausschnitt aus einer Panoramaansicht
nach Christian Septimus von Martens vermutlich lithographiert von Johannes Woelffle
Lith. 1826
15,5x15 Repro Ziegler
W. Jäckh, Stuttgart
Schefold 783, identisch mit 830–832

143
Kirche von Hattenhofen
Max Bach
F um 1860
15x20 Repro Ziegler
Landesdenkmalamt Stuttgart
nicht bei Schefold

144
»Eichelberg«, Bergkegel des Aichelberg mit Dorf von Norden
nach E. Stoll gestochen von A. Lt. d'Argent
K 1799
9x12 Repro LB
LB
Schefold 51

145
Kirche von Schlierbach mit Pfarrhaus (rechts) und Rathaus (links)
C. Ph. Heinrich Bach
Aquarell um 1860
14,5x20 Repro Ziegler
Slg. B I
Schefold 6879

146
Bäckerei und Wirtschaft Schlierbacher Straße 9, später von Leonhard Kissling, in Albershausen
N. N. (Schullehrer)
Aquarell 1885
20x30 Repro Erich Hänßler
Blessing, Albershausen
nicht bei Schefold

Göppingen

147
»Goeppingen, vor dem, den 25. Aug. 1782 erfolgten unglüklichen Brande von der Seite gegen Südwest«
Joseph Laichinger
lavierte F 1782
10,4x21,8 Repro Uhland
MGp
Schefold 2180c

148
»Die abgebrande Stadt Göppingen in dem Herzogthum Würtenberg, wie solche ausgesehen als dieße Stadt 1782 den 25. August, durch ein Ungewitter entzündet und in einer Zeit von 10 Stunden fast gäntzlich eingeäschert worden, samt einer bemerckung der noch übrich gebliebenen Gebäuden«
Christoph Nikolaus Kleemann
Öl auf Leinwand 1782
53,5x99 Repro Uhland
MGp
Schefold 2179

149
»Göppingen von der Mittagsseite«, mit Hohenstaufen und Hohenrechberg im Hintergrund
Friedrich Müller
K altkoloriert um 1816
31,8x60,8 Repro Konrad Verlag
LB
Schefold 2183

150
»Göppingen«, Ansicht der Stadt von Nordosten
vielleicht von Fr. Müller
altkolorierte Rad. um1820
7x13 Repro StG
StG
Schefold 2186

151
»Bei Göppingen«, Blick über den Dreikönigs-Bierkeller am Oberholz zum Albtrauf
Louis Kolb
F Juli 1833
20,2x24,4 Repro Ziegler
Slg. K
nicht bei Schefold

152
Christophsbad Göppingen von Nordosten
Georg Kurfeß
altkolorierte Lith. um 1846
6,9x18,7 Repro R. Heclau
Christophsbad Göppingen
nicht bei Schefold

153
Göppingen mit dem Christophsbad im Vordergrund von Süden
N. N.
Öl auf Holz um 1850
39x56 Repro Uhland
MGp
Schefold 2194b

154
»Turm-Aussicht zu Goeppingen«, Panoramarundsicht der Stadt Göppingen vom Turm der Stadtkirche – Blick zum Adelberger Kornhaus über das Rathaus zur Karlstraße und zum Marktplatz, Ausschnitt
Eduard Keller
lavierte F 25.–31. August 1834
17x21,5 Repro Konrad-Verlag
Slg. Z
nicht bei Schefold

155
»Turm-Aussicht zu Goeppingen«, Panoramarundsicht der Stadt Göppingen vom Turm der Stadtkirche – Blick über den Marstall beim Schloß zur Oberhofenkirche und zum Adelberger Freihof, Ausschnitt
Eduard Keller
lavierte F 25.–31. August 1834
17x43,5 Repro Konrad-Verlag
Slg. Z
nicht bei Schefold

156
»Turm-Aussicht zu Goeppingen« Panoramarundsicht der Stadt Göppingen vom Turm der Stadtkirche – Blick über den »Alten Kasten« zum »Schüsselgraben« (Schillerplatz) und das Sauerbrunnengässle zum Christophsbad, Ausschnitt
Eduard Keller
lavierte F 25.–31. August 1834
17x43,5 Repro Konrad-Verlag
Slg. Z
nicht bei Schefold

157
Göppingen von der Jebenhäuser Straße
Johannes Woelffle
B um 1860
20x41 Repro Ziegler
Slg. W
nicht bei Schefold, Entwurf zu 2195

158
»Göppingen«, Blick auf die Stadt von Süden
Johannes Woelffle
Lith. 1857
26,2x36,6 Repro HStA Stuttgart
LB
Schefold 2193

159
»Im Schlossgarten zu Göppingen«, Schloß mit Schloßgraben von Nordosten
Louis Kolb
F 1833
19,5x25 Repro Uhland
Slg. K
nicht bei Schefold

160
Nördliche Seite der Hauptstraße in Göppingen, zwischen Hauptstraße 21 (Samen-Gehrke) und dem Rathaus
C. Ph. Heinrich Bach
Aquarell um 1860
15×20 Repro Konrad Verlag
Slg. B II
nicht bei Schefold

161
Oberhofenkirche von Norden
Louis Kolb
F 1833
19,5x25 Repro Uhland
Slg. K
nicht bei Schefold

162
»Kirche bei Göppingen«, Oberhofenkirche von Südosten
Louis Kolb
F 1833
18,5x25 Repro Uhland
Slg. K
nicht bei Schefold

163
»Hohenstaufen«, Blick auf den Berg von Südwesten mit Hohrein im Vordergrund
wohl nach Johann Sebald Baumeister
K 1805
13,8x25 Repro Konrad-Verlag
KA
Schefold 3428
aus Ammermüller, Hohenstaufen, Stuttgart 1805

164
»Der Hohenstauffen, Seiner Königlichen Majestät Friderich König von Württemberg in tiefster Ehrfurcht gewidmet von Johann Sebald Baumeister«, Ansicht von Berg und Dorf Hohenstaufen von Süden
Johann Sebald Baumeister
altkolorierte Umrißradierung
1810
41x55,5 Repro Konrad-Verlag
MGp
Schefold 3432

165
»Kratter des Hohenstauffen«, Gipfelfläche von Nordwesten mit Blick auf Hohenrechberg und Stuifen
Johann Sebald Baumeister
Aquarell um 1805
7,8x10,6 Repro MGd
MGd
Schefold 3431

166
»Marktplatz in Staufen«, Blick von Süden mit Forsthaus, Gasthaus »Lamm« und Rathaus
Eduard Keller
lavierte F 1830
14,5x22 Repro Konrad-Verlag
Slg. Z
nicht bei Schefold

167
Barbarossa-Kirche in Hohenstaufen von Südwesten
C. Ph. Heinrich Bach
Aquarell um 1860
14,5x20 Repro Ziegler
Slg. B I
Schefold 3472

168
»Hohenstaufen auf dem Weg vom Rechberg her«
nach Eduard Keller lithographiert von N. N.
Lith. 1839
17,4x22,6 Repro Konrad-Verlag
Slg. A
Schefold 3453
aus Albert Knapp, Hohenstaufen – Ein Cyklus von Liedern und Gedichten, Stuttgart 1839

169
»Bartenbach von der Steige beym Oberholz bey Göppingen, Vordergrund des Bartenbacher Thals«
Eduard Keller
lavierte F 1831
17x43,5 Repro Konrad-Verlag
Slg. Z
nicht bei Schefold

Östlicher Schurwald

170
Wäscherschloß von Nordwesten mit dem Hohenstaufen im Hintergrund
Pieter Francis Peters
Aquarell 1855
31x37,8 Repro Staatl. Kunsthalle Karlsruhe
Staatl. Kunsthalle Karlsruhe
nicht bei Schefold

171
»Ansicht von Waeschenbeuren von Süd-West nach Nord-Ost; Copie einer Zeichnung von Baumeister in Gmünd«
Eduard Keller
lavierte F um 1805 bzw. 1832
17x43,5 Repro Konrad-Verlag
Slg. Z
nicht bei Schefold

172
»Ansicht des Marktfleckens Waeschenbeuren im Rittercantone am Kocher in Schwaben«, Wäschenbeuren von Nordosten mit dem Hohenstaufen im Hintergrund
Thaddäus Graf von Thurn und Taxis
aquarellierte F 1796
23,5x37 Repro Römer
Forst- und Gutsverwaltung Salm-Reifferscheidt, Steyregg
Schefold 10 526a

173
Dorf und Wallfahrtskirche Birenbach von Westen, im Hintergrund der Hohenstaufen
Karl Zobel
Aquarell 7. Juli 1878
10,5x15 Repro Ziegler
K. Heber, Tübingen
nicht bei Schefold

174
»Blumenparterre in Rechberghausen mit den Statüen von Castor und Pollux«, Park vor dem heutigen Rathaus
Hippolythe von Rechberg
Aquarell Juni 1831
27,8x21,5 Repro Ziegler
Slg. R
nicht bei Schefold

175
Rechberghausen von Südwesten mit dem Schloßhof und dem Hohenstaufen im Hintergrund
Felix Bockhorni
Öl auf Leinwand 1828
44x62 Repro Uhland
Slg. R
nicht bei Schefold

176
»Überschwemmung von Rechberghausen den 12. Mai 1853«, Ansicht des Dorfes von Osten lithographiert von C. Späth
Lith. 1853
7,5x12,2 Repro MLb
MLb
Schefold 6376

177
Ev. Pfarrkirche Oberwälden mit Pfarrhaus sowie Hohenrechberg und Hohenstaufen von Westen
Eduard Keller
Gouache um 1830
27,5x35,2 Repro Uhland
Slg. Z
nicht bei Schefold

178
Ulrichskapelle im Kloster Adelberg von Osten
Max Eyth
Aquarell Sept. 1859
11,4x14,9 Repro StA Ulm
MUl
Schefold 38

Unteres Filstal

179
»Aussicht von dem Schloß Filseck gegen Dorf Faurndau«, nordöstlicher Eckturm von Schloß Filseck mit Faurndau und den Kaiserbergen im Hintergrund
Johann Michael Frey
lavierte F um 1800
36,5x47,6 Repro LB
LB
Schefold 1804

180
Blick auf Faurndau und Schloß Filseck von Norden im Vordergrund Staffagefiguren vor der breit ausgezogenen Fils
N. N.
Aquarell um 1815
19x29,4 Repro Landesdenkmalamt
Baronin Gaisberg, Großheppach
Schefold 1780e

181
Papierfabrik Beckh bei Faurndau von Westen mit Göppingen im Hintergrund
Johannes Woelffle
Sepiazeichnung um 1855
11,6x16,3 Repro Ziegler
Slg. W
nicht bei Schefold

182
Faurndau von Westen mit den Kaiserbergen, rechts Schloß Filseck
Johannes Woelffle
Lith. um 1855
23x32,5 Repro Uhland
MGp
nicht bei Schefold; bei Schefold hierzu Sepiazeichnung 1781

183
Ev. Stiftskirche Faurndau mit Pfarrhaus und Mühlkanal im Vordergrund
Johannes Woelffle
Sepiazeichnung um 1855
16,3x11,6 Repro Ziegler
Slg. W
nicht bei Schefold

184
»Das Schloß Filseck nebst dem Dorf Uhingen«, Schloß Filseck von Nordosten mit Uhingen im Hintergrund
Johann Michael Frey
lavierte F um 1800
36,5x47,6 Repro LB
LB
Schefold 1805

185
Ebersbach von Süden
C. Ph. Heinrich Bach
Aquarell um 1860
18x24,5 Repro Ziegler
Slg. B II
Schefold 1202

186
»Das Geyer'sche Haus in Ebersbach«, ehemaliges Amtshaus, abgebrochen im Bereich Ludwigstraße 3
C. Ph. Heinrich Bach
Aquarell um 1860
15,5×20 Repro Ziegler
Slg. B II
Schefold 1204

187
»Geburtshaus v. Ph. Heinr. Bach« in Ebersbach (Mitte), Gebäude Hinterer Viehmarktweg 8, abgebrochen, heute Coop
C. Ph. Heinrich Bach
Aquarell um 1860
15×20 Repro Ziegler
Slg. B II
Schefold 1203

188
Rathaus Ebersbach von Süden
Max Bach
F um 1860
20×15 Repro Ziegler
Landesdenkmalamt Stuttgart
nicht bei Schefold

189
»Roswaelden bei Kirchheim«, mit Teck und Hohenneuffen von Nordwesten
Pieter Francis Peters
Aquarell 1842
24×40,5 Repro Neumeister, München
Auktion 208/1982 Neumeister, München
nicht bei Schefold

190
Ev. Pfarrkirche Roßwälden von Nordosten
C. Ph. Heinrich Bach
Aquarell um 1860
14,5×20 Repro Ziegler
Slg. B I
Schefold 6658

191
Ev. Pfarrkirche von Reichenbach/Fils von Süden
C. Ph. Heinrich Bach
Aquarell um 1860
14,5×20 Repro Ziegler
Slg. B I
Schefold 6387

192
Ev. Pfarrkirche von Hochdorf von Norden
C. Ph. Heinrich Bach
Aquarell um 1860
14,5×20 Repro Ziegler
Slg. B I
Schefold 3093

Literaturverzeichnis

Literatur zu heimischen Veduten

Manfred Akermann Göppingen in alten Ansichten, Göppingen 1967

Manfred Akermann Göppingens Stadtbild im Wandel der Jahrhunderte, in: Schwäbische Heimat 2/1970, S. 72 ff.

Josef H. Biller Der Wappenkalender des Kollegiatstiftes Wiesensteig von Gottfried Bernhard Göz, in: Heimat Schwaben, Band 4/5, 1981, S. 135 ff.

Georg Burkhardt Das Geislinger Stadtbild bis auf J. Früholz sowie Jakob Früholz und David Fahr, zwei ältere Geislinger Maler, in: Geschichtliche Mitteilungen von Geislingen und Umgebung, Heft 7, Geislingen 1939, S. 72 ff.

Georg Burkhardt Ein Gang um das älteste Geislingen, in: Geschichte der Stadt Geislingen an der Steige, Geislingen 1963, S. 94 ff.

Literatur zu den Reiseschilderungen

Abele, Karl August Beschreibung der Dizenbacher Heilquelle, Kirchheim 1838

Dr. Adae Erinnerungen, betr. u. a. Geislingen, (Handschrift, maschinenschriftl. Abschrift)

Ammermüller, J. F. Hohenstauffen oder Ursprung und Geschichte der Schwäbischen Herzoge und Kaiser aus diesem Hause, samt den Schicksalen der Burg und einer Berg- und Ortsbeschreibung, Stuttgart 1805

Arnim, Achim von in: Werner Vordtriede, Achim und Bettina in ihren Briefen, Band 1, 1961

Baumeister, Johann Sebald Panorama vom Hohenrechberg, Gmünd 1822

Bernhard, Julius Reisehandbuch durch Württemberg, Stuttgart 1863

Betz, Johannes Collectaneen über Göppingen, angefangen im Jan. 1857 (Handschrift, maschinenschriftliche Abschrift)

Boennecken, Johann Wolfgang Friedrich in: Journal von und für Deutschland, 1791, Stück 6

Boll Die Schwefelquelle zu Boll im Königreich Württemberg. Auf Anordnen der Regierung herausgegeben, Stuttgart 1824

Burger, Wilhelm Friedrich Historisch-Statistisch-Topographische Beschreibung des Dorfes Überkingen, Ulm 1809

Dangelmaier, Josef Über die Gesundbrunnen, Gmünd 1822
– Die Gesundbrunnen und das Heilbad in Göppingen sowie die Mineralquellen in Jebenhausen, Hattenhofen und Faurndau
– Das Bad und die Schwefelquelle in Boll

Deinhardstein Skizzen einer Reise von Wien über Prag, Teplitz, Dresden, Berlin, Leipzig, Weimar, Frankfurt am Main, Darmstadt, Heidelberg, Mannheim, Karlsruhe, Stuttgart, München, Salzburg, Linz und von dort nach Wien zurück, in Briefen an einen Freund, Wien 1831

Dietrich, Michael II. Briefbuch von 1789, Stadtarchiv Ulm

Epple, Joseph Der Rechberg, im Oberamt Gmünd, Gmünd 1827

Fischer, Bürgermeister Brief über den Einzug des ersten Garbenwagens in Geislingen am 23. 7. 1818, in: Unterhaltungsblatt für alle Stände, Stuttgart 1818

Fischer, Johann Georg Bilder vom Bodensee, in: Gedichte, Stuttgart 1854

Frölich, Hermann Die Schwäbische Alb, Stuttgart 1872

Gaum, Johann Friedrich Reisen eines Curländers durch Schwaben – Ein Nachtrag zu den Briefen eines reisenden Franzosen, Ulm 1784

Gercken, Philipp Wilhelm Reisen durch Schwaben und Baiern, Stendal 1783

Glökler, Johann Philipp Land und Leute Württembergs, Stuttgart 1863

Beschreibung des Oberamts Gmünd Stuttgart 1870

Beschreibung des Oberamts Göppingen Stuttgart 1844

Griesinger, Carl Theodor Universal-Lexikon von Württemberg, Stuttgart 1841

Griesinger, Theodor Württemberg. Nach seiner Vergangenheit und Gegenwart in Land und Leuten, Stuttgart 1866

Haid, Johann Herkules Ulm mit seinem Gebiete, Ulm 1786

Haid, Johann Herkules Eine Reise über die schwäbische Vorderalp, in: Deutsches Museum, 1781

Hausleutner, Philipp Wilhelm Gottlieb Schwäbisches Archiv, Stuttgart 1790

Keller, Eduard Der Hohenstaufen und seine Fernsicht, Göppingen 1860

Beschreibung des Oberamts Kirchheim Stuttgart 1842

Kolb, Friedrich Joseph Bemerkungen zur Geschichte von Schloß Staufeneck, um 1814, LB Stuttgart Schefold Nrn. 7649–7652 k

Kuttler, G. Die Schwäbische Eisenbahn, Heilbronn 1859

Kuttler, Gustav Jakob Christoph in: Rathmann, Eine Lithographie von Eybach vom Jahre 1855, Geschichtliche Mitteilungen von Geislingen und Umgebung, Heft 15, Geislingen 1957

Landenberger Die Irrenanstalt Göppingen, Stuttgart 1866
Mauch, Theodor Faurndauer Erinnerungen, in: Karl Kirschmer/Walter Ziegler, Faurndau 875–1975, Göppingen 1974
Meiners, Christoph Kleinere Länder- und Reisebeschreibungen, Berlin 1794
Mörike, Eduard in: Adolf Schahl, Lauter Kleinigkeiten zwar... Auf den Spuren von Eduard Mörike, Stuttgart 1962
Mörike, Eduard Eduard Mörike am 17. 7. 1831 aus Ulm an seine Braut Luise Rau, Originalbrief LB Stuttgart
Mozart, Leopold in Mozart: Briefe und Aufzeichnungen. Gesammelt und erläutert von Wilhelm A. Bauer und Otto Erich Deutsch. Hrsg. von der Internationalen Stiftung Mozarteum Salzburg 1962
Osiander Nachricht von der Entstehung und dem gegenwärtigen Zustand des Boller Bades, in: Schwäbische Chronik, Stuttgart 1786
Paulus, G. und E. Beschreibung der Schertelshöhle bei Wiesensteig, Stuttgart 1832
Pichler, Luise Das Vaterhaus, Bilder aus der Kindheit, 1891
Rechberg Aus dem Briefe eines Reisenden, in: Schwäbisch Chronik, Stuttgart 1791
Richter, Ludwig in: Heinrich Richter, Lebenserinnerungen eines deutschen Malers, Selbstbiographie von Ludwig Richter, Frankfurt 1895
Riecke, V.A. Die Heilquellen und Bäder Württembergs, ihre Geschichte und ihr gegenwärtiger Zustand, in: Württ. Jahrbuch 1839
Rink, Joseph Alois Beschreibung des Königl. Württembergischen Oberamts, Geislingen an der Steige, Ulm 1823
Rink, Joseph Alois Handschriftliche Beschreibung von ›Schloß Staufeneck‹, um 1813, Gräfl. Degenfeldsches Archiv, Schloß Eybach
Rink, Joseph Alois Familien-Geschichte der Schwäbischen Dynasten von Rechberg und rothen Löwen, Handschrift, Donzdorf 1806, Gräfl. Rechbergsches Archiv Donzdorf
Rink, Joseph Alois in: Fridrich Gottschalck, Ritterburgen und Bergschlösser Deutschlands, Halle 1821
Rink, Joseph Alois Die Stammburg Büren oder die ursprüngliche Heimat der nachmaligen Herzoge von Schwaben und Kaiser aus dem Hohenstaufischen Hause, in: Württembergisches Jahrbuch 1824
Röder, Philipp Ludwig Hermann Reisen durch das südliche Teutschland, Leipzig 1789
Sander, Heinrich Beschreibung einer Reise durch Frankreich, die Niederlande, Holland, Deutschland und Italien, Leipzig 1784
Schertelshöhle und Reissenstein mit Bad Dizenbach und ihren Umgebungen, von einem Touristen, Wiesensteig 1863
Schirmer, Georg Philipp Eigene Bemerkungen zu einigen Bezirken Deutschlands, der Schweiz, Italiens und Frankfurt, Kassel 1805–1806
Schmidlin, Karl Gedichte und Bilder aus dem Leben, Stuttgart 1851
Beschreibung des Oberamts Schorndorf, Stuttgart 1851
Schubart, Christian Friedrich Daniel in: Eugen Nägele, Aus Schubarts Leben und Wirken, mit Anhang: Schubarts Erstlingswerke und Schuldiktate, Tübingen 1888 bzw. 1921
Schwab, Gustav Die Neckarseite der Schwäbischen Alb, Stuttgart 1823
Stälin Beschreibung des Oberamts Geislingen, Stuttgart 1842
Über Land und Meer, 1865
Vaihinger, Ernst Jakob Erster Anfang von dem Göppingerischen Vaihingerischen Stamm, in: Heimatblätter, Beilage zum Hohenstaufen 9/1934
Vogt, Friedrich Die Schwäbische Alb, Stuttgart 1854
Walesrode, Ludwig Eine Arbeiter-Heimstätte in Schwaben, in: Über Land und Meer, Allgemeine Illustrirte Zeitung 1868
Weber, Karl Julius Reise durch das Königreich Württemberg, 1826, Nachdruck Stuttgart 1978
Beschreibung des Oberamts Welzheim, Stuttgart 1845

Weitere Schilderungen wurden folgenden Archiven und Werken entnommen:
Ev. Dekanatsarchive Geislingen und Göppingen (Pfarrbeschreibungen)
Alb- und Filstalbote Geislingen, Jahrgänge 1859, 1861
Göppinger Wochenblatt, Jahrgang 1853
Schwäbische Chronik, Jahrgänge 1826, 1853, 1858

Nachwort

Der Dank des Herausgebers gebührt vielen Einzelpersonen und Institutionen, ohne deren Hilfe dieses Buch so hätte nicht entstehen können. Besonders verbunden bin ich für ihr Entgegenkommen der Graphischen Sammlung der Landesbibliothek Stuttgart (Rudof Henning), dem Heimatmuseum Geislingen (Albert Kley), dem Heimatmuseum Ludwigsburg (Helga Gengnagel), dem Stadtarchiv und Städtischen Museum Göppingen (Dr. Dieter Kauß und Jürgen Kettenmann) sowie dem Städt. Museum Schwäbisch Gmünd (Walter Dürr und Elisabeth Heise). Weitere Ansichten stellten die Staatsgalerie Stuttgart (Heinrich Geissler), das Stadtarchiv Ulm (Prof. Dr. Hans Eugen Specker), das Museum Ulm (Dr. Erwin Treu und Brigitte Kühn), das Landesdenkmalamt Stuttgart, die Staatliche Kunsthalle Karlsruhe, das Stadtarchiv Stuttgart und das Schiller-Nationalmuseum Marbach zur Verfügung. Der besondere Dank gilt vor allem den vielen genannten oder auf ihren Wunsch ungenannt bleibenden privaten Leihgebern, die bereitwillig zahlreiche Originale beisteuerten. Sie alle erteilten in zuvorkommender Weise die Reproduktionserlaubnis zu den abgebildeten Ansichten. Zu danken habe ich aber auch der Fotografin Traute Uhland-Clauss, die eine Vielzahl der Reproduktionen anfertigte.

Ein herzlicher Dank gilt Direktor Martin Seifried von der Kreissparkasse Göppingen für die Abnahme von Bänden, was die Herausgabe dieser Veröffentlichung durch den Verlag ermöglichte. Nicht minder fühlt sich der Herausgeber seinem Freund und Verleger Anton H. Konrad verpflichtet, der das Wagnis einer solchen Publikation auf sich nahm und dieser mit großem Engagement eine außergewöhnliche Ausstattung und Gestaltung zuteil werden ließ.

Im September 1983 — Walter Ziegler

Künstler, Kunstverleger, Herausgeber und Auftraggeber

Ortsverzeichnis

F.	21	[illegible] Weucd. V. [illegible]
M.	22	Nikol. v. Flue. Frühl. Anf.
D.	23	Theodos. Fidelis.
M.	24	Gabriel Erzm. Simeon.
D.	25	† Mar. Verk. Dekf. Titul d.
F.	26	Lor. M. Chr. [illegible] (Br. Dz.
S.	27	Rupert. Johann Einsied.
Jes. speiset 5000 Mann, Joh. 6.		
S.	28	C 4. † Lät. Guntram.
M.	29	Ludolph. B. Eustasi9.
D	30	Quirin. Amadäus.
M.	31	Herman Balbina.

M.	21	Aloys Gonz.
D.	22	Achatius M. C 4 U. Ofm.
M.	23	F. Edeltrud. Somm. Anf.
D.	24	† Joh. der Täuf. Dekaufest
F.	25	Herz Jesuf. [illegible] Geb. i. Rio
S.	26	Johann u. Paul M.
V. verlornen Schafe, Luk. 15.		
S.	27	C 3. † Ladislaus K.
M.	28	Leo II. P. Iren.
D.	29	† Peter u. Paul Ap. Dekf.
M.	30	Pauli Ged. ◉ 1 U. 41 fr.

D.	21	
M.	22	
D.	23	
F.	24	
S.	25	
Vom W		
S.	26	
M.	27	
D.	28	
M.	29	
D.	30